Helmut Rahn
Mein Hobby: Tore schießen

Henselowsky
Boschmann

Helmut Rahn
Geboren am 16. August 1929 in Essen-Altenessen; 1953 Heirat
mit Gerti; 1954 Geburt seines Sohnes Uwe; 1956 Geburt seines
Sohnes Klaus; 1965 Beendigung seiner Fußballerkarriere. Er starb
am 14. August 2003 und ist auf dem Margarethenfriedhof in
Essen-Holsterhausen begraben.
Helmut Rahn schoß in 40 Länderspielen 21 Tore. Vereine, für
die er spielte: SV Altenessen 1912, FC Stoppenberg, SC Oelde 09,
Sportfreunde Katernberg, Rot-Weiß Essen, 1. FC Köln, SC Enschede,
Meidericher SV.

Hermann Beckfeld
Geboren 1955 in Bottrop; Chefredakteur der Ruhr Nachrichten;
Herausgeber des Buches »… der Boss spielt im Himmel weiter«.
Fußball-Geschichten aus dem Ruhrgebiet.

Der Abdruck erfolgt mit freundlichen Genehmigung
der Deutschen Verlags-Anstalt, München.

Verlag Henselowsky Boschmann
Bücher vonne Ruhr
Schützenstraße 31, 46236 Bottrop
post@vonneruhr.de
www.vonneruhr.de
1. Auflage 2014
ISBN 978-3-942094-40-5

Herstellung:
Freiburger Graphische Betriebe GmbH & Co. KG
Fotos:
Umschlag vorne (Dezember 1951 an der Hafenstraße);
Umschlagklappe links (August 1956 an der Hafenstraße);
Umschlagklappe rechts oben (Januar 1952 mit Heinz Hinz
und Berni Termath in der Halbzeitpause):
Archiv Kurt Müller/Ralf Piorr. Der komplette Nachlass des
Sportfotografen Kurt Müller befindet sich beim Institut für
Stadtgeschichte Gelsenkirchen.
Umschlagklappe rechts unten (1957 mit Fritz Walter; Ausflug nach
Tirol während eines DFB-Lehrgangs in München-Grünwald):
imago sportfotodienst GmbH/Otto Krachak

Helmut Rahn
Mein Hobby: Tore schießen

Vor- und Nachwort
von Hermann Beckfeld

Henselowsky
Boschmann

Er war zwar Weltmeister, aber doch einer von uns
Von Hermann Beckfeld

Lieber Helmut,
ich schicke Dir diesen Brief per Luftpost und hoffe, dass er im Himmel ankommt. Wie ich Dich kenne, spielst Du dort gerade Fußball, wahrscheinlich auf Asche. Die Torpfosten sind eckig, schäbig weiß und aus Holz, die Tore haben keine Netze. Rund um den Platz zieht sich ein verrostetes Eisengeländer, und darauf stützen sich in Strafraumhöhe vier alte Männer. Sie schauen zu, wie Dir die Lederkugel bei der Annahme am Fuß kleben bleibt, Dein Körper plötzlich Fahrt aufnimmt, wie Du zwei, drei Verteidiger stehenlässt. Jetzt müsstest Du aus dem Hintergrund schießen. Und Du schießt, und der Ball jagt durchs Tor und fliegt und fliegt und fliegt über Fördertürme und Zechenhäuser, über Kneipen und Rennbahnen, über die Hafenstraße bis nach Altenessen. Und bleibt irgendwann und für immer liegen in unserem Herzen.

Himmlisches Revier. Dein und mein Revier.

Du bist in Essen geboren, in Essen gestorben. Für Essen gezeugt. Einen wie Dich kann man nicht erfinden. Helmut, der Rotzbengel, einer aus der Kolonie. Drei Brüder, Vater auf dem Pütt, Fußball im Kopf. Weil Du gut kicken kannst, musst Du nicht auf Zeche. »Du tanzt mit einem Weltmeister«, wirst Du später den Frauen ins Ohr flüstern. »Rahn ist der erste Held der Bundesrepublik Deutschland«, schreiben Historiker. – Diesen Satz hättest du nie gesagt.

Als ich im Hotel Belvédère nach Dir suche, ist der Geist von Spiez schon über alle Berge.

4

Aber an der Tür von Zimmer 303 hängt ein poliertes Schild und verrät, wer hier 1954 geschlafen hat. Fritz Walter, der Kapitän, der sensible Schönspieler, der Filigrane, der Sekttrinker, der stete Selbstzweifler. Und Du. Der ungestüme Junge aus dem Revier, der Kraftbolzen, der immer ein Pils auf Halde bestellte, kein Kind von Traurigkeit, strotzend vor Energie, überzeugt von eigener Stärke, der Lebenskünstler: »Fritz, wir machen das schon.«

Ich habe in Deinem Zimmer im dritten Stock geschlafen, auf den türkis funkelnden Thunersee geschaut und mir vorgestellt, wie Du auf dem Balkon Deine Show abgezogen hast. Die Markhändlerin-Nummer für die Kameraden, die auf der Terrasse Skat dreschen: »Prima schnittfeste Tomaten, Leute! Oma-Lutsch-Birnen für zahnlose Großmütter. Rotkohl, Weißkohl, Wirsing, Spinat; Leute, heut wird alles verschenkt! Wenn keiner kommt, dann leckt mich am A…«

In der Vorrunde der Fußball-WM bist Du der Reservist, der zum Frusttrinken in die Niesenbar am Bahnhof ausbüchst. Die Kneipe ist heute eine Bruchbude und keine Sünde mehr wert.

Natürlich war ich auch in Bern, doch alles ist weg. Das alte Wankdorfstadion, die Holztribünen, die Sprecherkabine, aus der heraus Reporter Herbert Zimmermann Richtung Deutschland schrie: »Aus. Aus. Aus. Das Spiel ist aus. Deutschland ist Weltmeister.«

Sie nennen Dich Boss, weil Du Verantwortung übernommen hast, wie es eben nur Kerle aus dem Revier vorleben. Wenn mein Vater von Dir sprach, dann sagte er allerdings nie Boss, auch nicht kumpelhaft Helmut. Für ihn, für eine ganze Generation zwischen Duisburg und Dortmund warst Du der Helmut Rahn, für den er und so viele andere Väter und Großväter sich am 4. Juni 1954 die Nase an der Scheibe des Radiofachgeschäftes plattgedrückt haben, um bloß kein Wort, keinen Pass, kein Tor zu verpassen. Und das Wunder schon gar nicht. Es ist schlichtweg einmalig, es ist ein Phänomen: Mein Vater hat seine Hochachtung vor Dir, vor dem besten Ruhrgebiets-Fußballer aller Zeiten, an mich vererbt – auch wenn Du nur noch im Himmel Tore schießt.

Helmut, wir drei haben was gemeinsam. Mein Vater, Du und ich werden unsere Rot-Weißen immer lieben. Du hast später auch für andere Vereine gestürmt, aber Dein Denkmal, das gehört nur an die Hafenstraße.

Mein Vater und ich, wir sind von Bottrop zum Georg-Melches-Stadion gelaufen, um das Geld für die Straßenbahn zu sparen. Da gab es noch die echte Westkurve, es roch nach Kohle, Schweiß, Bier, Bratwurst und Zigarren. Bei Freitagabend-Spielen konnte das Flutlicht gegen den diesigen, verqualmten, nebligen Himmel über dem Revier kaum anfunzeln, und beim Einlauflied »Adiole«, eigentlich ein Schlager von Siw Malmkvist, bekamen wir regelmäßig Gänsehaut. Oh RWE … Auf dem Rasen, da kickten, da ackerten Deine Erben, die es gar nicht abwarten konnten, die arroganten Bayern in Grund und Boden zu spielen.

Mein Freund Aki Schmidt vom BVB kann so manche Geschichte von Dir erzählen. Vor Länderspielen habt ihr euch das Zimmer geteilt. Du, der Weltmeister, er, der Neuling. Auf dem Platz, sagt Aki, da warst du ein Egoist, einer, der immer den Ball haben wollte und ungern wieder abgab, der fluchte und störrisch sein konnte, einer mit großer Klappe und Ellbogen. Aber vor und nach dem Spiel da warst Du der beste Kumpel, hilfsbereit, herzlich, witzig, einfühlsam. Mal Schweiger, dann wieder Sprücheklopfer und Geschichtenerzähler. Geschichten aus Deiner Zeit als Gebrauchtwagenhändler, als Handelsvertreter, als der Weltmeister, der für den Titel 2400 Mark, Kühlschrank, Motorroller und Sofagarnitur bekam. Der ein Angebot von einem argentinischen Fußballclub ablehnte, weil er in der Heimat bleiben wollte. Der seinen Wagen volltrunken in eine Grube fuhr und sich mit der Polizei anlegte. Und auch mal hinter Gitter musste.

Schade. Falsche Kollegen und allzu fette Schlagzeilen über Eigentore und Alleingänge haben Dich vorsichtig gemacht. Interviews? Öffentliche Selbstdarstellung? Für kein Geld in der Welt.

Deine Welt, das waren Essen-Frohnhausen, Schrebergarten, Familie, Deine Gerti. Und der Stammplatz an der Theke in der »Friesenstube« und die Kumpels, die sich nicht leidhören konnten am Wunder von Bern: »Helmut, erzähl mich dat Tor ...«

Ich kam zu spät. Als ich mein erstes Pils in der »Friesenstube« bestellte, da blieb Dein Stammplatz frei. Auf der anderen Straßenseite erwies der Deutsche Fußballbund Dir in der St. Elisabeth-Kirche die letzte Ehre. Aber mit dieser Geschichte lassen wir uns noch Zeit. Erst sollst Du machen, was der Junge aus dem Revier, der Weltmeister wurde, am besten konnte: Tore schießen.

Ein Versprechen

Bern 1959!
Dieselbe Stadt! Dasselbe Land! Dasselbe Stadion!
Dieselben Gefühle?
Nein!

1954 ging es darum, für Deutschland die Weltmeisterschaft zu erobern. Heute, am 4. Oktober 1959, tragen
wir ein reguläres Länderspiel gegen die Schweiz aus. Es
steht bereits 2 : 0. Siebzig Minuten sind vorüber. Es riecht
nach Sieg. Im weiten Viereck des Wankdorf-Stadions ist
mir kein Mensch so wichtig wie Fritz Walter, der irgendwo als Zuschauer auf der Tribüne sitzt. Bei jedem Sprint,
bei jedem Zweikampf denke ich an ihn. Vor fünf Jahren
hat er auf diesem Platz neben mir gestürmt und geschuf-
tet, hat er alle Register seiner unerreichten Fußballkunst
gezogen. Wie mag ihm jetzt zumute sein?
    Ein Tor, ein Tor müßte ich für ihn schießen!
    Ich renne, biete mich an, halte nach einer Chance Aus-
schau. Sie kommt wie gerufen. »Schorsch« Szymaniak
schickt einen seiner schönen weiten Pässe zu Vollmar.
Der Saarländer läuft von linksaußen quer ins Feld und
schießt aufs Tor. Der von Schlußmann Eisener nur mühsam abgewehrte Ball rollt mir entgegen. Mit mir stürzen
sich zwei Schweizer Abwehrspieler auf die Lederkugel.
Ganz knapp vor ihnen, etwa auf Strafraumhöhe, erreiche
ich den Ball, muß ihn aber nehmen, wie er kommt. Ich
erwische ihn weder direkt mit der Spitze, noch voll mit
dem Spann. So gut es geht, fetze ich ihn mit gestrecktem
Bein in die linke Torecke.

9

3 : 0! Ein Treffer wie viele andere. Für mich allein ist er mehr. Vor fünf Jahren habe ich auf diesem Platz mein Weltmeisterschaftstor geschossen. Ich ganz allein bin von der Berner Elf noch übriggeblieben. Mit diesem Tor jetzt habe ich bewiesen, daß ich nicht nur auf dem Papier noch da bin.

»Herzlichen Glückwunsch, Boß!« sagt Fritz Walter, den ich nach dem Spiel in der Halle des Hotels »Bellevue« treffe. »Nun hast du altes Haus doch wieder dein Tor geschossen!«

»War in dem Fall Ehrensache.«

»Du bist und bleibst 'ne Rübe!«

»Und du wirst, wie man hört, ein feiner Pinkel – Verkaufsleiter, eigener Wagen, Spesen und so ...«

»Kannst du mir ruhig gönnen. Ich hab in dieser Hinsicht noch nie im Fettopf gesessen. Sorgen hab ich genug gehabt.«

»Was hältst du denn von unserem Spiel heute? 4 : 0 hört sich nicht übel an, wie?«

»Ihr habt verdient gewonnen. Aber du wirst zugeben: 1954 haben wir uns ganz anders plagen müssen.«

»Da hatten wir auch einen viel schwereren Gegner.«

»Ein Spiel wie das heute kostet eben doch nicht so viel Nerven. Ich glaub, da hätte ich auch noch mithalten können.«

»Warum hast du aufgehört? Du könntest doch ...«

»Nee, laß mal gut sein. Jetzt bin ich wirklich zu alt.«

»Hast du im Stadion auch immer an das Endspiel gegen die Ungarn denken müssen?« frage ich den Fritz.

»Jede Sekunde. Ich hab sogar den Platz gesucht, wo wir uns nach dem Sieg aufgestellt haben, wo Fifa-Präsident Rimet mir den Weltmeisterschaftspokal überreichte ...«

»… den jetzt die Brasilianer haben …«

»… den ihr euch 1962 in Chile wieder holen könnt.«

»Ob ich dann noch dabei bin?« frage ich zweifelnd.

»Das liegt bestimmt nur an dir. Herberger nimmt dich garantiert, wenn du in Schuß bist.«

»Glaubst du?«

»Ich kenn' ihn doch!«

Wir unterhalten uns noch, solange es geht. Nie wieder war seit 1954 das Erlebnis Schweiz für mich so lebendig.

Lebendig, schön und qualvoll lebendig wird es noch einmal am nächsten Tag. Herberger fährt mit der Mannschaft nach Spiez, der unvergeßlichen Geburtsstätte des höchsten deutschen Fußballruhms.

»Vor fünf Jahren haben wir auf der Fahrt von Bern zum Thunersee immer gesungen«, sagt er im Omnibus. »Wie wär's, wenn wir das heute genauso machten?«

Ich verstehe, was ihn bewegt und fange mehr laut als schön zu singen an. Die anderen fallen ein. Aber ein so harmonischer Chor wie der mit Max Morlock, Werner Liebrich, Toni Turek und wie sie damals alle hießen, ist es doch nicht. Oder bilde ich mir das bloß ein?

Im Hotel »Belvédère« in Spiez am Thunersee blicke ich in lauter fremde Gesichter. Ich kenne weder den Portier, noch die Bedienung, noch das Küchenpersonal. Nur die Chefin des Hauses ist geblieben. Voll Stolz zeigt sie uns das Gastzimmer, das mit Photographien von allen deutschen Endspielteilnehmern geschmückt ist.

Ich bin sonst bestimmt kein Einzelgänger. Hier, an diesem Ort, hab ich plötzlich das Bedürfnis, allein zu sein, noch einmal den Weg zu gehen, auf dem wir seinerzeit unseren Morgenlauf absolvierten, ehrgeizig und besessen.

Als ich die berühmte Uferstraße am Thunersee erreicht habe, ist mit einem Mal Sepp Herberger an meiner Seite.

»Ist doch schön, wieder hier zu sein«, sagt er.

Stumm stapfe ich neben ihm her.

»Nur Sie sind noch übriggeblieben, Helmut«, führt der Chef das Gespräch allein weiter. »Denken Sie mal nach: Im kommenden Jahr beginnen schon die Qualifikationsspiele für die nächste Weltmeisterschaft. Da könnten Sie noch gut dabei sein.«

»Sie waren in letzter Zeit nicht immer mit mir zufrieden«, sage ich.

»Stimmt! Aber Sie haben auch heute noch das Zeug zu einem guten Stürmer, wenn Sie nur richtig an sich arbeiten.«

»Sie meinen …«

»Ja, ich meine, daß ich den Helmut Rahn 1962 gern in Chile dabei hätte. An drei Weltmeisterschaften teilnehmen! Malen Sie sich das doch mal aus!«

Ich blicke auf den friedlichen Thunersee, in dessen Wasser sich rot, gelb und braun das Herbstlaub spiegelt. Mir ist ganz feierlich zumute. An keinem anderen Platz könnte eine Mahnung auf so fruchtbaren Boden fallen wie hier.

»Ich verspreche Ihnen, mich anzustrengen!« sage ich.
»Glauben Sie mir, ich wäre gern noch mal dabei!«

Die guten Schuhe! In den guten Schuhen wird nicht Fußball gespielt!

Dieser Klageruf stand als dicke Überschrift über all meinen jugendlichen Versuchen, es im Sport zu etwas zu bringen.

»Die guten Schuhe!« rief meine Mutter, wenn ich mit den Jungens von Essen-Katernberg, wo ich geboren bin, ein Spiel machen wollte.

»Die guten Schuhe!« rief der Lehrer, der uns während des Krieges bei der Kinderlandverschickung im Lager betreute. »Nein, ich kann es nicht gestatten, daß die Jungens Fußball spielen. Handball ist genauso gesund, das müssen Sie doch zugeben, Herr Kollege.«

Der Lehrer aus dem anderen KLV-Lager war weniger volkswirtschaftlich ausgerichtet. Er hatte die bettelnden Blicke seiner Schützlinge gesehen und wußte, daß sie sich aus Fußball viel mehr machten als aus Handball.

»Glauben Sie nicht, Kollege, daß man mal ein Auge zudrücken sollte?«

»Aber die Schuhe! Sie müssen doch zugeben ...«

»In drei Teufels Namen, dann sollen die Burschen barfuß spielen.«

Mein erster richtiger Fußballkampf fand also in einem KLV-Lager des ehemaligen Protektorats Böhmen und Mähren statt. Schon bei diesem allerersten Versuch drängte mein Talent mit Macht ans Tageslicht. Die Zuschauer am Spielfeldrand riefen ein ums andere Mal:

»Paßt auf den Grünen auf!«

»Achtung, der Grüne ist gefährlich!«

13

Da ich als einziger eine grüne Turnhose trug, konnte nur ich gemeint sein.

Wer einmal gezwungen war, barfuß gegen einen harten Ball zu treten, scheut sich hinterher nicht, es in Halbschuhen zu tun. Und mit ein paar alten Halbschuhen wollte ich spielen, wenn ich erst wieder daheim in Essen-Katernberg war.

Doch als unsere Lager aufgelöst und wir nach Hause geschickt wurden, waren im Ruhrgebiet die meisten Schulen zerstört. Viel regelmäßiger als Unterricht gab es Fliegeralarm.

»Der Helmut muß wieder weg!« bestimmte meine Mutter. »Nichts wie raus mit ihm aus dem Kohlenpott!«

So ging ich erneut auf Reisen, dieses Mal nach Oberostendorf bei Kaufbeuren im Allgäu. Hier wurden wir Kinder aus den bombengefährdeten Großstädten auf einzelne Bauernfamilien verteilt, um von nun an in den überlasteten Dorfschulen am Unterricht teilzunehmen. Noch ein halbes Jahr, und ich würde aus der Schule entlassen werden. So lange sollte ich die gute Allgäuer Kuhmilch trinken.

Aber es kam wieder einmal anders als geplant.

Ich war etwa fünf Monate in Oberostendorf, als mich meine Mutter dort besuchte.

»Ich weiß nicht«, sagte sie sorgenvoll, »warum der Herbert solange nicht schreibt. Dem wird doch nichts passiert sein!«

Mein Bruder tat Dienst bei den Fallschirmjägern. Er war der zweite von uns vier Rahn-Söhnen. Fritz, der Älteste, lag irgendwo in Italien im Schützengraben, und der Jüngste war erst vier Jahre alt.

Ich dürfte mit meinen knapp fünfzehn Jahren wohl noch zu unbeholfen gewesen sein, um meine Mutter wirksam zu beruhigen. Es hätte auch nichts genützt. Sie hielt sich kaum ein paar Tage in Oberostendorf auf, als ein Telegramm meines Vaters sie schon wieder nach Essen zurückrief. Herbert war gefallen. Die Befreiung Mussolinis hatte ihn und viele andere Fallschirmjäger das Leben gekostet. Die Nachricht war vor ein paar Stunden zu Hause eingetroffen.

Meine Mutter wirkte, nachdem das Telegramm gekommen war, wie versteinert. Sie konnte nicht weinen. Dafür drückte sie ihren Jüngsten und mich fest an sich und sagte:

»Wir bleiben jetzt beisammen. Da soll passieren, was will!«

Und sie nahm mich wieder mit nach Essen, wo ich zwei Monate später aus der Schule entlassen wurde. Mein Vater besorgte mir eine Lehrstelle als Auto-Elektriker. Dreiviertel Jahr lang pilgerte ich brav zur Arbeit, dann wurde der Betrieb mit allem Drum und Dran bei einem Fliegerangriff zerstört.

»Weißt du was, Helmut? Du bleibst jetzt zu Hause!« entschied mein Vater. »Ich kann dich im Geschäft und auch sonst gut brauchen.«

Ich absolvierte meine Lehrzeit also nicht zu Ende, sondern machte mich daheim nützlich. Zu tun gab es mehr als genug.

Vater, der 35 Jahre lang Bergmann war, hatte sich 1942 selbständig gemacht und ein Fuhrunternehmen gegründet. Mit acht Pferden und vier Wagen belieferte er die Kumpels der Zeche »Wilhelmine« mit Deputatkohlen.

Außerdem besaßen meine Eltern noch elf Morgen Landwirtschaft und neben den Pferden auch Schweine, eine Kuh, viele Hühner und Brieftauben. Ein Fuhrwerk lenkte mein Vater selbst, für die anderen drei hatte er fremde Leute einstellen müssen. Einen Wagen sollte in Zukunft ich kutschieren, allerdings saß noch jemand neben mir auf dem Bock.

Tag für Tag fuhren wir zwischen sieben und zwölf Uhr Kohlen rum. Häufig gab es, wenn wir unterwegs waren, Fliegeralarm. Nach Möglichkeit suchten wir irgendwo Deckung. Meist aber waren wir vollauf damit beschäftigt, die Pferde wieder zu beruhigen, wenn sie beim Getöse der detonierenden Bomben und beim Böllern der Flak durchgehen wollten.

Ich erinnere mich an einen schweren Angriff auf das Gelsenwerk, bei dem es auch für uns zappenduster wurde. Und da gerade ein Bunker in der Nähe war, stiegen wir ab, banden die Pferde an einen Baum und brachten uns, wenigstens solange die dicksten Brocken flogen, in Sicherheit. Als wir wieder rauskamen, waren Pferde und Fuhrwerk verschwunden. Einer der beiden Gäule hatte sich losgerissen und war nach Hause zurückgetrabt. Den anderen und den Wagen sahen wir nie im Leben wieder.

In den letzten Wochen vor Kriegsschluß ging im Kohlenpott wie anderswo noch der »Heldenklau« um. Alte Männer und sechzehnjährige Kinder sollten zum Volkssturm geholt werden. Doch da kam man bei meiner Mutter an die richtige Adresse! Ein Sohn in Italien gefallen! Der Älteste in Gefangenschaft! Nun sollte sie noch den dritten hergeben? Da müßte man schon über ihre Leiche gehen. Jedesmal, wenn die Parteileute kamen, versteckte sie mich im Taubenschlag auf dem Dachboden.

»Der Helmut ist nicht da!« log sie dreist.

Sie kamen immer wieder. Und jedesmal erhielten sie die gleiche Antwort, bis es den Männern zu bunt wurde.

»Wenn Ihr Sohn nicht da ist, brauchen Sie wohl auch keine Lebensmittelkarte für ihn?« fragten sie lauernd.

»Behalten Sie sie ruhig!« entgegnete meine Mutter, ohne mit der Wimper zu zucken. Damit sollte man sie nicht fangen. Sie würde mich schon durchfüttern! Zu essen hatten wir, wie gesagt, meist genug.

Mit Schuhen hingegen war es immer noch schlecht bestellt. Selbst als der Krieg aus war, blieb dieses Problem noch eine Zeitlang akut. Ich war inzwischen sechzehn. Meine Altersgenossen aus der Nachbarschaft begannen in den Straßen von Katernberg oder auf freiem Feld Fußball zu spielen. Und aus den wilden Haufen wurden schnell richtige Vereine mit richtigen Plätzen. Zum Teil hatten sie schon vor dem Krieg bestanden, zum Teil wurden sie neu gegründet. Allein in Altenessen gab es an die zwanzig Klubs.

»Los, Helmut, spiel doch mit!« bettelten ein paar Bekannte hartnäckig.

»Ach, im Moment haben wir soviel Arbeit zu Hause.«

»Stell dich doch nicht so an!«

Aber eines Tages hatten sie mich doch soweit. Mit der Jugendmannschaft von Altenessen 12 spielte ich gegen die Jugend von Altenessen 18. Ich stürmte halbrechts und schoß mit meinen Sonntagshalbschuhen zwei Tore.

»Du mußt zu uns kommen, Helmut!« hieß es nun erst recht. »Laß dich doch aufnehmen!«

Warum sollte ich eigentlich nicht? Immer öfter ging ich zum Training, und schließlich stellte ich meinen Aufnahmeantrag bei Altenessen 12. Der Vereinsbereich umfaßte nur vier, fünf Straßen. Einer kannte den anderen. Die meisten hatten zusammen die Schulbank gedrückt. Wir trafen uns sooft wie möglich. Wenn genügend da waren, spielten wir über den ganzen Platz, wenn nicht, dann quer. Sonntag für Sonntag wurde ein Kampf ausgetragen.

Schon nach kurzer Zeit schlug man mir vor, mal in der Reserve mitzumachen. Ich tat es, ohne zu überlegen, und ich schlug mich ganz wacker. Im Lauf der Wochen packte mich regelrecht die Spielleidenschaft. Sooft wie möglich drückte ich mich von zu Hause fort.

An manchen Sonntagen trieb ich mich schon morgens um neun auf dem Platz herum. Ich stürmte mit der Jugend und dann mit der Reserve. Fehlte in der B-Mannschaft ein Spieler, sprang ich auch da ein. Manchmal glückte es mir sogar, in die A-Mannschaft reinzurutschen. Erst abends trudelte ich wieder zu Hause ein. Vor Müdigkeit konnte ich mich kaum auf den Beinen halten. Manchmal hatte ich drei, vier, ja fünf Spiele mitgemacht.

Und eines Tages packten sie mich beim Wickel:

»Am Sonntag spielst du mit der Ersten gegen Hessler 06!«

»Ohne Fußballstiefel?«

»Du bekommst ein Paar.«

Und ich bekam sie. Ein älterer Spieler stiftete mir seine ausrangierten Schuhe. Sie waren um drei Nummern zu groß. Doch was machte das? Den leeren Raum vor den Zehen stopfte ich mit alten Socken aus.

»Was habt ihr denn da für einen Schuljungen mitgebracht?« flachsten die Hessler. »Wollt ihr uns mit dem Köttel Angst einjagen?« Ernstlich aber hatte niemand etwas dagegen einzuwenden, daß ein Sechzehnjähriger in der A-Mannschaft antrat. Mit Spielerpässen und solchen Mätzchen nahm man es noch nicht so genau.

Das Match begann. Meine Eltern waren auch gekommen, um zuzusehen.

Ich rannte und rackerte, was das Zeug hielt. Aber wir hatten viel Gegenwind, und die Hessler waren uns zunächst glatt überlegen. Beim Pausenpfiff stand es 0 : 6. Todtraurig verdrückte ich mich in den Umkleideraum. Jetzt nehmen sie dich raus! dachte ich unglücklich. Bestimmt machen sie dich für die Blamage verantwortlich. Aber ich durfte weiterspielen.

Der Platz war alles andere als schön. Noch vor wenigen Wochen hatten sieben große Bombentrichter ihn in eine Vulkanlandschaft verwandelt. Die Hessler hatten sie notdürftig mit Flugasche angefüllt. Mit jugendlicher Begeisterung und verachtungsvoll brauste ich in die großen Pfützen, die sich durch den anhaltenden Regen gebildet hatten. Die anderen scheuten sich, in den Matsch zu steigen – mir machte es nichts aus.

6 : 1! Mein erstes Tor.

6 : 2! Mein zweites Tor.

6 : 3! Auch das dritte war von mir.

Die Altenessener liefen auf mich zu, schüttelten mir die Hände. Zurufe wie: »Der Köttel« oder »Der Lausebengel hat wohl seinen Schultornister vergessen!« waren von den Hesslern nicht mehr zu vernehmen.

Zum guten Schluß gewannen wir 7 : 6.

Es war ein Freundschaftsspiel. Und im Grunde ging es um nichts. Hinterher saßen beide Mannschaften noch gemütlich beisammen. Gefeiert hätten wir natürlich auch, wenn wir die Unterlegenen gewesen wären. Aber der Sieg war uns lieber.

Glücklich marschierten wir abends durch Regen und Wind die dreiviertel Stunden nach Hause zurück.

Mit den Toren gegen Hessler begann mein Stern zu leuchten.

»Nächsten Sonntag bist du wieder dabei, Helmut.«

»Beim Punktspiel?« fragte ich ungläubig.

»Warum nicht? Allerdings brauchen wir da eine ärztliche Genehmigung für dich.«

»Die krieg ich doch nie.«

»Laß das mal unsere Sorge sein!« meinten sie.

Ich erhielt sie.

Mit einem Vorstandsmitglied stolzierte ich nach dem Training zum Arzt. Er fand mich zwar ein wenig schwächlich, hatte aber gegen meinen Einsatz in der A-Mannschaft nichts einzuwenden.

Eine runde Woche lang machte ich nun nachts kein Auge mehr zu. Für Altenessen 12, das der ersten Kreisklasse angehörte, ging es darum, den zweiten Platz zu behaupten. Wenn das klappte, würden wir in die Bezirksklasse aufrücken. Und dabei sollte ich mithelfen! Konnte man bei dieser Vorstellung vielleicht schlafen?

Im Nordstern-Stadion fanden sich etwa 800 Zuschauer ein, um uns gegen Altenessen 16 spielen zu sehen.

Ich war als Mittelstürmer aufgestellt. Mein direkter Gegner war Mittelläufer Snippering, ein Lokalmatador mit gutem Ruf, mindestens zwei Kopf größer als ich. Gegen ihn sah ich, das muß ich ehrlich zugeben, keinen Ball. Ein Meisterschaftsspiel ist eben doch eine härtere Sache als eine Freundschaftsbegegnung. Es ging hoch her, und ich war schrecklich aufgeregt und nervös. Eine Glanzleistung vollbrachte ich an diesem Tag nicht. Und weil die anderen die Besseren waren, verloren wir zu Recht 1 : 3.

Bei der anschließenden Feier im Vereinslokal war alles schon wieder vergessen. Das verlorene Spiel wurde mir zum Glück nicht angekreidet. Ich blieb in der ersten Mannschaft.

Nach einem halben Jahr bekam unser Verein einen neuen Vorstand. Es war der Betriebsführer der Schachtanlage »Prinz Heinrich«. Der warf sich nun mächtig für uns alle ins Zeug. Wenn er schon mal einen Waggon Kohle abknappen konnte, handelte er dafür Schuhe oder Trikots ein. Es war schließlich kein Dauerzustand, daß wir in Turnhosen, mit darüberhängenden Hemden oder gar mit nackten Oberkörpern kickten, wie das bisher geschah. Auch versuchte der neue Vorstand, möglichst viele Spieler bei sich in der Zeche unterzubringen. Dadurch hatte er sie alle unter seiner Fuchtel, außerdem sollten jedem nach Möglichkeit die Vergünstigungen für die Untertage-Arbeiter zugeschustert werden.

Ich half immer noch zu Hause mit. Mein Vater zahlte mir pro Woche zwanzig Mark aus. Davon durfte ich fünf als Taschengeld behalten. Den Rest sollte ich sparen.

»Willst du nicht auch zu ›Prinz Heinrich‹ kommen, Helmut?« fragte mich der Vorstand.

»Der schweren Arbeit bin ich doch noch gar nicht gewachsen!«

»Du sollst ja keine Kohlen kratzen. Ich hätte schon 'nen schönen Posten für dich.«

Lange brauchte er mich nicht zu überreden. Die 350 Mark, die ich verdienen würde, stachen mir gewaltig in die Nase.

Meine Arbeit war für einen Sechzehnjährigen wirklich zu ertragen. Mit der Morgenschicht fuhr ich um sieben Uhr in den Schacht ein. Unser Stollen lag in achthundert Meter Tiefe. Ich mußte das Förderband in Gang setzen, auf das die Kumpels die Kohle warfen. An mir vorbei liefen die glänzenden schwarzen Brocken nach oben zum Bunker, wo sie verladen wurden. Ich hatte einen Hammer in der Hand, um die ganz dicken Stücke zu zerhauen, damit sie nicht alles verstopften.

Punkt zehn Uhr drückte ich wieder auf den Knopf, und das Band stand still. Die Kumpels vor Ort, an deren harte, ungesunde Schufterei ich immer nur mit heimlichem Schüttelfrost dachte, hatten eine Viertelstunde Verschnaufpause. Punkt zehn Uhr fünfzehn mußte ich das Band wieder in Betrieb setzen, um es um ein Uhr mittags erneut abzustellen.

Schneller als die Kumpels aus dem Streb konnte ich beim Fahrkorb sein. Ja, der Anschläger ließ mich oft schon mit dem Vorkorb rauf. Eine halbe Stunde früher als die anderen kam ich daher wieder ans Tageslicht.

Der Nachmittag gehörte dem Fußball. So hatte es sich unser Vorstand auch gedacht. Er konnte sich Extrawünsche in bezug auf seine Spieler schon mal leisten.

Drei Monate lang ging alles gut. Eines Tages starb im Haus uns gegenüber ein sechsjähriger Junge. Und weil wir die nächsten Nachbarn waren, sollte ich mit noch ein paar anderen den Sarg tragen. Die Beerdigung war um zehn Uhr.

Unser Betriebsführer gab mir anstandslos frei.

»Kann ich nicht wechseln und nachmittags einfahren?« hatte ich gefragt, weil ich möglichst keinen Verdienstausfall haben wollte.

»Doch, das läßt sich machen.«

Ich erschien also erst nachmittags zum Dienst. Aber irgend etwas mit der Organisation mußte schiefgegangen sein. Als ich das Förderband anstellen wollte, stand schon ein anderer auf meinem Platz. An wen sollte ich mich wenden? Unser Betriebsführer hatte mit der Morgenschicht Schluß gemacht.

»Was willst du denn hier?« fragte mich der Steiger von der Mittagsschicht.

»Meine Arbeit machen. Ich hab doch getauscht.«

»Davon weiß ich nichts«, sagte der Mann unfreundlich. »Hier bist du überflüssig. Das siehst du doch!«

»Und was soll ich jetzt tun?«

»Komm mal mit!«

Er lief mit mir etwa zweihundert Meter ins Streb hinein bis vor Ort. Die Luft wurde immer wärmer und stickiger, das Streb immer niedriger. Mir ging beinahe die Puste aus. Das Wasser rann mir nur so am Körper runter. Und unter solchen Bedingungen schufteten nun die Bergleute Tag für Tag! Ein hartes Brot! Wie lange brauchte man wohl, um sich in dieser drückenden, heißen Atmosphäre zurechtzufinden? Mir jedenfalls war bei diesem ersten Ausflug in diese Welt hundsmiserabel zumute.

Der unfreundliche Steiger nahm keinerlei Rücksicht auf mich. Er ging vor mir her durch den Stollen und die ganze Rutsche rauf bis oben ins Stapel. Völlig erledigt stapfte ich hinterher. Am liebsten wäre ich davongelaufen, wenn ich nur gewußt hätte, wohin.

»So, du schmeißt jetzt hier die Stempel in die Rutsche!« sagte der Steiger.

»Das kann ich nicht.«

»Du wirst tun, was ich sage.«

»Das ist nicht meine Arbeit. Bitte, schreiben Sie mir einen Schein, daß ich rausfahren kann.«

»Was? Einen Schein willst du?« schnauzte er mich an. »Wenn ich in zehn Minuten wieder raufkomme, will ich sehen, daß Holz in der Rutsche liegt!«

»Ich rühre keinen Stempel an.«

»Das wollen wir sehen!« sagte er und verschwand.

Ich blieb bockig und krümmte keinen Finger. Der Bursche wollte mich nur schikanieren, bildete ich mir ein. Lieber schmiß ich den ganzen Krempel hin.

Der Steiger machte tatsächlich seine Runde und tauchte dann wieder bei mir auf. Als er sah, daß ich keinen Handschlag getan hatte, wurde er wütend.

»Das wird dir noch leid tun!« drohte er.

»Glaub' ich nicht!« sagte ich frech. Die Geschichte war jetzt so oder so verkorkst. »Übrigens hör ich ganz auf!«

Was sollte er schon tun? Er mußte mich gehen lassen. Mit dem nächsten Förderkorb fuhr ich ans Tageslicht.

Sofort machte ich mich auf den Weg ins Klubheim, das heißt in die Kneipe, die wir zum Klubheim gewählt hatten. Dort traf ich, wie erwartet, unseren Betriebsführer an.

»Nanu, Jung, was tust du denn hier?« fragte er erstaunt. »Du wolltest doch heute mittag arbeiten.«

»Wollte ich auch. Aber der Dingsda von der Mittagsschicht ist mir so dumm gekommen, für mich ist Feierabend mit der ›Prinz Heinrich‹!«

Und ich schilderte in den finstersten Farben, wie es mir ergangen war.

»Das hat der gemacht?« brauste der Betriebsführer auf, »dem werd' ich was erzählen. Du bleibst jedenfalls auf deinem Posten!«

»Kommt nicht in Frage. Da geh ich nicht mehr hin!«
Halsstarrig weigerte ich mich, an meinen Arbeitsplatz
zurückzukehren. Lieber fuhr ich wieder für meinen Vater
mit dem Fuhrwerk. Da brauchte ich mich von niemandem dumm anreden zu lassen …

Auf dem Weg nach oben

Eines Tages kam der Vorstand mit einer Überraschung zu mir. »Streng dich an, Helmut«, sagte er, »du hast eine tolle Chance. Eine Stadtmannschaft von Essen soll gegen Stuttgart spielen. Da wollen sie auch einen oder zwei aus der Kreisklasse dabei haben. Du bist mit vorgesehen. Mittwoch um drei Uhr trefft ihr euch bei ›Stachels‹.« Die Gaststätte »Stachels« war das Vereinslokal des Klubs »Helene«. Natürlich war ich Feuer und Flamme. Ich würde schon mein Bestes geben.

Wir spielten in zwei Kreismannschaften gegeneinander. Eine Halbzeit lang war ich bei der einen aufgestellt, die zweite bei der anderen. Insgesamt schoß ich drei Tore. Damit hatte ich mich für die Stadtauswahl qualifiziert. Ich kam aus dem niedrigsten Verein. Die anderen stammten meist aus erstklassigen Klubs wie Rot-Weiß, Schwarz-Weiß oder Sportfreunde Katernberg. Für sie alle war Helmut Rahn kaum ein Begriff. Erst recht für die Stuttgarter nicht. Kanonen wie Barufka, Kronenbitter und Schlienz langten sich wegen eines siebzehnjährigen Neulings nicht mal an die Nase.

Im Lauf des Spieles, das vor 15 000 Zuschauern auf dem Schwarz-Weiß-Platz ausgetragen wurde, mußten sie sich dann doch mehrfach über die Schlagkraft des Essener rechten Flügels wundern. Rechtsaußen stürmte Jonny Winkler, langjähriges Mitglied von Schalke 04 und überregional bekannt. Als Halbrechter unterstützte ich ihn nach Kräften. Das 2 : 2-Unentschieden entsprach durchaus dem ausgeglichenen Spielverlauf und war für uns ein achtbares Ergebnis.

Nun hatte mich bereits ein Hauch der großen Fußballwelt angeweht. Das Milieu des kleinen Vereins Altenessen 12 wollte mir nicht mehr so recht behagen. Vorsichtig streckte ich die Fühler nach was Größerem aus.

Ein Bekannter von uns war Kartoffelhändler und fuhr ab und zu auch Deputatkohlen für den Zollverein. Er hatte meine Unzufriedenheit schon lange bemerkt.

»Du willst doch weiterkommen, Helmut«, sagte er eines Tages. »Wechsle doch zu uns nach Stoppenberg. Wir sind spielerisch viel stärker und außerdem eine Klasse höher als Altenessen 12.«

»Das sagen Sie so leicht! Ich weiß nicht, wie ich da loskommen soll.«

»Probier's doch wenigstens mal! Nächsten Sonntag spielen wir in Westfalen gegen Oelde 09. Da fährst du einfach mit.«

»Aber nächsten Sonntag spielt doch auch Altenessen.«

»Mensch, bist du auf den Kopf gefallen? Du wirst schon eine Ausrede finden. Es braucht ja niemand zu wissen, daß du mit uns fährst.«

»Na, schön! Ich will es versuchen.«

Tatsächlich schwindelte ich den Altenessenern vor, wir müßten zu Hause Heu einfahren, um noch vor Beginn des schlechten Wetters alles in die Scheune zu bringen. In Wirklichkeit bestieg ich gemeinsam mit den Stoppenbergern ihren durch Holzvergaser angetriebenen Lastwagen und fuhr, von Gewissensbissen geplagt, mit nach Oelde. Dort trugen wir ein Freundschaftsspiel aus, das mir in mehr als einer Beziehung in lebhafter Erinnerung ist.

Als Mittelstürmer lieferte ich eine gute Partie. Wir siegten 4 : 3. Drei von den vier Toren gingen auf mein Konto. Durch die Begegnung mit den Stuttgartern hatte ich doch eine Menge Selbstvertrauen und Sicherheit gewonnen. Da kamen die übrigen so leicht nicht mit.

Meine Antrittsvorstellung in Oelde wurde für einen anderen Spieler zum Schwanengesang: für den einheimischen Torwart! Ich sollte einen Freistoß treten. Es hatte geregnet. Der Ball war schwer und naß. Ich lief an und haute eine Bombe in Richtung Kasten. Der Torwart bekam die Arme nicht mehr schnell genug hoch und kriegte das Geschoß mit unheimlicher Wucht genau ins Gesicht. Mit sechs Zähnen zahlte er für seine etwas zu langsame Reaktion.

Die Spieler von Oelde waren anscheinend von meiner Leistung beeindruckt. Das spürte ich besonders deutlich bei der anschließenden Feier. »So einen wie dich könnten wir hier gut brauchen!« meinten sie ein ums andere Mal. Ich hörte mir das an, dachte aber nichts Besonderes dabei. Nach ein paar Tagen hatte ich das Gerede schon wieder vergessen.

Nicht die Oeldener. Ich saß eines Nachmittags zu Hause beim Kaffeetrinken, da kreuzten plötzlich zwei Vorstandsmitglieder von ihnen bei mir auf. Sie machten mir allen Ernstes das Angebot, ihrem Verein beizutreten.

»Wir sind so gut wie Stoppenberg in der 1. Amateur-Klasse und haben alle Chancen.«

»Ja, aber …«

»Es gibt kein Aber. Wir besorgen Ihnen einen guten Arbeitsplatz und ein Zimmer. So ’n junger Mensch wie Sie sollte ruhig mal die Tapete wechseln. Oder wollen Sie hier versauern?«

Nein, das wollte ich nicht.

Die Aussicht auf Freiheit und Selbständigkeit kitzelte mich gewaltig.

»Da müssen Sie erst mal mit meinen Eltern sprechen«, sagte ich.

Die beiden Herren sahen das ohne weiteres ein. Sie haben wohl mit Engelszungen gepredigt, denn weder Mutter noch Vater setzten meinem Wunsch, in die Fremde zu ziehen, ernstliche Schwierigkeiten entgegen.

So siedelte ich für ein ganzes Jahr nach Oelde in Westfalen über.

Die Vorstandsmitglieder hielten Wort. In der Zentrifugenfabrik »Westfalia Separator« besorgten sie mir einen angenehmen Job. In der Kontrollabteilung hatte ich Handzentrifugen, wie sie die Bauern zum Buttern brauchen, zu überprüfen und dann zum Verpacken weiterzugeben.

Auch das Zimmer, das man mir besorgt hatte, war ordentlich. Meine Wirtin bemühte sich rührend um mich. Aber ich spürte doch, daß der Wirbel, den ich als junger Bursche und Fußballspieler ins Haus brachte, manchmal ein wenig über ihre Kräfte ging. Sie war eine alte Frau, und Unruhe in jeglicher Form schlug sich ihr sofort auf den Magen. So siedelte ich eines Tages zu unserem Torwart über. Erich Hilker war nicht verheiratet und wohnte noch bei seinen Eltern. Die störte es nicht, wenn wir mal feierten.

Im Verlauf der Meisterschaftsspiele einer einzigen Saison schoß ich 54 Tore. Oelde 09 rückte bis auf den zweiten Platz in der 1. Amateur-Klasse nach vorn. Leider nutzte es nichts. Nur der Erste stieg auf.

Hier in Oelde wurde ich praktisch auch als Rechtsaußen entdeckt. Bisher hatte ich immer Mittelstürmer oder Halbrechter gespielt. Bei einem Trainingskampf rutschte ich sozusagen aus Versehen mal nach draußen auf den rechten Flügel. »Mensch, Helmut, das ist dein Platz!« hieß es gleich.

Von nun ab wurde ich fast nur noch als Rechtsaußen aufgestellt. Ich war gar nicht so besonders erbaut davon. Halbstürmer zu sein, machte mir viel mehr Spaß …

»Willst du denn immer in Oelde bleiben?« fragten mich gelegentlich Anhänger von Essen-Katernberg. »Wenn du zu uns kommst, bist du in der Oberliga. Das ist doch ein ganz anderer Stiefel. Dann könntest du auch wieder zu Hause wohnen.« Durch einen Vereinswechsel in die Oberliga zu rutschen, war an und für sich keine schlechte Sache. Sportfreunde Katernberg war gerade aufgestiegen. Das letzte Wort sprachen auch in diesem Fall meine Eltern. Sie wollten mich wieder bei sich haben. Damit war die Angelegenheit perfekt.

Bei Sportfreunde Katernberg lernte ich zum ersten Mal richtig den Betrieb eines größeren, gut geleiteten Vereins kennen. Sie hatten auch einen hauptamtlichen Trainer, den ehemaligen Fortuna-Spieler Bornefeld.

Mir imponierte der ganze Laden mächtig. Zum Training war ich, wenn eben möglich, zur Stelle. Mein Soll an Toren erfüllte ich ebenfalls gewissenhaft. Bei einem Meisterschaftsspiel gegen Mönchen-Gladbach, das auf unserem Platz stattfand, gelang mir ein besonders schöner Treffer. »Man merke sich den Namen Rahn!« stand am nächsten Tag in einer Zeitung.

Alles in allem aber hatte Katernberg doch nicht das Spielermaterial, um sich in der Oberliga weiter nach vorn zu rackern. Wir landeten auf dem zwölften Platz.

Kontakt mit Rot-Weiß Essen

Zu Hause hatte sich in der Zwischenzeit manches geändert. Mein ältester Bruder war aus der Kriegsgefangenschaft zurückgekehrt. Statt der vier Fuhrwerke chauffierten er und mein Vater nun zwei Lastwagen. Der größte Teil unserer Äcker war verkauft oder verpachtet worden. Es gab längst nicht mehr so viel zu tun. Ich konnte mich also außerhalb nach einer Arbeit umsehen. Und da ich in Oelde den Führerschein gemacht hatte, wurde ich als Beifahrer bei der Firma Didier-Koga eingestellt.

Kaufmännischer Direktor in diesem Werk, das Koks- und Gasöfen baut, war übrigens Georg Melches, Vorstandsmitglied von Rot-Weiß Essen. Beinahe alle Spieler »seines« Klubs waren bei Didier beschäftigt.

Zu denen müßte man Kontakt bekommen! Das wäre haargenau das Richtige! malte ich mir aus. Nun, Kontakt hatte ich schon, und zwar täglichen: Der Fahrer meines Lastwagens war nämlich der lange Mittelläufer Heinz Wewers. Mit ihm fuhr ich Baumaterial zu allen möglichen Kunden im ganzen Ruhrgebiet.

Die Katernberger rochen den Braten.

»Du kommst nicht los!« sagten sie. »Du kannst dir jede Mühe sparen. Wir lassen dich nicht zu Rot-Weiß.«

Vorläufig trainierte ich fleißig bei ihnen weiter. Meine Kondition war gut, aber ich dribbelte viel zu viel, und das Ballabgeben kam mir nur selten in den Sinn. Nach Möglichkeit wollte ich alles allein machen. Allerdings hatte ich damals schon einen Bombenschuß.

Meine Schußgewalt fand auch in dieser Zeit wieder ein Opfer. Bei einem Freundschaftsspiel gegen Horst hätte ich beinahe einen meiner Gegner ins Jenseits befördert. Nach ungefähr fünfzehn Spielminuten erhielten wir zwanzig Meter vor dem gegnerischen Tor einen Freistoß zugesprochen. Die Horster machten eine Mauer, in ihr stand auch der Zahnarzt Dr. W. Ich legte mir den Ball hin, lief an und schoß. Dem Zahnarzt zischte die Bombe direkt an den Kopf. Er fiel um wie ein Sack und blieb regungslos am Boden liegen.

Den hast du totgeschossen! fuhr es mir durch den Sinn. Es sah auch ganz so aus. Der Mann rührte sich nicht mehr. Bewußtlos wurde er vom Platz getragen.

Das Spiel lief weiter. Aber ich konnte mich nicht mehr konzentrieren. Immer wieder schielte ich zum Platzrand, wo eine ganze Gruppe um den Zahnarzt bemüht war. Wenn dem bloß nichts Ernstliches passiert ist! flehte ich inbrünstig. Das wäre entsetzlich, nicht auszudenken!

Zu meiner maßlosen Erleichterung rappelte sich der Mann nach zehn Minuten mühsam wieder auf. Als er endlich, wenn auch wackelig, auf den Beinen stand, fiel mir ein Stein vom Herzen. Einige Minuten später kam er sogar aufs Spielfeld zurück.

Ich machte mir in seiner Nähe zu schaffen.

»Hör mal, Helmut«, sagte er, »konntest du dir keine andere Stelle aussuchen, als ausgerechnet meinen Kopf?«

»Tut mir leid«, beteuerte ich, »aber der war nun mal im Weg.«

Damit war die Sache erledigt. Dr. W. und ich haben später noch öfter gegeneinander gespielt und uns dabei immer gut vertragen.

Der Gedanke, zu Rot-Weiß hinüberzuwechseln, setzte sich inzwischen immer hartnäckiger bei mir fest.

Trainer Bornefeld, der von meinen Plänen gehört hatte, knöpfte sich mich vor:

»Du kannst uns doch nicht einfach im Stich lassen«, meinte er. »Schlag dir doch diese blöde Sache aus dem Kopf.«

»Sie haben doch auch mal aktiv gespielt«, verteidigte ich mich. »Und Sie sind doch auch ehrgeizig gewesen. Können Sie es denn nicht verstehen, wenn man vorwärtskommen will?«

»Hast du die feste Absicht, bei uns mitzumachen?« hatte mich andererseits Direktor Melches inzwischen mehr als einmal gefragt.

»Ich möchte schon. Aber die Katernberger geben mich nicht frei.«

»Mal sehen, was ich für dich tun kann.«

Tage vergingen, ohne daß sich etwas ereignete. Eines Nachmittags – ich war wieder mit Heinz unterwegs gewesen – kamen wir wie üblich zum Lagerplatz bei Didier zurück.

»Helmut Rahn ans Telefon!«

Im Laufschritt rannte ich hin. Ich sollte sofort ins Kasino der Zeche Zollverein kommen, hieß es. Eine andere Auskunft wurde mir nicht gegeben.

»Was kann da los sein?« fragte ich Heinz Wewers.

»Keine Ahnung! Nimm den Wagen und fahr hin!«

Ich gehorchte.

»Sie sollen ins Gesellschaftszimmer kommen«, sagte mir der Wirt, als ich zögernd das Kasino betrat.

Kaum hatte ich die Klinke zum Nebenzimmer runtergedrückt, da wußte ich, um was es ging. Dort an einem Tisch saßen ein paar Vorstandsmitglieder von Sportfreunde Katernberg, Direktor Melches und noch ein paar Mann vom Rot-Weiß-Vorstand.

Verlegen baute ich mich vor ihnen auf. Soviel strenge Blicke waren mir unbehaglich.

»Du sollst uns nur eine einzige Frage beantworten«, sagte der Vorstand von Katernberg, und seine Blicke bohrten sich beschwörend in die meinen: »Willst du nun lieber bei Katernberg oder bei Rot-Weiß spielen?«

»Bei Rot-Weiß«, antwortete ich.

»Es ist gut. Du kannst wieder gehen.«

Im Handumdrehen war ich draußen, saß im Lastwagen und fuhr zum Lagerplatz zurück.

Wenig später rief mich Direktor Melches an:

»Also, Helmut – du hast deine Freigabe. Du kannst bei uns spielen.«

Ich fühlte mich wie im siebenten Himmel.

Von einer offiziellen Ablösesumme war übrigens damals nicht die Rede. Aber der Platz der Katernberger, der bisher nicht eingezäunt war, hatte kurz nach der Verhandlung einen schönen hohen Bretterzaun. Nun konnte nur noch zuschauen, wer Eintritt zahlte. Das war bisher nicht der Fall. »Katernberg hat einen Rahnzaun«, behaupteten die Spötter. Ob an dieser Vermutung etwas Wahres ist, kann ich nicht beurteilen. Ich hab mich nicht darum gekümmert.

Vor Beginn der neuen Saison sollte ich der Mannschaft von Rot-Weiß vorgestellt werden. Sie verbrachte gerade gemeinsam einen Urlaub in Bad Wildungen und trug bei dieser Gelegenheit ein Freundschaftsspiel gegen Hannover 96 aus. Direktor Melches nahm mich an einem Sonntag mit hin. Die meisten Spieler kannte ich schon von der

Firma her, aber auch die anderen freuten sich, daß ich von nun ab zu ihnen gehörte. Vor allem Mannschaftsführer August Gottschalk begrüßte mich herzlich. »Bei uns wirst du dich wohlfühlen«, meinte er. Ich dachte mir im stillen: Die müssen eine prima Kameradschaft haben.

Die hatten sie auch. Allerdings waren schon rein äußerlich sämtliche Voraussetzungen für eine gute Vereinsarbeit gegeben Rot-Weiß besaß bereits damals einen schönen Platz mit Tribüne, ein eigenes Klubheim sowie Umkleide- und Massageräume. Über Mangel an Zuschauern brauchte man sich auch nicht zu beklagen.

Direktor Melches führte den Verein mit der gleichen Sorgfalt wie seinen Betrieb. Das kam allen zugute. Wir erhielten pünktlich am Ersten jeden Monats richtige Gehaltstüten mit unserem Geld. Steuern, Beiträge und ähnliches waren bereits abgezogen. Ein großes Plus für Rot-Weiß war auch Trainer Karl Hohmann. Er verstand es aus dem Effeff, das Interesse aller Spieler wachzuhalten, ihren Ehrgeiz anzustacheln. Zu seinem Training kam jeder gern. Hatte Bornefeld mehr auf die Steigerung der Kondition hingearbeitet, so verlegte Hohmann den Akzent aufs Spielerische. Langeweile und Einförmigkeit kamen bei ihm nicht auf.

Training war zwei- oder dreimal in der Woche, um drei Uhr oder um halb vier. Da beinahe alle bei Melches in der Firma arbeiteten, klappte es mit der erforderlichen Freizeit ganz gut. Der Rest der Mannschaft war ohnehin selbständig und konnte sich entsprechend einrichten.

Die Punktspiele begannen. Und sie begannen vielversprechend. »Dieses Jahr werden wir Erster!« sagte August Gottschalk. »Wär' doch gelacht, wenn wir das nicht fertig brächten!«

Die ersten Erfolge rissen die ganze Mannschaft mit. Ich, der Neuling, mischte kräftig mit und träumte von der Teilnahme an den Endrundenspielen um die Deutsche Meisterschaft.

Weiter dachte ich noch nicht.

Bis in die Nationalmannschaft vorzudringen, schien mir ein unerreichbares Ziel. Da mußte erst einmal Bundestrainer Herberger auf mich aufmerksam werden. Er reiste auf der Suche nach Talenten durch ganz Deutschland. Es müßte schon ein ausgesprochener Zufall sein, wenn er dabei auf den neuen Rechtsaußen von Rot-Weiß Essen stoßen würde.

Daß er schließlich doch auf mich stieß, verdankte ich eigentlich dem jugoslawischen Torhüter Beara. Bei einem Gastspiel von Hajduk Split gegen Rot-Weiß in Essen mußte er drei Bälle von mir passieren lassen. Drei Treffer gegen einen der bekanntesten Torhüter der Welt!

Unser 6 : 1-Sieg gegen Hajduk machte Sepp Herberger hellhörig. Bei den folgenden drei Meisterschaftsspielen saß er auf der Zuschauertribüne.

Und dann kam der große Augenblick, auf den jeder Fußballspieler mit geheimer Sehnsucht wartet.

Der Bundestrainer trat in die Umkleidekabine, sah sich kurz in der Runde um und blieb dann vor mir stehen.

»Halten Sie sich ran!« sagte er. »Womöglich haben Sie mal Chancen!«

Ähnliches sagte er in ähnlichem Tonfall zu Berni Termath. Karl Hohmann, unser Betreuer, stand zufrieden daneben.

So schnell, wie er aufgetaucht, war der Bundessepp wieder draußen. Den Rot-Weißen von Essen blieben die Mäuler offenstehen. Dann aber schlugen sie mir alle mit Wucht auf meine Anno 1951 noch recht schmächtigen Schultern.

»Meinst du wirklich, wir hören noch mal was von ihm?« fragte ich Termath. Ich konnte das Geschehene noch nicht so richtig fassen.

»Warum nicht? Mehrere Sonntage hat uns Herberger nun schon beobachtet. Denkst du, der ist sooft in Essen, weil er die Luft im Kohlenpott für besonders gesund hält?«

Die wirklich zuständige Antwort auf meine Frage kam mit der Post. Sie fiel durch den Türschlitz als ganz gewöhnlicher Brief. Mein Vater drehte ihn unschlüssig in seinen Händen. Absender Deutscher Fußballbund? Nanu, denen hatte er doch noch nie Kohlen gebracht. Im allgemeinen bestand die tägliche Korrespondenz natürlich aus Aufträgen für unser Transportgeschäft.

Erst bei näherem Hinsehen kam er darauf, daß das Schreiben nicht an ihn, sondern an seinen Sohn gerichtet war. »Für dich, Helmut!« rief er und blickte mir neugierig über die Schulter.

»Ich kann mir denken, was da drin steht«, sagte ich, während ich mein eigenes Herz klopfen hörte.

Der Brief enthielt die Einladung zum Fußball-Länderspiel gegen die Türkei, das am 23. November 1951 stattfinden würde. Ohne Vorbereitungslehrgang sollte ich mit der deutschen Nationalmannschaft nach Istanbul reisen. Treffpunkt drei Tage vor dem Spiel: Frankfurt.

So groß die Freude war, das schlug sich nun doch aufs Gemüt. Zum ersten Mal ins Ausland fliegen? Zum ersten Mal in der Länderelf stürmen? Zum ersten Mal den berühmten Fritz Walter sehen?

Berni Termath, der ebenfalls eine Einladung erhalten hatte, reagierte sachlicher. Er steckte die Nase zunächst mal in den Fahrplan und suchte uns einen Zug aus.

»Reg dich doch nicht so auf!« meinte er. »Eingeladen und aufgestellt werden ist immer noch zweierlei.«

Leider Gottes hatte er recht. Die Ungewißheit machte mich halb verrückt. Auf der Fahrt von Essen nach Frankfurt war ich kaum zu genießen.

Herberger, der uns im Hotel in Empfang nahm, erlöste uns von unseren Qualen:

»Na, dann wollen wir es mal mit Ihnen versuchen!«

Und alsbald machte er uns mit seinen fast durchweg bereits bewährten Spielern bekannt. Streitle, Kohlmeyer, Mebus, Posipal, Schanko, Morlock – sie alle schüttelten uns herzlich die Hand. Vergebens suchte ich hingegen Mannschaftsführer Fritz Walter. Er kam erst abends.

Wir waren uns vom ersten Augenblick an sympathisch. Und doch mußte ich mich gewaltig am Riemen reißen. Das in der Nationalmannschaft übliche Du kam mir dem älteren, so sehr verehrten Kameraden gegenüber nur schwer über die Lippen. Meine ganze Schnoddrigkeit war wie weggeblasen.

Mein Zimmergenosse im Frankfurter Hotel hieß übrigens Max Morlock.

»Bist du schon mal geflogen, Helmut?« fragte Max.

»Noch nie im Leben.«

»Angst?«

»Ach wo!«

Für mich war alles so neu und erregend, daß mir der siebenstündige Flug von Frankfurt nach Istanbul viel zu schnell verging. Berni Termath und den Jüngeren gegenüber wagte ich bereits hin und wieder ein Späßchen. Stimmungskanone der Nationalelf zu sein, wie man mir heute nachsagt, davon war ich noch meilenweit entfernt.

Meilenweit entfernt war ich auch noch davon, Eindrücke und Reize einer fremden Stadt und eines fremden Landes bewußt auf mich wirken zu lassen. Ich hatte praktisch nichts als das vor uns liegende Spiel im Kopf. Erste Begegnung mit dem Orient? Ich nahm sie nur am Rande wahr. Daß die Kirchen andere Türme haben als bei uns? Für einen Rechtsaußen, der sich zum ersten Mal international bewähren soll, ist das bestimmt nicht so wichtig.

Herberger lächelte über meinen Eifer. Es kostete ihn wenig Mühe, die ganze Bande zeitig ins Bett zu verfrachten. Für den nächsten Morgen war Training angesetzt. Da wollten vor allem wir Neulinge uns nicht blamieren.

Der Omnibus, der uns schon vom Flugplatz ins Hotel befördert hatte, brachte uns auch ins Stadion, in dem am Nachmittag des 23. November das Spiel stattfinden sollte. Walter, Morlock, Haferkamp und Termath, meine Kollegen vom Sturm, schoben mir ermutigend den Ball zu und ließen sich umgekehrt von mir anspielen. Von Minute zu Minute fühlte ich mich sicherer und wohler in meiner Haut. Mit Kopfbällen, wie Max Morlock sie fabrizierte, mit Pässen, wie Fritz Walter sie gab, ließ sich bestimmt was anfangen. Das waren Könner! Ich machte mir über den Ausgang des Revanchespiels – die Türken hatten am 17. Juni in Berlin die deutsche Mannschaft mit 2 : 1 geschlagen – keine Sorgen mehr.

Noch am selben Abend startete ich einen halb freiwilligen, halb unfreiwilligen Angriff auf die Lachmuskeln meiner Kameraden. Von Haus aus leidenschaftlicher und erfolgreicher Brieftaubenzüchter, hatte ich schon längst ein Auge auf die zahllosen Tauben geworfen, die sich ganz familiär auf dem Sims unserer Hotelzimmerfenster niederließen. Von denen nehme ich ein paar als Andenken mit nach Hause! Dieser Entschluß stand fest. Die Tauben zu fangen, war bei der Zutraulichkeit der lieben Tierchen nicht schwer. Doch wohin mit ihnen? Vorsichtig sperrte ich eine nach der anderen in mein Nachtkästchen. Das war zwar kein angenehmer Aufenthaltsort für sie, dafür sollte es ihnen in Essen bestimmt an nichts fehlen.

Max Morlock schaute mir verwundert zu.

»Was willst du denn mit den armen Viechern?« fragte er kopfschüttelnd.

»Mit nach Hause nehmen!«

»Du hast doch schon 'nen Vogel!«

»Macht nichts!«

»Na schön, dann laß ich sie eben hier.«

So völlig frei von Lampenfieber, wie ich es mir beim Training eingebildet hatte, war ich keineswegs. Eine Reise mit der Nationalelf war eine großartige Sache, das hatte ich bereits kapiert. Von meiner Leistung, einzig von ihr hing es ab, ob ich das einmal oder öfter würde erleben dürfen. Berni Termath wälzte ähnlich schwerwiegende Gedanken! Beide Flügelstürmer von Rot-Weiß Essen! Wenn das bloß hinhaute! Die Ehre unseres Vereins stand sozusagen mit auf dem Spiel.

Am ruhigsten von allen wirkte der Chef. »In Berlin haben wir unglücklich verloren«, meinte er. »Hier gibt es für uns nur was zu gewinnen.«

»Tut er nur so zuversichtlich, oder ist er es wirklich?« erkundigte ich mich bei Fritz Walter.

»Zuversichtlich oder nicht, wir müssen gewinnen! Klarer Fall!«

Wir gewannen auch, und zwar 2 : 0. Beide Tore für Deutschland schoß der Nürnberger Max Morlock, seinerzeit in Bombenform. In einem Fall hatte er eine Flanke von mir nur noch zu verwandeln brauchen.

Heute noch bin ich meinem Gegenspieler, dem türkischen linken Verteidiger, dankbar, daß er mir bei meinem allerersten großen Auftritt soviel Bewegungsfreiheit ließ. Dadurch kam meine stürmische Einsatzfreudigkeit recht vorteilhaft zur Geltung. Und die Kritiker, die gefürchteten, gehaßten, aber doch immer wieder gelesenen Kritiker, waren mit den Neulingen Termath und Rahn sehr zufrieden.

Vielleicht hätte ich an diesem Tag auch schon einen Treffer zustande gebracht, aber als Anfänger spielt man unwillkürlich noch ein bißchen zögernd, schielt man zuviel nach den Älteren. Nur immer schön an sie abgeben! Sie werden das Werk schon vollenden! Später verfiel ich eine Zeitlang ins andere Extrem – aber das tut im Augenblick noch nichts zur Sache …

Ein schönes Lob erhielt ich abends beim Festbankett aus berufenem Munde. Der englische Schiedsrichter Ellis, der den Kampf vorbildlich geleitet hatte, meinte, einen Rechtsaußen wie mich hätte er noch nicht gesehen. Das mag eine Art Höflichkeitsfloskel gewesen sein, war aber doch Wasser auf meine Mühlen.

Auf dem Rückflug versäumte der Chef es nicht, sich die Neulinge Termath und Rahn noch einmal vorzuknöpfen.

»Ihr seht, es hat ganz gut geklappt. Natürlich habt ihr noch eine Menge an euch zu arbeiten. Aber wenn ihr euch dranhaltet, kann ich euch beim nächsten Länderspiel gut und gern wieder einsetzen.«

»Gegen Luxemburg?« fragte Berni Termath.

»Warum nicht?«

»Das Spiel ist doch in Essen …«

Wir malten uns aus, wie schön es sein müßte, vor einheimischem Publikum ein Länderspiel auszutragen. Das wäre ein gefundenes Fressen! Den Essenern würden wir's zeigen!

In den nächsten Tagen und Wochen trainierten wir mit eisernem Fleiß. Schon nach kurzer Zeit trudelte die Einladung zu einem achttägigen Vorbereitungskurs in der Sportschule Duisburg-Wedau ein. Außer Termath und mir erhielt noch ein dritter Vereinskamerad von Rot-Weiß eine Aufforderung: Heinz Wewers.

»Sinn und Zweck dieser Tagung in Duisburg ist es, daß ihr euch zuerst mal richtig kennenlernt«, sagte Herberger. »Gewöhnt euch an den Gedanken, daß ihr eine Mannschaft seid.«

Mir, meinte er, fehle noch dieses und jenes bei der Ballbehandlung. Er machte mir vor, worauf es seiner Ansicht nach ankam. Eifrig übte und probierte ich nach.

»Sie unternehmen auch noch zuviel auf eigene Faust«, belehrte mich Herberger. »Ich will nicht behaupten, daß das immer falsch ist, es kann auch eine Stärke sein. Aber in den meisten Fällen ist es richtiger, mannschaftsdienlich zu spielen, abzugeben.«

»Es fällt mir verdammt schwer«, sagte ich ehrlich.

Der Chef lächelte über meinen Stoßseufzer.

»Na, übertreiben wollen wir es auch wieder nicht. Jetzt sind Sie zum zweiten Mal dabei, Helmut. Beim fünften Mal ist vieles schon eine Selbstverständlichkeit.«

In dasselbe Horn wie Herberger stieß auch Kapitän Fritz Walter, mit dem ich nun schon auf einem Zimmer wohnte. Darauf war ich besonders stolz. Fortwährend hielt ich nach Möglichkeiten Ausschau, ihm etwas Gutes zu tun, ihm gefällig zu sein und ihn auf keinen Fall zu stören. Andererseits getraute ich mich immer öfter, mal einen Witz zu machen oder Unfug auszuhecken.

Dem Lehrgang in Duisburg-Wedau folgte das Spiel gegen Luxemburg in Essen. Der Schwarz-Weiß-Platz war restlos ausverkauft. Sogar meine Mutter hatte sich mit meinem Vater und dem Ältesten auf den Weg gemacht, um mich zum ersten Mal in einem Länderspiel zu sehen. Ein Grund mehr für mich, das Beste aus mir herauszuholen, zu zeigen, was ich gelernt hatte.

Wir enttäuschten unsere Zuschauer nicht und gewannen 4 : 1. Berni Termath schoß gleich zwei Tore. Das dritte fabrizierte der zu dieser Zeit noch als Stürmer nominierte Georg Stollenwerk.

Treffer Nummer vier endlich war mein Werk. Er fiel etwa fünf Minuten vor Schluß. Ich wechselte von rechtsaußen in die Mitte. Fritz Walter lief dafür nach rechts hinaus und hob eine wunderbare Flanke zu mir nach innen. Ich nahm den Ball gleich aus der Luft und fetzte ihn so aus zwanzig Metern unter die Latte. Er landete hoch oben im Eck. Für den Schlußmann der Luxemburger war da nichts zu machen!

Das erste Länderspieltor meines Lebens! Ich glaube heute noch: auch das schönste!

Daß es sich um einen Prachttreffer gehandelt hatte, der Meinung waren auch die Kameraden, die mich jubelnd umarmten. Der Meinung waren auch die Journalisten, die nach dem Spiel zu mir kamen, um mir zu gratulieren. In der Kabine des Schwarz-Weiß-Stadions von Essen gab ich zum ersten Mal ein Interview.

»So hab ich mir das nicht vorgestellt, Junge!« sagte meine Mutter mit Tränen in den Augen. »Die Begeisterung! Die vielen Menschen!«

»Laß dir durch den ganzen Zauber bloß nicht den Kopf verdrehen!« mahnte Fritz Walter. »Bleib schön bescheiden und bilde dir ja nicht ein, daß du nun ein vollendeter Fußballspieler bist. Vollendet ist man nie …«

Peinliche Pannen

An einem Montag mußte bei Didier eilig Baumaterial zugestellt werden. Als der Lagermeister, Heinz Wewers, den Fahrer nicht sah, kam er zu mir:

»Hör mal zu, Helmut! Dringende Sache! Du mußt das Zeugs da nach Selbeck bringen und anschließend noch weiter nach Rheinhausen fahren.«

»Na, schön. Warum denn nicht?« sagte ich. Manchmal hing es mir sowieso zum Hals raus, immer nur Beifahrer zu spielen.

Der Wagen wurde beladen.

Zwei Mann, die ich in Rheinhausen absetzen sollte, stiegen hinten auf die Ladebühne und hockten sich auf die schweren Eisenkisten.

Bis Selbeck ging alles ordnungsgemäß.

»Kommt doch mit nach vorn!« sagte ich zu den beiden, die hinten saßen. Sie taten es. Ein guter Schutzengel mußte mir die Worte eingegeben haben …

Im Stadtzentrum von Mülheim an der Ruhr fuhr ich parallel zu den Straßenbahnschienen. Vor mir gondelte aufreizend langsam eine Frau auf dem Rad dahin. Etwa hundert Meter weiter vorn näherte sich aus entgegengesetzter Richtung eine Straßenbahn.

Die Radfahrerin kann ich leicht noch überholen! dachte ich. Bis die Bahn kommt, bin ich längst an ihr vorbei! Ich gab also kurz Gas und wollte dann rechts ran. Doch zu meinem Entsetzen drehte sich das Steuerrad leer. Die Reifen meines Lasters hatten – wie sich später herausstellte – wie die Straßenbahn Spur 1,42. In den regennassen Schienen hatten sie sich regelrecht festgesaugt.

»Was ist denn los?« schrie einer meiner Begleiter, als er die Straßenbahn frontal auf uns zukommen sah. »Fahr doch rüber!«

»Haltet euch fest!« brüllte ich. »Es passiert was!«

Der Straßenbahnfahrer hatte inzwischen bemerkt, daß ich nicht aus den Schienen rauskam. Er bremste, was das Zeug hielt. Zu spät! Auch mein Bremsen nützte nichts. Im Gegenteil! Gummi auf feuchtem Eisen! Die Fahrt wurde eher noch schneller.

Bums! Patsch! Peng! Wir prallten aufeinander. Schnauze gegen Schnauze! Die Straßenbahnlampe saß mitten auf unserem Kühler. Meine Knie beulten das Armaturenbrett ein. Das Lenkrad hielt ich, krumm gebogen, krampfhaft umklammert. Mein Nachbar war mit dem Kopf nach vorn geflogen, er hatte eine Beule an der Stirn und eine leichte Gehirnerschütterung. Der Mann auf der rechten Seite hatte kaum was abgekriegt. Wären die beiden hinten auf der Ladebühne geblieben, hätten ihnen die schweren Eisenkisten glatt die Beine abgequetscht, fuhr es mir durch den Sinn. Die zentnerschweren Dinger waren mit Wucht gegen das Führerhaus geknallt.

Mit eigener und fremder Kraft befreiten wir uns aus unserer schmerzlichen Lage. Kaum standen wir auf den Beinen, brauste – tatü, tata! – auch schon der Peterwagen heran.

Die Hüter der Ordnung fragten mich und alle möglichen Zeugen stundenlang aus, dann mußten sie wohl einsehen, daß ich schuldlos war.

»Höhere Gewalt!« sagten sie kopfschüttelnd.

Zwei von ihnen hatten mich auf den ersten Blick erkannt.

»Nun, wie habt ihr denn gestern gespielt?« fragten sie.

»Gestern hab ich gewonnen, heut hab ich verloren«, sagte ich, schon wieder einigermaßen gefaßt.

Aber eine unangenehme Pflicht stand mir noch bevor: Ich mußte Direktor Melches von dem Unfall verständigen. Von einer Telefonzelle aus rief ich ihn an:

»Schütteln Sie nicht den Kopf«, sagte ich, »aber ich bin auf der Fahrt nach Rheinhausen mitten auf eine Straßenbahn geknallt.«

»Wenn du noch telefonierst, kann es ja nicht so schlimm sein«, meinte Melches überraschend friedfertig. »Hauptsache, dir ist nichts passiert! Solange man den Schaden mit Geld gutmachen kann, geht der Kopf nicht ab.«

Nun, die Geschichte hatte weiter keine Folgen. Der verletzte Begleiter kam ins Krankenhaus und wurde schnell wieder gesund. Von polizeilicher Seite hörten wir nichts mehr.

Die Meisterschaftsspiele hielten uns in der Saison 1951/52 pausenlos in Atem. Wir hatten alle Aussicht, Tabellen-Erster zu werden. Dieses Ziel wollten sich der Verein und sein Vorstand durch nichts gefährden lassen, auch durch das Rückspiel der Länderelf gegen Luxemburg nicht.

So kam es, daß weder Termath noch ich beim nächsten Länderspiel dabei waren. An meiner Stelle stürmte Berni Klodt aus Gelsenkirchen auf dem rechten Flügel, für Termath linksaußen der Karlsruher Kurt Ehrmann.

Während Ehrmann seinen Platz bereits beim nächsten Spiel wieder Termath überlassen mußte, überzeugte Klodt Bundestrainer Herberger und auch einen großen Teil der Kritiker davon, daß er ein ebenso beachtlicher Rechtsaußen war wie der vielgepriesene, aber auch vielkritisierte »Boß« aus Essen. Die Frage »Klodt oder Rahn«

sollte noch oft im Lauf der nächsten Jahre eine Rolle spielen. Später hieß die Frage »Waldner oder Rahn«, eine Zeitlang auch »Klodt oder Waldner«.

Zum Vorbereitungslehrgang für das Spiel in Köln gegen Irland erhielten Termath und ich aber wieder eine Einladung. Wir trainierten fleißig. Doch als der 4. Mai 1952 näher kam, nahm mich Herberger beiseite:

»Helmut, Sie sind mir doch nicht böse, wenn ich noch mal den Berni spielen lasse? Sie sind so jung. Lassen wir ihn doch auch zu seinen Spielen kommen. Aber Sie halten sich als Ersatzmann bereit.«

Mit der kompletten Kluft saß ich neben dem Chef auf der Reservebank, als das Länderspiel in Köln angepfiffen wurde. Es sah zunächst nicht rosig aus. Herberger zog die Stirn in Falten. Sein Sturmdirigent Fritz Walter war heute nicht dabei, dafür als Neuling in der Länderelf Ottmar Walter.

Als immer noch kein richtiger Schwung in den deutschen Angriff kommen wollte, erhielt ich das Zeichen, mich fertig zu machen. Ich band meine Schuhe zu, zog den Trainingsanzug aus und wollte gerade losstarten. Da fiel das 1 : 0 für Deutschland. Herberger winkte wieder ab. Das Spiel sollte nun doch so weiterlaufen.

Schade, ich hätte so gern wieder richtig losgelegt, schon wegen Schiedsrichter Ellis, der mich ja beim ersten Kampf gegen die Türkei so über den grünen Klee gelobt hatte.

Gelegenheit, mich hervorzutun, gaben mir in dieser Zeit nur die Meisterschaftsspiele. Mit zwanzig Treffern lag ich in der Spitzengruppe der westdeutschen Torschützen.

Und als die Saison zu Ende ging, hatten wir es tatsächlich geschafft, an erster Stelle der Tabelle zu stehen. Trainer Hohmann strahlte vor Stolz. Um keine Möglichkeit ungenutzt zu lassen, fuhr er mit uns ins Trainingscamp nach Hennef. Dort sollten wir uns auf die Auseinandersetzungen der Endrunde um die Deutsche Meisterschaft vorbereiten. Erst kurz vor dem ersten Spiel kehrten wir nach Essen zurück.

»Wenn das bloß die richtige Methode ist«, zweifelten einige unserer Anhänger. »Ihr solltet lieber daheim bleiben, ganz normal eurer Arbeit nachgehen und alles an euch herankommen lassen!«

Wir waren anderer Meinung – zu Unrecht, wie sich später herausstellte. Was sollte uns gegen Tennis Borussia groß passieren? So gut waren die Berliner unserer Ansicht nach gar nicht.

Wußten die Essener Zuschauer es besser?

Sie erwarteten ein spannungsreiches Spiel. Das Stadion an der Hafenstraße war gesteckt voll. Natürlich wollte man die einheimische Elf siegen sehen.

Am aufgeregtesten von uns allen war der Mann, der sich Aufregung am wenigsten leisten konnte: Torhüter Kwiatkowski.

Das Spiel begann zähflüssig. Wir trampelten über den Platz, als hätten wir Beton in den Beinen. Und schon erhielt unser anfänglicher Hochmut einen bösen Dämpfer. Die Borussen gingen durch Schmutzler in Führung. Das geschah in der 8. Minute. Erst kurz vor dem Pausenpfiff glich Mannschaftskapitän Gottschalk aus. Bald nach dem Wechsel sorgte August sogar für einen 2 : 1-Vorsprung, aber schon bald kamen die Berliner durch einen Weitschuß, auf den niemand gefaßt war, zum 2 : 2-Ausgleich.

Zu allem Überfluß ließ Kwiat noch zwei weitere Geschoße in seinen Kasten. Damit hatten wir das wichtige Spiel auf eigenem Platz, vor eigenem Publikum 2 : 4 verloren. Das Rückspiel in Berlin gewannen wir 2 : 1.

Außer Tennis Borussia gehörten noch der VfB Stuttgart und der VfL Osnabrück in unsere Gruppe. Vom VfL Osnabrück mußten wir uns auswärts 2 : 3 schlagen lassen. Das Heimspiel endete mit einem 2 : 0-Sieg.

Einen besonders guten Kampf lieferten wir in Stuttgart gegen den VfB, auch wenn wir 3 : 5 verloren. Es war ausgesprochenes Pech! Noch in der ersten Halbzeit fiel Abromeit wegen einer Meniskusverletzung aus. Und Berni Termath stürzte so unglücklich auf den Betonsockel, der bei den Stuttgartern den Platz umsäumt, daß er sich das Rückgrat verletzte und längere Zeit vom Rasen mußte. Mit neun Spielern hatten wir uns nun unserer Haut zu wehren. Mit einem 1 : 3-Paket auf dem Buckel zogen wir bestürzt in die Pause ab.

Zu allem entschlossen kehrten wir – immer noch neun Mann – auf das Spielfeld zurück. Nach zehn Minuten hieß es 3 : 3! Mit einem ungeheuren Energieaufwand hatte ich zwei Tore geschafft. Eines davon war ein Weitschuß aus zwanzig Metern. Ich lief rechtsaußen, als ich den Ball bekam, umspielte in meiner oft getadelten, aber auch oft bewährten Manier zwei, drei Gegner und schoß aus spitzestem Winkel.

»Es ist mir ein Rätsel, wie du den Ball da reingekriegt hast«, sagte Torhüter Bögelein später zu mir. »Der Winkel war doch superspitz.«

Na ja! Der Ball war jedenfalls drin.

Termath kam wieder aufs Feld, aber zum guten Schluß mußten wir doch die zahlenmäßig überlegene Mannschaft davonziehen lassen. Das 3 : 5 war eine anerkannt ehrenvolle Niederlage. Daran gab es nichts zu rütteln. Das Heimspiel gegen die Stuttgarter gewannen wir 3 : 2.

Auf der Tribüne des VfB-Platzes hatte übrigens der in Italien arbeitende Trainer Janda gesessen, einst ein deutscher Spieler mit hervorragendem Ruf. Meine Partie mußte ihn sehr beeindruckt haben, denn er machte mir den Vorschlag, ebenfalls nach Italien zu kommen.

Kurz nach dem Spiel erhielt ich in Essen noch einen anderen Besuch. Ich war zufällig zu Hause, als in unserer Straße ein großer amerikanischer Wagen hielt. »Rahn! Rahn! Wo wohnt Rahn?« hörte ich in gebrochenem Deutsch jemanden fragen. Und ich hörte auch, wie man dem unbekannten Besucher den Weg beschrieb.

Plötzlich stand ein elegant gekleideter Mann im Zimmer. Ich hatte mich gerade noch rechtzeitig in die Küche verdrückt.

»Frau Rahn?« fragte der Fremde.

»Ja, das bin ich.«

»Ich bin Italiener. Wir möchten Ihren Sohn zu unserem Verein Inter-Mailand holen.«

»Da können Sie sich jede Mühe sparen. Der Junge geht nicht ins Ausland«, sagte meine Mutter resolut.

»Nur für zwei Jahre, Frau Rahn.«

»Nicht für ein halbes.«

»Aber wir zahlen Ihnen 150 000 Mark! Wenn Sie wollen – hier auf den Tisch. Wenn Sie wollen – auf die Sparkasse.«

»Das ist doch Unsinn!« sagte meine Mutter. Die Zahl drang gar nicht in ihr Bewußtsein. Sie hielt das Ganze für einen ausgemachten Schwindel.

»Überlegen Sie doch!« ließ der Italiener nicht locker.

Meine Mutter wurde unsicher. Sie wußte sich nicht mehr zu helfen. »Helmut, hier ist jemand, der dich sprechen möchte!« rief sie deshalb in die Küche. »Der Herr meint, du sollst in Mailand spielen, und wir sollen viel Geld dafür bekommen.«

»Was halten Sie davon?« fragte der Italiener. Er war ein lebhaft gestikulierender, selbstsicherer Mann.

»Geben Sie mir Zeit zum Nachdenken!« bat ich. »Ich laß mir alles mal gründlich durch den Kopf gehen.«

Wohl oder übel erklärte er sich einverstanden.

Beim nächsten Training erzählte ich Vorstand Melches von dem Angebot. Er stutzte. Dann meinte er aufgebracht: »Die sollen dich ruhig gernhaben!«

Und er stellte aus dem Stegreif eine Rechnung auf, die es in sich hatte. Nach ihr wäre mir nach Abzug der Steuern und sonstigem Drum und Dran von den 150 000 Mark so gut wie nichts geblieben.

Ich schüttelte ungläubig den Kopf. So eine Menge Geld! Und das sollte nichts wert sein? Zumindest hätte man sich damit eine anständige Existenz gründen können, meinte ich.

Aber Melches wischte auch diesen Einwand mit einer Handbewegung vom Tisch:

»Mach dir keine Sorgen, Helmut. Für deine Existenz wird auch bei uns gesorgt.«

Dasselbe sagte er zu meinen Eltern, die er vorsichtshalber doch noch aufsuchte. Wesentlich unfreundlicher wimmelte er den Italiener ab, als dieser versuchte, beim Verein meine Freigabe zu erreichen. Damit war das erste große Angebot meines Lebens ins Wasser geplumpst …

Wie gesagt, mit der Teilnahme am Endspiel um die Deutsche Meisterschaft war es in diesem Jahr nichts. Meister 1952 wurde der VfB Stuttgart, der im Finale den 1. FC Saarbrücken 3 : 2 schlug.

»Wir haben im entscheidenden Augenblick versagt, aber wir waren auch vom Pech verfolgt«, meinte Karl Hohmann. »In der kommenden Saison wollen wir alles besser machen.«

Für Heinz Kwiatkowski, der zu Borussia Dortmund ging, holten wir uns Torhüter Fritz Herkenrath. Er hatte beim 1. FC Köln immer im Schatten des großartigen Holländers de Munck stehen müssen und freute sich, nun zu Rot-Weiß wechseln zu können. Außerdem wurden der Frankfurter Verteidiger Schaffner und als Stürmer Penny Islacker vom Rheydter Spielverein verpflichtet. Unser Standardsturm hieß in Zukunft: Rahn, Islacker, Gottschalk, Malinowski, Termath. In Fachkreisen versprach man sich von dieser Besetzung allerhand.

Schon bei einer der ersten Begegnungen, einem Pokalspiel gegen Jahn Regensburg, passierte mir ein böses Malheur. Ich flog vom Platz. Zum ersten und einzigen Mal in meiner bisherigen Laufbahn schickte mich ein Schiedsrichter in die Kabine. Meiner Meinung nach geschah mir damit bitteres Unrecht. Ich würde es ohne weiteres zugeben, wenn ich einen Fehler gemacht hätte. Aber ich war schuldlos.

Nun, der Hamburger Harden ist inzwischen nach Amerika ausgewandert. Seine Missetat sei ihm großmütig verziehen. Was er seinerseits mir an jenem Unglückstag gegen Jahn nicht verzieh? Beim Stande von 5 : 0 hatte ich noch einmal eine klare Torchance, da wurde ich von meinem Verteidiger gefoult. Gemeinsam fielen wir hin.

Ich kam unter meinen Angreifer zu liegen und hatte den verständlichen Wunsch, schnell wieder auf den Beinen zu stehen. Mag sein, daß mein Obermann bei diesem Versuch einen unsanften Schubser abbekam. Nachgeschlagen hatte ich jedenfalls nicht.

Schiedsrichter Harden sah es anders.

Vermutlich wurde ich nun für die nächsten Spiele gegen Bayer-Leverkusen und gegen Köln gesperrt. Für mich ein harter Brocken!

Es kam tatsächlich so. Daß die Essener am nächsten Sonntag auch ohne mich 8 : 1 siegten, tröstete mich nicht. So einfach war es wirklich nicht, knallgesund auf der Tribüne zu sitzen und die Hände in den Schoß zu legen. Ich litt Höllenqualen und langweilte mich gleichzeitig maßlos.

»Weißt du was?« sagte ich zu einem Bekannten, der mit mir ins Stadion gegangen war. »Wir fahren jetzt nach Schloß Horst zum Tanzen. Ich hab keine Lust, Trübsal zu blasen.«

Sonnenschein und kalte Dusche

In Schloß Horst, einem bei uns recht bekannten Vergnügungslokal, schlug der Betrieb hohe Wellen. Das war genau das, was ich gegen meinen Katzenjammer brauchte. Wir hielten Ausschau nach einem freien Tisch.

Nanu, wer saß denn da drüben in der Ecke? Das war doch die Kleine, der ich morgens auf dem Weg zur Arbeit immer begegnete? Die hatte mir der Arzt verschrieben. Ohne mich erst hinzusetzen, holte ich sie zum Tanz. Sie hieß Gerti, war jung, blond und Verkäuferin bei Peek und Cloppenburg.

Später forderte ich auch mal ihre Freundin auf, mit der sie zusammensaß. Nach Hause aber brachte ich die hübsche Gerti.

Fußball? Dafür hatte sie sich noch nie interessiert.

»Dann wird es Zeit, daß wir uns mal zusammen ein Spiel ansehen«, sagte ich.

»Ja, wieso? Sie spielen doch selbst.«

»Nächsten Sonntag nicht«, wich ich aus. »Das hat seine bestimmten Gründe. Also fahren Sie mit mir nach Köln?«

»Vielleicht.«

Sie fuhr mit. Und über die »bestimmten Gründe« gab ich ihr auch die erforderliche Auskunft. Dabei kam der Schiedsrichter, der mich vom Platz geschickt hatte, allerdings nicht sehr gut weg.

Gerti und ich sahen ein spannendes Spiel, das jedoch nicht die Essener, sondern die Kölner 2 : 1 gewannen. Immerhin, der Ausgleich lag lange genug in der Luft.

»Nun, wie gefiel es Ihnen?« erkundigte ich mich bei meiner Begleiterin.

»Großartig!«

»Nächsten Sonntag spiele ich selbst wieder mit.«

»Ich werde zusehen.«

»Großartig«, versicherte ich überaus zufrieden.

Gerti war beim nächsten Spiel und bei fast allen anderen zur Stelle. Wir verstanden uns blendend. Ich machte sie stolz mit den Bräuten und Frauen der übrigen Rot-Weiß-Spieler bekannt. Und bald gehörte sie ganz selbstverständlich in unseren Kreis. Vom Fußballspielen verstand sie – ihrer Meinung nach – inzwischen mehr als ich.

Der Platzverweis hatte, wie man sieht, auch seine guten Seiten:

Weil ich nicht spielte, war ich zum Tanzen gegangen, und weil ich zum Tanzen gegangen war, lernte ich meine spätere Frau kennen.

Wenn von dem bevorstehenden Länderspiel der deutschen Nationalmannschaft gegen Frankreich die Rede war, tauchte häufiger der Name Berni Klodt als Anwärter auf den Rechtsaußenposten auf als Helmut Rahn. Nur Herberger selbst schien sich noch nicht schlüssig zu sein. Frankreich war ein Gegner, der ihm ohnehin nicht sehr lag. Welches Rezept mochte gegen die Franzosen wirksam sein? In einem Lehrgang suchte er, sich darüber Klarheit zu verschaffen.

Nicht nur uns Spieler, auch Scharen von Schlachtenbummlern zog die französische Hauptstadt magisch an. Man befürchtete bereits, das Stade de Colombes würde am 5. Oktober 1952 die Menschenmassen nicht fassen, die sich für den Kampf interessierten.

Und wie so oft, wenn die Erwartungen besonders hoch geschraubt sind, ging es gründlich in den Graben. Wir spielten wie eine kopflos gewordene Provinzelf, ohne Saft und ohne Kraft. Unsere deutschen Zuschauer auf den Rängen waren bitter enttäuscht. Auch die Franzosen waren es, sie klatschten zwar höflich und objektiv Beifall für jede schöne Einzelaktion, dachten sich im übrigen aber wohl ihr Teil über dieses deutsche Team. Die meisten von uns, einschließlich Herberger, lassen sich heute noch nicht gern an den schwarzen Tag von Paris erinnern.

Vor allem Fritz Walter hatte gegen die Franzosen miserabel abgeschnitten. In dieser Saison beim 1. FC Kaiserslautern in einer Bombenform, versagte er im Stade de Colombes auf rätselhafte Weise. War die Verletzung seines Bruders Ottmar schuld, der nach zwanzig Minuten und einem prachtvollen Torschuß vom Platz mußte?

Aber nicht nur der große Fritz, wir alle spielten weit unter unserer sonstigen Form. Gelobt wurden von der Kritik hinterher eigentlich nur Toni Turek und Werner Liebrich. Doch niemand nahm das Debakel so ernst und so schwer wie der gute Fritz. Mit hängendem Kopf ging er in die Pause. Wer ihn in der Kabine anredete, bekam nur kurze, einsilbige Antworten.

Der Kerl weiß gar nicht, was er in Wirklichkeit kann! dachte ich ärgerlich. Wenn man ihm das doch bloß mal plausibel machen könnte! An Herbergers Stelle würde ich ihm gelegentlich anständig den Hintern vollhauen.

Natürlich verehrten wir alle den Fritz viel zu sehr, um ihm in irgendeiner Form weh zu tun.

»Los, reiß dich doch zusammen!« sagte ich möglichst forsch. »In der zweiten Halbzeit kann sich noch 'ne Menge ändern.«

»Ich möchte am liebsten nicht mehr spielen«, sagte Fritz. Er sagte es auch zu Herberger, doch der wollte davon nichts wissen.

»Sie bleiben auf Ihrem Posten!« befahl er. »Sie wissen genau, daß ich Sie brauche.«

»Hinterher werden mich die Kritiker in der Luft zerreißen. Sie und mich!«

»Wollen Sie aus Angst vor der Presse die Flinte ins Korn werfen?« fragte der Chef vorwurfsvoll. »Selbst vom gröbsten Verriß ist noch keiner gestorben.«

»Das Spiel ist doch noch gar nicht entschieden, Fritz«, meinte auch Horst Eckel, damals noch Ersatzmann. »Wie oft predigst du uns im Verein, daß wir nicht vor dem Schlußpfiff aufgeben sollen?«

»Ich weiß selbst nicht, was heute in mich gefahren ist«, sagte Fritz Walter.

Wir verloren den Länderkampf verdient mit 1 : 3. Viele Zuschauer mochten bedauern, ihre Francs für ein so unbedeutendes Spiel ausgegeben, die Mühe der langen Anfahrt zum Stade de Colombes am Stadtrand von Paris auf sich genommen zu haben.

Nun ja, das kommt im Fußball immer mal vor. Jede Mannschaft hat gelegentlich ein Formtief oder einen unglücklichen Tag. Auch im Beruf gibt es dieses Auf und Ab. Davon geht der Kopf nicht runter. Das war wenigstens meine Meinung.

Es regte mich direkt auf, ringsum nur essigsaure Gesichter zu sehen.

»Ihr seid die reinsten Trauerweiden!« schimpfte ich. »Ihr tut ja, als müßtet ihr alle ins Zuchthaus.«

»Der Helmut hat ganz recht«, meinte auch Herberger, als wir mit dem Bus ins Hotel zurückfuhren. »Alles ist vorbei und nicht mehr zu ändern. Und nun: Köpfe wieder hoch! Ich schlage vor, wir singen.«

Die meisten Spieler gehorchten, doch der Singsang wurde immer leiser und verstummte schließlich ganz.

In der Hotelhalle ging dann ein wahrer Hexensabbat los. Schlachtenbummler und Zeitungsleute fielen über uns her, bestürmten uns mit Fragen, Herberger und Fritz Walter mit Vorwürfen. Alle wußten, woran die Nationalelf krankte. Alle wußten, wie falsch die Aufstellung gewesen war. Ja, alle hatten es schon lange vorher gewußt.

Herberger ließ den Sturm mit stoischer Ruhe über sich ergehen. Endlich wurde es ihm zu bunt. Er lotste uns in ein Nebenzimmer.

»Nun hört mal zu!« sagte er. »Laßt euch durch das ganze Trara bloß den Mumm nicht nehmen. Wir sind eine Mannschaft, und wir bleiben es, ob nun der eine oder der andere heute gut oder schlecht abgeschnitten hat! Nur tut mir einen Gefallen: Geht den Reportern aus dem Weg. Was zu sagen ist, können sie bei mir erfahren.«

Oben im Zimmer hatte ich zunächst wieder meine liebe Not mit dem völlig geknickten Fritz.

»Nimm doch nicht alles so tragisch!« Ich redete ihm zu wie einem kranken Gaul.

»Viele von denen, die über dich herziehen, haben von Tuten und Blasen keine Ahnung. Die wissen ja nicht mal, ob Luft im Ball ist oder Pannas!«

»Du hast leicht reden!«

»Meinst du? Wie oft habe ich mich schon durch den Kakao ziehen lassen müssen! Rahn ist zu starrsinnig! Rahn ist kein mannschaftsdienlicher Spieler! Rahn hindert die Zusammenarbeit! Rahn gehört nicht in die Nationalmannschaft! Glaub mir, Fritz, dieselben Herren, die dich heute in Grund und Boden verdammen, heben dich beim nächsten Sieg wieder in den Himmel. Mit mir machen sie es doch ebenso. Rahn ist das einzige Schußgenie! Rahns Stärke ist seine Eigenwilligkeit! Rahn ist imstande, auch mal was auf eigene Faust zu tun! Hör mir doch auf mit dem ganzen Schwindel.«

»Du hast vollkommen recht, Helmut«, gab Fritz zu. »Ich könnte mich selbst ohrfeigen. Für mich ist es aber doch wohl besser, wenn ich wirklich aufhöre. Das werde ich auch dem Chef sagen. Er braucht in Zukunft auf mich keine Rücksicht mehr zu nehmen.«

»Da wirst du aber schön staunen über die Antwort, die er dir gibt.«

Beim Bankett war die allgemeine Stimmung immer noch auf dem Nullpunkt, obwohl sich Herberger, Spielausschußvorsitzender Körfer und der DFB-Präsident Dr. Bauwens alle Mühe gaben, wieder Leben in den Verein zu bringen. Es wollte nicht recht gelingen.

Wir alle freuten uns, nach Hause zu kommen. Ich auch.

Für die Rot-Weißen aus Essen war es daheim niemals langweilig. Nach dem Training saßen wir fast immer noch zusammen, spielten Karten, Billard, Tischtennis oder kegelten. Manchmal mit Frauen, Bräuten, Freundinnen, manchmal ohne.

Im Kegeln hatte ich es bald zu beachtlicher Fertigkeit gebracht. Als ich mich sicher genug fühlte, trat ich sogar einem richtigen Kegelklub bei. Er hatte den schönen Namen »Einer steht immer«.

Der größte Anziehungspunkt in Essen aber war für mich nun das blonde Mädchen, das ich so oft wie möglich nach Ladenschluß vor dem großen Kaufhaus abholte. Mit Gerti konnte ich mich schon prima über Fußball unterhalten. Das steigerte ihren Wert natürlich ganz gewaltig.

Der Alltag verlief wieder im gewohnten Trott. Beruflich hatte sich nur insofern etwas geändert, als ich nun keinen Lkw mehr fuhr, sondern einen Pkw. Arbeitgeber aber war immer noch Didier Koga, Direktor bei dieser Firma nach wie vor Rot-Weiß-Förderer Georg Melches.

Mit den Punktspielen klappte es bei den ersten Begegnungen nicht so, wie Karl Hohmann und wir uns das vorgestellt hatten. Wir kamen leider erst mit Verspätung in Fahrt. Interessiert verfolgte die Fußballgemeinde unseren beinahe hoffnungslosen Spurt nach der Tabellenspitze. Immerhin erreichten wir noch den dritten Platz.

Aussichtsreicher lagen wir in der Pokalrunde vorn. Durch einen Sieg über Jahn Regensburg kamen wir ins Achtelfinale. Dort besiegten wir den VfL Osnabrück 2 : 0. Wenn nur Tore zählen würden, hätte ich allein praktisch den VfL besiegt, denn ich schoß sie beide.

Im Viertelfinale hatten wir es mit dem Hamburger SV zu tun. Das Resultat fiel mit 6 : 1 glänzend für uns aus. Unseren Vorschlußrundengegner, den SV Waldhof, räumten wir mit 3 : 2 auch noch aus dem Weg. Die Endspielpartner um den Pokal hießen Rot-Weiß Essen und Alemannia Aachen.

Mit einem verdienten 2 : 1-Sieg wurden wir Deutscher Pokalmeister 1953.

Drei schöne Spiele

Die Länderelf hatte nach dem Debakel von Paris pausenlos im Kreuzfeuer der öffentlichen Meinung gestanden. Fachleute und solche, die sich dafür hielten, rückten Bundestrainer Sepp Herberger mit immer neuen Vorschlägen auf den Pelz:

»Sie brauchen eine junge Elf!«

»Sie können auf die Alten nicht verzichten!«

»Keine Experimente!«

»Man muß mal was riskieren!«

Friedfertig und geduldig wie ein Lamm ließ der Chef die Flut der Ratschläge über sich ergehen. Mochten sie alle reden! Für ihn drehte es sich im Augenblick darum, eine schlagkräftige Elf gegen die Schweiz auf die Beine zu stellen. Am 9. November, gut einen Monat nach dem Länderspiel in Paris, sollte Deutschland in Augsburg gegen die Eidgenossen antreten.

Weder Berni Termath noch ich gehörten dieses Mal zu Herbergers Aufgebot. Auf »meinem« Platz stand wieder Berni Klodt, auf dem von Termath der begabte Kölner Hans Schäfer. Max Morlock war als Halbrechter nominiert. In der Mitte stürmte Ottmar, halblinks Fritz Walter. Die beiden Brüder waren in den vergangenen Wochen durch ihre guten Leistungen im Verein in aller Munde gewesen. Sie schienen in der Höchstform ihres Lebens. Fritzens schlechte Partie in Paris hatte sich längst als unbegreiflicher einmaliger Ausrutscher erwiesen. Turek, Retter und Schanko blieben auf ihren Posten. Für den Düsseldorfer Borkenhagen, der gegen die Franzosen nicht so recht einschlug, sprang der Kaiserslauterer Kohlmeyer ein. Der junge Horst Eckel übernahm als rechter Läufer den Platz von Jupp Posipal, der seinerseits auf den Mittelläuferposten rutschte.

Drei Tage vor dem Spiel rief Herberger mich in Essen an: »Helmut, kommen Sie sofort in die Sportschule Grünwald. Sie werden zwar nicht spielen, aber ich möchte doch, daß Sie dabei sind.«

Ich packte meinen Koffer und fuhr nach München.

Beim Spiel selbst, das im nahezu ausverkauften Augsburger Rosenau-Stadion über die Bühne ging, saß ich im Mantel neben Herberger auf der Ersatzbank. Schon nach den ersten Minuten war allen klar, daß die deutsche Mannschaft heute nicht so mit sich umspringen ließ wie in Paris. Man spürte richtig, wie die Zuschauer aufatmeten, als wären sie von einem Alpdruck befreit. Dankbar überschütteten sie unsere Elf mit Beifall.

Auch Herbergers Gesicht, das ich genau studieren konnte, hellte sich zusehends auf. Er sprach wie üblich nicht viel, während das Spiel lief, nur gelegentlich machte er eine Bemerkung. Und auch die war beinahe immer als Selbstgespräch gedacht und nicht für andere bestimmt.

»Gut – der Ottmar!« sagte er ein paarmal. Und dann, als Anspielung auf Klodts Kurzsichtigkeit: »Jetzt hat der Berni den Ball mal wieder viel zu spät gesehen.«

Das Spiel gegen die Schweiz endete bekanntlich mit einem eindeutigen Sieg – 5 : 1. Im Beifallsorkan der 65 000 Zuschauer lief unsere großartige Elf vom Platz.

Ich ging mit den anderen in die Kabine, um jedem zu dem glänzenden Erfolg zu gratulieren. Vor allem Freund Fritz wollte ich bescheinigen, wie ausgezeichnet er gewirkt hatte.

»Na siehst du«, sagte ich und legte die Hand auf seine Schulter. »Heute warst du wieder ganz große Klasse.«

War Fritz verlegen, oder fühlte er sich wirklich so stark?

»Bei mir brauchste nicht radzufahren!« flachste er zurück. »Ich kann dich für das nächste Spiel nicht aufstellen.«

Das konnte er wirklich nicht. Wohl aber konnte es Bundestrainer Herberger. Für das Match gegen Jugoslawien in Ludwigshafen griff er zu meiner großen Freude wieder auf Berni Termath und mich zurück. Abgesehen von den beiden Flügeln ließ er die Mannschaft wie sie in Augsburg gegen die Schweiz angetreten war.

Die Jugoslawen standen damals im Ruf, eine der besten europäischen Mannschaften zu sein. Gegen Ungarn und Italien hatten sie hervorragend abgeschnitten. Mit ihnen würde nicht gut Kirschenessen sein. Aber wir fürchteten uns nicht, wir alle erfreuten uns selbst einer Bombenform.

»Dem Beara hab ich schon mal drei Treffer reingehauen«, sagte ich zu Fritz Walter. »Auf einen kann er sich auch heute wieder gefaßt machen.«

»Hoffentlich nimmst du nicht bloß den Mund voll!«

»Soll ich dir mal was sagen? Ich fabrizier sogar ein Kopfballtor.«

»Lieber nicht«, meinte Fritz. »Du köpfst doch bloß ins Aus.«

»Werden wir ja sehen! Du brauchst mich nur oft genug anzuspielen!«

Herberger freute sich, daß wir in so guter Verfassung waren. Seine Anweisungen hatte er mehrfach gegeben, er brauchte sie nur noch ein letztes Mal zu wiederholen. Im wesentlichen kam es seiner Meinung nach darauf an, daß wir direkt spielten und im übrigen jeder konsequent seinen Mann deckte. Vor allem empfahl er den jugoslawischen Linksaußen Zebec unserer Aufmerksamkeit und natürlich Cajkovski, den weltberühmten rechten Läufer.

80 000 Zuschauer erwarteten uns im Ludwigshafener Stadion in Hochstimmung. Gegen die Jugos hatte die deutsche Mannschaft immer hart kämpfen müssen. Und genau das wollte das Publikum sehen: eine spannende, faire Auseinandersetzung.

Daß der Platz durch den Regen große Wasserlachen aufwies und das Gras unter unseren Stiefeln vor Nässe quietschte, brachte nur Farbe in die Geschichte.

Kurz nach dem Anpfiff von Schiedsrichter Ellis legten wir zuerst mal unbekümmert los. Zwei Minuten später schlug bereits die erste Bombe ein. Der lange, schlaksige Horst Eckel hatte nach großartigem Dribbling Termath eingesetzt. Berni schickte mit flachem Steilpaß das Leder in den jugoslawischen Strafraum. Dort blieb es in einer Pfütze hängen. Aber Fritz Walter schaltete sekundenschnell. Und da Beara sich herausstürzend genau zwischen Ball und Tor befand, nahm er sorgfältig Maß und lenkte das Geschoß haargenau in den leeren gegnerischen Kasten.

1 : 0! Noch keine zwei Minuten waren gespielt.

Jetzt wurden wir erst recht mobil. Ottmar Walter, Max Morlock, Berni Termath und ich – wir waren temperamentsmäßig alle Reißer. Glücklich paßte sich Fritz Walters Übersicht und Klugheit unserer Einsatzbesessenheit an. Bei ihm liefen im wahrsten Sinne des Wortes die Fäden zusammen. Und jeder von uns konnte sich darauf verlassen, im richtigen Augenblick, in der richtigen Position angespielt zu werden.

Aus der Hintermannschaft heraus lieferten Eckel und Schanko sooft wie möglich die gewünschte Sturmverstärkung. Posipal als Mittelläufer stand wie ein Turm in der Abwehr. Auch Kohlmeyer und Retter wurden immer besser mit ihren Gegenspielern fertig. Und Toni Turek legte eine Ruhe, um nicht zu sagen – ein Phlegma an den Tag, daß den Zuschauern eine Gänsehaut nach der anderen den Rücken hinunterlief. Wir alle hatten inzwischen mehrfach Bekanntschaft mit dem Matsch gemacht. Die weißen Hosen der Jugoslawen strotzten vor Dreck. Unseren schwarzen sah man ihn nicht so an, dafür waren die Trikots um so schmutziger.

»Boß, was ist mit deinem Tor?« rief Fritz mir zu. Mehr als einmal schon hatte er mich mit einer sauberen Vorlage auf die Reise geschickt

»Kommt schon noch!« schrie ich zurück. Bisher hatte ich immerhin drei Ecken erzwungen.

Der nächste Treffer fiel durch Cajkovski wenige Minuten vor dem Pausenpfiff. Wir hätten vor Wut in die Luft gehen mögen. Doch es sollte noch schlimmer kommen. Bei einem erneuten Angriff der Jugos wurde der Halblinke Bobek gefoult, und Schiedsrichter Ellis zeigte unnachgiebig auf den Elfmeterpunkt.

Bobek selbst legte sich den Ball zurecht und knallte ihn messerscharf und wuchtig in unser Tornetz. 1 : 2!

Dabei hatten wir so gut angefangen, so gut gespielt! Sollten wir nun mit diesem Rückstand in die Kabine müssen? Etwa eine Minute trennte uns noch vom Pausenpfiff.

Unverdrossen kurbelte Fritz Walter nochmals den Angriff an. Ich erhielt einen Paß auf der Außenlinie und zog wie eine wütende Dogge damit los. Genau an der Strafraumgrenze wurde ich durch einen Jugoslawen aus dem Konzept gebracht. Aber ich blieb in Ballbesitz. Schiedsrichter Ellis überhörte die stürmische Forderung des Publikums nach einem Elfmeter. Vorteil! Ich schoß auch tatsächlich noch, doch Beara wehrte zur Ecke ab.

Fritz gab sie flach herein. Jeden Moment mußten die 45 Minuten zu Ende sein. Aber dieses Mal stand das Glück auf unserer Seite. Die Zeit reichte für Max Morlock gerade noch aus, den Ball, auf den sich die jugoslawischen Verteidiger stürzten, ins Tor zu befördern.

2 : 2! Drei Tore innerhalb von knapp fünf Minuten! Von unbeschreiblichen Jubelstürmen begleitet, zogen wir in die Kabine ab.

Sollten wir uns nun freuen oder ärgern? Maxis Tor hatte die Kiste zwar wieder aus dem Dreck gerissen, aber die jugoslawischen Treffer wurmten uns doch.

»So ein verdammtes Pech!« schimpfte Ottmar.

»Mußte uns das passieren?« meinte Jupp Posipal ärgerlich.

»Ihr werdet mit dem Boden besser fertig als die Jugoslawen«, sagte der Chef, der gar nicht so unzufrieden war. »Vermutlich ermüden sie schneller als ihr.«

»Zerbrecht euch nicht unnütz die Köpfe«, riet Fritz Walter immer noch in glänzender Laune. »Der Boß hat mir ein Tor versprochen. Der Sieg ist uns also sicher.«

»Geht in Ordnung!« beteuerte ich hartnäckig. »Du brauchst mich gar nicht zu veräppeln.«

Von einer Ermüdung der Jugoslawen war unmittelbar nach Seitenwechsel nicht viel zu merken. Beide Mannschaften hatten ihre liebe Not mit dem weichen Boden, und manch schöner Angriff wurde in einer Wasserlache jäh gestoppt.

Die Spannung der Zuschauer war körperlich zu spüren, 80 000 gingen mit, wenn wir stürmten, 80 000 stöhnten, wenn der Ball irgendwo hängen blieb. 80 000 pfiffen und brüllten, wenn einer unserer Spieler ein bißchen hart genommen wurde.

Ich muß ein Tor schießen, womöglich per Köpfchen! – ich hatte es nicht vergessen.

Bei einem Freistoß, von Fritz ausgeführt, schien mir die Gelegenheit gekommen. Ich sprang nach dem Ball, erwischte ihn auch, und köpfte – nein, nicht ins Aus, aber dem herbeieilenden Beara direkt in die Arme.

Na warte, Freundchen! Du kriegst schon noch dein Teil! dachte ich wütend. Hatte mir doch der Kerl die Sache mit dem Kopfballtor vermasselt. Ein paar Zentimeter weiter nach rechts oder links, und der Ball wäre drin gewesen. Diesen Erfolg hätte ich dem guten Fritz doch zu gern unter die Nase gerieben.

»Los, Max, noch 'ne Schüppe drauf!« rief ich zu Max Morlock hinüber.

Die Zeit verstrich, und es stand immer noch 2 : 2.

Um es kurz zu machen: Ich schoß mein Tor – und zwar in der 70. Minute. Etwa 35 Meter von Bearas Kasten entfernt erhielt ich den Ball, spielte Fritz Walter an, der auf halbrechts in Position gelaufen war. Fritz gab an Morlock ab, und der paßte wieder quer zu mir. Ich ging an meinem Verteidiger vorbei und sah aus 25 Meter Entfernung das Tor ganz frei. Der Ball war gerade vorher im Matsch noch einmal kurz aufgetippt, ich nahm ihn mit dem linken Fuß und fetzte ihn in den jugoslawischen Kasten. Zu spät suchte Beara diese unglaublich wuchtige Granate am Einschlagen zu hindern. Mit mir selbst hochzufrieden blickte ich mich stolz in der Beifall tobenden Menge um. Die

Kameraden hängten sich an meinen Hals und klatschten mir anerkennend auf den Rücken.

»Was wollt ihr denn?« fragte ich sie. »Ich habe nur gehalten, was ich versprochen hatte.«

»Du hast wirklich 'nen sechsten Sinn«, gab sogar Fritz anerkennend zu. »Selbst das mit dem Kopfball wär' dir um ein Haar geglückt.«

3 : 2! Wir bangten vor allem gegen Schluß noch eine Zeitlang um den Sieg, denn die Jugoslawen waren ein überaus hartnäckiger, zäher Gegner. Sie heizten uns ganz gehörig ein. Zum Glück für uns setzten sie keine ihrer Chancen mehr in einem Treffer um.

Daß Herberger mit uns zufrieden war, zeigte sich im Umkleideraum. Er ging von einem zum anderen, um zu gratulieren. Das ist sonst nicht seine Art. An diesem Tag war er von unserem Kampfgeist ehrlich beeindruckt.

»Jetzt haben wir mal wieder was für unseren guten Ruf getan«, meinte er fröhlich. »Die Schweiz geschlagen! Jugoslawien geschlagen! Nun können die Spanier kommen.«

Die Spanier, gegen die wir bereits eine Woche später in Madrid antreten sollten, hatten sogar einen Beobachter nach Ludwigshafen geschickt: Pedro Escartin. Vor uns eilte er per Flugzeug in seine Heimat zurück, um vor diesem gefährlichen, hochexplosiven deutschen Team zu warnen.

Herberger machte sich Kummer wegen des bevorstehenden Weihnachtsfestes mit seinen Süßigkeiten und vollen Schüsseln. »Kommt mir am zweiten Feiertag bloß nicht überfressen nach Köln!« mahnte er. Und speziell an mich gewandt, fügte er hinzu: »Mäßigen Sie sich etwas, Helmut! Verzichten Sie mal auf ihre gebratenen Tauben.«

Im Grunde genommen hatte ich zu dieser Zeit noch keine ernstlichen Gewichtsschwierigkeiten. Ich war groß, kräftig, neigte aber noch nicht so gefährlich zum Fettansatz wie heute. Deshalb ging Herbergers Mahnung auch bei einem Ohr herein und beim anderen wieder raus.

So leicht war das wirklich nicht mit der Enthaltsamkeit, zumal ich in diesem Jahr bereits aus zwei Fettöpfen gespeist wurde: von meinen und von Gertis Eltern.

Pünktlich zur festgesetzten Zeit trafen wir einander in Köln, von wo aus wir nach Madrid weiterfliegen sollten. An der Mannschaft hatte sich nichts geändert. Für den Chef gab es keinen Grund, die bewährte Aufstellung auseinanderzureißen. Verletzt war in der kurzen Zeitspanne niemand worden. Wir waren sozusagen noch in Schwung.

Wie in einem Hexenkessel brodelte und kochte es, als wir ins Chamartin-Stadion einliefen. Südländische Begeisterungsfähigkeit und Fanatismus schürten die Glut. Das armselige Häufchen deutscher Schlachtenbummler zitterte um unser Heil.

Aber die spanischen Zuschauer waren nicht nur auf den Sieg versessen, sie reagierten sportlich und objektiv. Als die deutsche Mannschaft jedoch sozusagen vom Anstoß weg in Führung ging, erhielt das Publikum einen regelrechten Schock. Mit dieser Überrumpelung hatte kein Mensch gerechnet. Aber die spanischen Spieler hätten damit rechnen müssen, fanden die Zuschauer. Und sie stimmten spontan ein Pfeifkonzert an.

Wir aber umarmten unseren Mittelstürmer Ottmar, der uns diesen herrlichen Vorsprung herausgeschossen hatte.

Die Spanier bäumten sich mit aller Kraft dagegen auf, den Mißkredit, den sie sich bei ihren Zuschauern geholt hatten, noch anwachsen zu lassen. Sie legten sich in die Riemen, wie Ruderer beim letzten Stück einer Regattastrecke. Turek und seine Leibwächter dankten dem lieben Gott für die Wolken, die die brennende Sonne milderten, für den leichten Wind, der Kühlung wehte. Ihnen wurde nämlich teuflisch eingeheizt. Zu irgendeinem Zeitpunkt mußte der spanische Blitz einschlagen.

Es war eine blendende Leistung unserer Hintermannschaft, daß es erst in der zwanzigsten Minute geschah. Gainza, der spanische Halblinke, machte seinen Landsleuten das Geschenk des 1 : 1-Ausgleichs.

Fünf Minuten später passierte etwas, das uns allen den Atem verschlug. Ottmar Walter krachte bei einem Kopfballduell mit seinem Verteidiger Navarro zusammen. Beide blieben liegen. Schiedsrichter Orlandini unterbrach das Spiel. Ottmar verletzt! Er blutete aus einer Wunde am Hinterkopf. Wie im Spiel gegen Paris hatte er ein prächtiges Tor geschossen, sich gut zwanzig Minuten bedingungslos eingesetzt. Nun mußte er abermals vom Platz!

Wenn das bloß keine Auswirkungen auf Fritz Walter hatte! Besorgt blickten wir auf unseren Kapitän.

Aber Fritz hatte aus den Erfahrungen von Paris gelernt. Er ließ sich nichts anmerken, als er nun für seinen Bruder auf den Mittelstürmerposten rückte, und Metzner aus Kassel, der für Ottmar auf den Platz kam, seinen halblinken Posten überließ. Unverdrossen trieb er das deutsche Sturmspiel weiter an.

Und noch einmal gingen wir in Führung. Berni Termath, mein Kollege vom anderen Flügel, schoß in der 30. Minute zum 2 : 1 ein.

71

Dieses Mal pfiffen die Zuschauer ihre eigene Mannschaft nicht aus. Sie hatten längst eingesehen, daß sie hervorragend spielte, es andererseits aber auch mit einem hervorragenden Gegner zu tun hatte.

Es war ein herrlicher Kampf. Jede Sekunde bis zum Bersten voll Spannung, voll Schwung.

In der zweiten Spielhälfte passierte Horst Eckel das Malheur mit dem Handspiel. Es brachte uns den berühmten Elfmeter ein, der die bisherige Führung in ein 2 : 2-Unentschieden umwandelte. Das geschah in der 70. Minute. Nun war die Partie wieder völlig offen. Das Chamartin-Stadion kochte vor Leidenschaft. Tor! Tor! Tor! Man wollte Tore sehen. Man wollte siegen.

Wir kümmerten uns nicht um das frenetische Geschrei, sondern zogen sachlich, kühl und trocken unsere Kombinationszüge auf, zerstörten eiskalt den spanischen Angriffswirbel. Ganz kurz vor Schluß bot sich Berni Termath sogar noch einmal eine Chance zum Einschießen, leider jagte der Ball knapp über die Latte. Es blieb beim 2 : 2. Und es war gut so. Dieses Unentschieden tat niemandem weh. Beide Mannschaften hatten sich hervorragend geschlagen. Sich neunzig Minuten lang in einer solchen Form die Waage zu halten, verdiente allein höchstes Kompliment.

Vor dem Abflug nach Deutschland drückte mir jemand einen Brief in die Hand. Er enthielt das Angebot, bei Real Madrid zu spielen. Ich ging nicht weiter darauf ein. Aus Gründen, die sich erraten lassen, legte ich großen Wert darauf, in Essen zu bleiben.

Nachts auf den Straßen

Unsere deutschen Fußballfreunde waren durch die schönen und erfolgreichen Spiele gegen die Schweiz, Jugoslawien und Spanien verwöhnt und anspruchsvoll geworden. Mit Vorschußlorbeeren und übersteigerten Anforderungen schickte man uns in das Spiel gegen Österreich, das am 22. März 1953 in Köln ausgetragen werden sollte. Herberger tutete nicht mit den Allzu-Optimistischen in ein Horn. Ihm war es, wie immer schon, von Herzen verhaßt, sich in die Favoritenrolle gedrängt zu finden. Ganz abgesehen davon, schätzte er die Österreicher hoch ein.

Das Spiel wurde, weil es ja nicht am laufenden Band Höhepunkte geben kann, für die meisten zu einer großen Enttäuschung. Zwar fiel uns rein äußerlich mit dem 0 : 0-Ergebnis kein allzu großer Stein aus der Krone, wir mußten aber selbst zugeben, daß sich diese Begegnung an Glanz, Spielwitz und Kampfgeist mit den drei vorausgegangenen nicht annähernd messen konnte. Nervosität, Lampenfieber und Unsicherheit hatten sich in die Mannschaft eingeschlichen.

Eine anständige Portion Pech kam hinzu. Horst Eckel, der gegen Österreichs glänzenden Techniker Stojaspal nur schwer ankam, wurde angeschlagen. Ebenfalls verletzt wurde zum dritten Mal hintereinander in einem Länderspiel unser Mittelstürmer Ottmar Walter. Er hinkte mit zusammengebissenen Zähnen auf dem Platz herum. Auch Fritz humpelte eine Zeitlang und massierte seinen lädierten Knöchel. »Geh lieber raus, Öttes!« riet er, als die Zuschauer die schwächer werdenden Leistungen seines Bruders mit Pfiffen quittierten. »Du schadest dir bloß selbst!«

Pech hatten wir ferner bei einem schönen Treffer von Max Morlock, der nicht anerkannt wurde. Ich war dem Ball nachgelaufen, hatte ihn auf der Torauslinie gerade noch erwischt und nach innen geflankt. Max Morlock, Fachmann für Kopfballtreffer, hatte ihn ins Netz befördert. Schon war ein Raunen der Erleichterung durch das Stadion gegangen. Schiedsrichter Bauwens aus Belgien aber hatte den Ball im Aus gesehen. Nur wenige hatten seinen Pfiff gehört.

Später, in den Wochenschauen, konnte man beobachten, wie die weiße Kreide hochstaubte unter der Berührung mit der Lederkugel. Sie befand sich also nicht außerhalb des Spielfelds. Meiner Ansicht nach waren wir völlig zu Unrecht um das 1 : 0 gebracht worden.

Im ganzen gesehen, mußten wir mit dem Unentschieden zufrieden sein. Mehr gab's an diesem Tag nicht zu holen. Weder wir Spieler noch die Kritiker waren von den gezeigten Leistungen hingerissen, vom Publikum ganz zu schweigen. Womöglich legte man allgemein aber doch schon einen zu strengen Maßstab an. Zugegeben: Mit unserem nächsten Länderspiel – gegen Norwegen – begannen die Qualifikationskämpfe für die Weltmeisterschaft 1954 in der Schweiz. Aber wußten wir nicht selbst, daß es auf keine fröhliche Kirmes, sondern in eine harte Bewährungsprobe ging?

Rot-Weiß Essens Pokalsieg in der Saison 1952/53 entschädigte mich für vieles. Er tröstete meine Vereinskameraden und mich auch darüber hinweg, daß wir bei der Endrunde um die Deutsche Meisterschaft über den dritten Platz unserer Tabelle nicht hinauskamen. Dabei sollte aber niemand vergessen, daß sich im Westen Jahr für Jahr so starke Mannschaften wie der 1. FC Köln, Schalke 04, Borussia Dortmund, Fortuna Düsseldorf – um nur ein paar zu nennen – gegenüberstehen.

Für Rot-Weiß Essen gab es also keinen Grund zum Resignieren. Die Kameradschaft blieb intakt, die Freude am Spiel unvermindert …

Zwischendurch hatte ich so meine Erlebnisse als Kraftfahrer. Eines Tages erhielt ich den Auftrag, einen Direktor und einen Prokuristen von Didier am Flughafen in Frankfurt abzuholen.

Auf der Autobahn fuhren wir spät abends Richtung Ruhrgebiet. Unterwegs fiel mir ein: Ich brauch noch Sprit! In Fernthal steuerte ich deshalb eine Tankstelle an.

Alles verlief wie immer und ganz normal. Während ein Lehrling noch die Windschutzscheibe polierte, ging ich ins Büro, um zu zahlen. Anschließend setzte ich mich wieder hinter das Steuerrad, hörte, daß meine beiden Fahrgäste sich lebhaft unterhielten, und fuhr los.

Draußen war es mittlerweile stockdunkel. Es fieselte. Man durfte keinen Blick von der Fahrbahn lassen. Mit hundert Stundenkilometern brausten wir die abschüssige Strecke hinter Fernthal hinunter. Plötzlich ein Krach – es wurde schwarz vor meinen Augen. Was war denn nun los?

Ich trat instinktiv auf die Bremse. Der Wagen kam ins Schleudern. Direktor und Prokurist kreischten vor Entsetzen. Wir rasten über den Grünstreifen auf die entgegengesetzte Fahrbahn. Endlich bekam ich den Wagen zum Stehen. Ich raus aus der Blechkiste, um zu sehen, was los war.

Da blitzten weiter unten auf der Straße die Lichter eines Lastwagens auf. Ich wieder rein in den Wagen! Zum Glück brachte ich ihn schnell genug auf den Grünstreifen. Der Laster brauste vorbei. Das war noch mal gut gegangen!

An allen Gliedern zitternd stieg ich abermals aus. Auch die beiden Herren wollten sehen, was los war.

Ich hatte es längst heraus. An der Tankstelle hatten sie die Motorhaube nicht richtig geschlossen. Sie war durch den Fahrtwind hochgerissen und gegen die Windschutzscheibe gedrückt worden.

»Was nun?« fragte der Prokurist. »Was machen wir jetzt?«

»Immer mit der Ruhe!« sagte ich, schon wieder gefaßt. Ich riß die demolierte Haube vollständig weg, warf sie in den Straßengraben.

»Glauben Sie, daß wir so nach Essen kommen, Herr Rahn?«

»Versuchen wir's!«

Wir starteten wieder. Inzwischen regnete es richtig. Ich war selbst nicht davon überzeugt, daß wir die Fahrt zu Ende führen könnten. Womöglich wurde der Verteiler naß, und die Karre blieb mir einfach stehen.

Aber ich hatte mehr Glück als Verstand. Wir kamen heil bis nach Essen. Und ich setzte die beiden ordnungsgemäß vor ihren Wohnungen ab.

Vor dem Spiel gegen Norwegen stellten wir eine Milch-
mädchenrechnung auf: »Wenn die Saarländer die Norweger 3 : 2 schlagen, werden wir es doch auch wohl fertig bringen!«

Niemanden konnte man mit dieser Ansicht mehr auf
die Palme treiben als Bundestrainer Sepp Herberger. Die
Norweger gehören zu den Mannschaften, die den Deutschen nicht besonders liegen. Und auch die Saarländer
durfte 1953 niemand unterschätzen. Sie hatten hart an
sich gearbeitet und spielten einen ausgezeichneten Fußball. Herberger war also nicht der weitverbreiteten Ansicht, daß Deutschland bei den Skandinaviern und den
Landsleuten an der Saar an bequeme Partner in der Qualifikationsgruppe geraten sei.

»Das Spiel braucht unseren vollen Einsatz!« verlangte
er deshalb von Anfang an. »Es geht um wichtige Punkte!
Vergeßt das nicht!«

»Hältst du die Norweger auch für so gefährlich wie
der Chef?« fragte ich Fritz Walter in der Sportschule Malente, wo wir uns vor dem Abflug nach Oslo trafen.

»Man kann sie nicht ernst genug nehmen«, meinte
Fritz.

»Ich hab oft gegen sie gespielt und schon manche Überraschung erlebt.«

»Ach, du mit deiner ewigen Unkerei!«

»Ich hab ja nicht gesagt, daß wir verlieren. Ich hab ja
nur gesagt, daß wir aufpassen müssen.«

Herberger und Fritz Walter behielten recht. Wir kamen gegen die Nordländer nur schwer auf. Sie standen

mitten in ihrer Fußballsaison, während die unsere gerade erst anlief. Ihre Verteidigung war hart zementiert, ihr
Sturm äußerst angriffsfreudig. Wie es dem Spielverlauf
entsprach, gingen sie noch in der ersten Halbzeit 1 : 0 in
Führung. Wir sahen unsere Felle bereits davonschwimmen. Zu allem Überfluß wurde auch noch Hans Schäfer
verletzt. Für ihn kam Alfred Pfaff auf den Platz.

In der Kabine las Herberger uns gehörig die Leviten.
»Wenn ihr so weitermacht, können wir den Gedanken,
in der Schweiz dabei zu sein, gleich begraben.« Und er
wiederholte seine bereits in Malente gegebenen Anweisungen, dirigierte hier und da einiges um.

Mit Ehrgeiz und gutem Willen frisch versorgt liefen
wir wieder ins Ulleval-Stadion. Wir rackerten und rannten uns die Seele aus dem Leib. Aber an manchen Tagen
läuft es einfach nicht so, wie man möchte. Mit Mühe
und Not sicherten wir uns das Ausgleichstor. Fritz Walter
schoß es für die deutsche Elf.

Das 1 : 1 gegen Norwegen war ein magerer Auftakt
für die so wichtigen Spiele in der Qualifikationsgruppe.
Beim nächsten Mal mußten wir gewinnen. Das war eine
schwere Hypothek. Aber wir waren durch den Schock
wenigstens richtig wachgerüttelt.

In insgesamt dreizehn Qualifikationsgruppen rangen
um diese Zeit alle Fußballnationen um die Teilnahme an
der 5. Weltmeisterschaft in der Schweiz. Nur einer von
jeweils drei Konkurrenten konnte in die Schweiz reisen:
der Gruppensieger. Lediglich bei der britischen Gruppe
durften die ersten zwei teilnehmen. Nicht zu qualifizie-
ren brauchten sich der Titelverteidiger Uruguay und das
Gastgeberland, die Schweiz. Es ging also um einen hohen Einsatz.

Unsere Stimmung in Oslo ließ nach dem Unentschieden zu wünschen übrig. Nicht verwunderlich ...

Das erste Spiel gegen das Saarland war von zwei wichtigen Ereignissen flankiert: Meiner standesamtlichen Trauung in Essen und meiner kirchlichen Trauung in Neviges mit dem bereits öfter zitierten Fräulein Gertrud Ermeling.

Gerti genoß also von Anfang an das zweifelhafte Vergnügen, Ehefrau eines vielbeschäftigten Fußballspielers zu sein. Unsere Hochzeit in Neviges mußte aus »Terminnot« sogar auf einen 13. – den 13. Oktober festgelegt werden, denn am 11. spielte ja die Nationalelf in Stuttgart gegen das Saarland. Auch von Flitterwochen war nicht die Rede. Schon einen Sonntag später, am 18. Oktober, wurde wieder ein Punktkampf ausgetragen.

»Du weißt, was dir bei mir blüht?« fragte ich meine junge Frau.

»Ich finde mich schon damit ab.«

»Und wenn ich wochenlang ins Ausland verreisen muß?«

»Ach, red keinen Unsinn, Helmut. Schieß lieber beim Saarspiel ein Tor für mich.«

»Ich will mir Mühe geben.«

»Und sorg dafür, daß die Rot-Weißen nicht schon am Polterabend unseren ganzen Hochzeitswein austrinken!«

»In dieser Richtung möchte ich mich lieber nicht festlegen.«

Aus dem Rahn-Tor wurde dieses Mal nichts. Zwei von den drei Treffern, die wir gegen das Saarland erzielten, konnte Max Morlock für sich verbuchen, den dritten der als Mittelstürmer ausprobierte Horst Schade. Ich hatte zu diesem Tor zwar die Vorarbeit geleistet, aber wer von den Kritikern will das bei einem als eigensinnig und eigennützig abgestempelten Spieler schon wahrhaben?

Auch dieses Spiel, das wir zwar zahlenmäßig klar gewannen, stand im Zeichen unserer übergroßen Nervosität.

Zum ersten Mal hatte Herberger den Fürther Herbert Erhardt als linken Verteidiger berufen, zum ersten Mal auch dessen Vereinskameraden Karl Mai.

Fritz Walter saß neben Herberger auf der Ersatzbank, um böswillige Gerüchte zu entkräften, die von einem Zerwürfnis zwischen dem Spielführer und dem Chef der deutschen Elf wissen wollten.

»Soviel besser, als die drei Tore es vermuten lassen, wart ihr nicht«, sagte Fritz hinterher. »Das schönere und flüssigere Spiel haben eigentlich die Saarländer gezeigt.«

»Ich wünsche euch jedenfalls alles Gute!« versicherte Helmut Schön, damals Trainer der Saarelf. »Wenn uns das große Glück, in der Schweiz dabei zu sein, nicht beschieden sein sollte, drücken wir euch sämtliche Daumen.«

Noch war es nicht so weit. Mit 3 : 1 Punkten für uns, mit 2 : 2 Punkten für das Saarland und mit 1 : 3 Punkten für Norwegen stand die Partie noch völlig offen.

Der erste Qualifikationskampf, der uns selbst und auch den Zuschauern wieder Vertrauen in die deutsche Elf schenkte, war das Rückspiel gegen Norwegen im Hamburger Volkspark-Stadion. 80 000 Zuschauer wollten Zeugen der wichtigen Begegnung sein.

Würden wir endlich zu uns selbst zurückfinden? Die Leistungen, die wir gegen die Jugoslawen oder die Spanier gezeigt hatten, erreichen?

Zunächst sah es nicht danach aus. Nicht wir, die Norweger gingen wie in Oslo in Führung. Und wer weiß, wie der Schreck uns deprimiert hätte, wäre nicht schon zwei oder drei Minuten später durch Max Morlock der Ausgleich gefallen.

Überhaupt – der Max! In den Qualifikationskämpfen war er einer der eifrigsten und half entscheidend mit am deutschen Gruppensieg. Morlock schoß nach der Pause auch das zweite Tor für Deutschland. Damit war endlich, endlich der Bann gebrochen! Die 80 000 sahen nun eine Mannschaft, wie man sie schon lange wünschte. Plötzlich klappte und lief unser Spiel. Fritz Walter dirigierte in großem Stil. Das Publikum jubelte, wenn er und Bruder Ottmar sich wieder einmal »im Schlaf« verstanden. Und als der »Öttes« aus Kaiserslautern zum 3 : 1 einschoß, machte sich der Hunger nach weiteren Toren in vieltausendstimmigen Sprechchören Luft:

»Deutschland vor! Noch ein Tor!«

Leider hatte sich Max Morlock bei seinem hingebungsvollen Einsatz böse den Knöchel verletzt. Er humpelte nur noch als Statist herum. Aber selbst die Zehnermannschaft setzte sich nun zielbewußt durch.

In der 80. Minute sorgte Fritz Walter für das 4 : 1. Und weil 5 : 1 sich schöner anhört, lieferte ich ebenfalls noch meinen Beitrag. Das war in der 87. Minute, kurz vor Schluß.

»So, jetzt ist mir schon wohler«, sagte Sepp Herberger in der Kabine. »War aber auch dringend nötig, daß mal Wind in die Segel kam.«

»Gegen die Saar genügt uns nun ein Unentschieden«, stellte Fritz sachlich fest. »Und selbst wenn wir verlieren, geht der Kopf nicht ab. Dann wären wir punktgleich und müßten in Paris, auf neutralem Boden, um die Entscheidung spielen.«

»O lala, Paris!« pfiff ich durch die Zähne.

»Nun sag bloß, daß du verlieren möchtest, um nach Paris zu kommen«, lachte Jupp Posipal.

»Warum denn nicht? Man muß die Feste feiern, wie sie fallen.«

»Man muß den Quatsch, den der Boß verzapft, überhören!« gab Fritz trocken contra.

»Man wird doch noch seine ehrliche Meinung äußern dürfen«, wehrte ich mich. »Im übrigen – darf ich euch daran erinnern, daß ich erst ein paar Wochen verheiratet bin?«

»Erinnere dich nur selbst daran!« riet Toni Turek.

Bei der zweiten Begegnung mit der Saar, die inzwischen gegen Norwegen unentschieden gespielt hatte, trug ich zum zehnten Mal das Trikot der deutschen Nationalmannschaft. Mein zehntes war weiß Gott nicht mein bestes Länderspiel. Im Gegenteil! Ich stolperte auf dem Platz herum wie ein krasser Stümper, fühlte mit Entsetzen, was für eine klägliche Figur ich bot. Mir glückte einfach nichts. Mutlos geworden fing ich an, mich zu verzetteln. Die Saarländer hatten gegen mich Verteidiger Keck aufgestellt. Zu ihm fand ich einfach keine Einstellung. Der kleine Keck war schnell und deckte äußerst konsequent. Wenn er mich mit seinen 1,62 Meter immer wieder ausspielte, wirkte ich mit meiner stattlichen Größe direkt unbeholfen und lächerlich.

Dennoch siegten wir am 28. März 1954 bekanntlich 3 : 1. Aber es war ein hart erkämpfter Sieg, mit dem wir uns die Fahrkarte in die Schweiz sicherten.

»Was hat Helmut Rahn noch in der deutschen Länderelf zu suchen?« hieß es wieder einmal.

Und da ich mich selbst schuldbewußt fühlte, ließ ich den Kopf hängen.

Nun lernte ich Fritz Walter einmal von seiner menschlichen, hilfsbereiten Seite kennen.

»Hör mal, Boß! Die sollen dir alle den Kopf blasen! Warum sollst du nicht auch einen schlechten Tag erwischen? Deshalb bist du für mich noch lange keine Niete.«

Herberger war nicht ganz so tolerant. Ich merkte ihm deutlich an, daß er mit mir unzufrieden war.

Abends beim Bankett erhielt ich meine Silbernadel vom DFB. Die Freude an der Auszeichnung war jedoch immer noch getrübt. Später auf dem Zimmer stiftete Vizepräsident Huber ein paar Flaschen Sekt, um mein »Zehntes« und vor allem den Sieg zu feiern. Bei dieser Gelegenheit versohlten mir die Kameraden traditionsgemäß den nackten Hintern grün und blau.

»So, jetzt gehörste zu uns!« grinsten sie.

»Vielleicht war ich zum letzten Mal dabei«, sagte ich kleinlaut.

»Willst du denn immer so schlecht spielen wie heute?« fragte Ottmar anzüglich.

»Nee, das war eine Ausnahme.«

»Dann ist ja alles in schönster Ordnung!«

»Gruppensieg! Zehntes Länderspiel! Mensch, Boß, das muß doch noch festlich begangen werden«, meinte Fritz.

»Für uns beginnen jetzt ohnehin saure Wochen: Trainieren! Wenig trinken! Wenig essen! Weißt du was? Fahr mit nach Kaiserslautern!«

»Wenn de meenst!« ging ich in schönstem Pfälzerisch auf seinen Vorschlag ein.

Mit dem Omnibus fuhren wir von Saarbrücken nach Kaiserslautern. Ottmar verabschiedete sich und ging zu seiner Tankstelle.

Fritz nahm mich mit in seine damalige Wohnung in der Beethovenstraße. Frau Italia machte große Augen über die unerwartete Einquartierung, schüttelte mir aber doch herzlich die Hand.

»Wir machen dir nicht viel Arbeit, Schätzche!« gelobte Fritz. Und gleich nahm er mich mit zu guten Freunden. Wir feierten ausgiebig und lange.

Am nächsten Morgen sprach der Freund ein Machtwort: »Jetzt ist Schluß mit dem Lotterleben! Ab heute sind wir wieder solide. Schließlich müssen wir fit sein für die Weltmeisterschaft.«

Am Rio de la Plata

Wir fliegen nach Südamerika! Dieser Plan spukte schon lange in den Köpfen der Rot-Weiß-Spieler herum. Jenseits des Ozeans bemühte sich ein Manager bereits eifrig, zugkräftige Begegnungen zu arrangieren.

Südamerika! Argentinien! Uruguay! Bolivien! Das Reisefieber hatte uns gründlich gepackt. Wir träumten von Palmen, vom Meer, von schönen Frauen und von riesigen Fußballstadien …

Wenige Tage bevor wir die Koffer packten und losflogen, erblickte ein siebenpfündiger kleiner Rahn das Licht der Welt. Das Gefühl, nun Vater eines Sohnes zu sein, gab mir eine ganz neue Würde. Ich warf mich mächtig in die Brust.

Unsere Expedition war einschließlich Arzt, Dolmetscher und Betreuer 25 Mann stark. Von Frankfurt aus flogen wir mit einer planmäßigen Super-Constellation nach Buenos Aires. Die Zwischenlandungen in Lissabon, Dakar und Rio de Janeiro eingerechnet, waren wir rund 42 Stunden unterwegs. Schlafend, Skat oder Schach spielend, schlugen wir die Zeit tot.

In Buenos Aires wurden wir gleich nach der Landung mit einer Überraschung empfangen. Bereits am nächsten Abend sollten wir antreten. Und wir hatten geglaubt, erst mal vier oder fünf Tage zum Eingewöhnen zu haben. Unser erster Gegner aber sollte kein geringerer als der berühmte argentinische Fußballklub »Independiente« sein.

»Ist doch blödsinnig, so überstürzt zu spielen«, meinten einige ärgerlich. Der Manager hat wohl nicht alle Tassen im Schrank!«

»Regt euch nicht auf!« riet Karlchen Hohmann. »Wenn wir morgen spielen müssen, spielen wir eben. Die Plakate hängen schon überall aus. Da können wir nicht gut kneifen.«

Eine Enttäuschung war auch das Hotel, in dem wir untergebracht wurden. Acht Mann schliefen in drei durchgehenden Zimmern. Allen acht stand nur ein einziges Waschbecken zur Verfügung. Wenn wir gemeinsam um neun Uhr frühstücken wollten, mußte der erste bereits gegen sechs aufstehen.

»Ich hab das Gefühl, wenn wir hier nicht gleich Furore machen, schicken sie uns über die Dörfer«, sagte ich mißvergnügt.

»Laßt euch durch den ganzen Kram nicht beeinflussen!« warnte Trainer Hohmann. »Wir können doch was und brauchen keine Hemmungen zu haben. Schließlich kämpfen wir nicht zum ersten Mal gegen ausländische Mannschaften.«

Wir hielten uns, weil wir ruhebedürftig waren, fast nur im Hotel auf.

Das Spiel fand nicht bei Tage, sondern der Hitze wegen spät abends unter Flutlicht statt. Zehn Uhr, hieß es auf den Plakaten. Nach mitteleuropäischer Zeit war das nachts um drei.

Ein paar Stunden vor dem Spiel kam ein einheimischer Masseur zu uns ins Hotel, um alle noch mal gründlich durchzukneten. Er sprach ein wenig Deutsch und schwärmte von der Traumelf »Independiente«.

»Wenn ihr mit 0 : 3 oder 0 : 4 davonkommt, könnt ihr von Glück reden!« meinte er im Brustton tiefster Überzeugung.

»Na, so schlimm wird's schon nicht werden«, sagte ich mit einem Seitenblick auf August Gottschalk, der neben mir lag.

Wir ließen uns durch das ganze Gerede nicht aus der Ruhe bringen. Natürlich war ein guter Auftakt wichtig, aber mit Angst war noch nie ein Gegner besiegt worden. Also behielten wir die Köpfe oben.

Mit dem Omnibus fuhren wir zum Stadion. Obwohl das Spiel in einer Viertelstunde beginnen sollte, waren erst acht- oder zehntausend Zuschauer da. Doch die Ränge füllten sich zusehends. Als wir durch einen unterirdischen Gang auf den Rasen liefen, hatten sich 35 000 Menschen eingefunden.

Staunend blickten wir uns in dem großen Stadion um. Wie anders war doch hier alles! Am befremdendsten wirkte der riesige Drahtzaun, der hinter einem Wassergraben das Spielfeld von den Zuschauerplätzen trennte.

Das Spiel fing an. Wir legten schnell unsere Nervosität ab und kombinierten wie zu Hause auf dem Rot-Weiß-Platz. Doch – andere Länder, andere Sitten! Sie wurden mir beinahe auf handfeste Weise eingebläut.

Der Torhüter der Argentinier lag nach einer Abwehr am Boden. Südamerikanischem Brauch entsprechend wäre damit das Spiel unterbrochen gewesen. Ich schielte nach dem englischen Schiedsrichter. Er pfiff nicht. Und er allein war maßgebend. Blitzschnell und ungehindert drosch ich den Ball ins Netz.

Für gewöhnlich wird man nach solch löblicher Tat von seinen glücklichen Vereinskameraden umarmt. Ich aber bekam zu meiner unbeschreiblichen Verblüffung einen kräftigen Tritt in den Hintern – von einem stabilen Fußballstiefel argentinischer Herkunft.

Das war noch nicht alles. Das Huracan-Stadion von Buenos Aires zitterte in sämtlichen Fugen unter dem Proteststurm, der sich gegen mich erhob. Wie Affen, so geschickt und schnell, kletterten die Fanatiker am Drahtzaun hoch. Dieser Zaun und der Wassergraben rund um den Rasen waren mein Glück. Doch sie beschützten mich nicht vor der Meute der argentinischen Spieler, die wild und mit den Fäusten drohend auf mich losstürmten.

»Was ist denn bloß los?« schrie ich entsetzt zu Mannschaftsführer August Gottschalk hinüber.

»Los, hau ab!« brüllte er zurück. »Die schlagen dich tot!«

Wie von Furien gehetzt sauste ich über den Platz, die Verfolger immer hinter mir her. Jetzt wurde mir und den Zuschauern einmal so richtig klar, wie schnell der Helmut Rahn im Notfall laufen kann.

Endlich beendete der Schiedsrichter entschlossen die lebensgefährliche Treibjagd. Er war ein furchtloser, abgebrühter Bursche. Kaltblütig erkannte er mein Tor an. Es machte ihm nichts aus, daß er nun alle gegen sich hatte.

Rot-Weiß Essen führte gegen den berühmten und für unschlagbar gehaltenen Fußballklub »Independiente« mit 1 : 0. Der erste Treffer auf unserer an Erlebnissen reichen Südamerika-Reise war gefallen.

Wenige Minuten später hatten Spieler und Zuschauer den Zwischenfall vergessen. Sie spürten, daß wir kein schlechter Gegner waren und freuten sich wie Kinder über jede schöne Leistung. Hier durfte ich endlich einmal nach Herzenslust dribbeln. Je ausgedehnter mein Slalomlauf, je eigenwilliger, um so stärker jubelten die Argentinos Beifall. Ob ich nicht doch auswandern sollte? …

Wir schossen noch zwei Tore: eins Gottschalk und eins Vonderbäumen. Als die »Independiente«-Spieler ihre

Felle davonschwimmen sahen, wurden sie hart und härter. Auch unter uns gab es Hitzköpfe. Verteidiger Werner Höfer und sein Linksaußen gerieten sich des öfteren in die Haare. Wie Kampfhähne standen sie voreinander und boten sich Ohrfeigen an.

Mein Bewacher war klein von Statur und offensichtlich nicht in der besten Kondition. Ich hetzte ihn kreuz und quer über den Rasen, bis ihm die Zunge zum Hals heraushing. Schließlich gab er es auf, immerzu hinter mir herzupirschen. Wenn ich in unsere Hälfte zurücklief, um mir den Ball zu holen, setzte er sich solange auf den Boden und ruhte sich aus. Erst wenn ich wieder in die Nähe kam, besann er sich auf seine Bewacherpflicht.

In der zweiten Halbzeit wurde er übrigens ausgewechselt. Sein Nachfolger machte mir erheblich mehr zu schaffen.

Torhüter Herkenrath hielt sich glänzend. Er ließ nur einen einzigen Gegentreffer zu. Wir gewannen das Spiel 3 : 1. Damit waren wir die Sensation des Tages. Unser Manager rieb sich die Hände. Das Geschäft ließ sich gut an. Es regnete Angebote.

»Wenn ihr ›Independiente‹ schlagen konntet, wird euch keine andere argentinische Mannschaft gefährlich sein«, versicherte man uns.

»Das hätten wir euch nicht zugetraut«, meinte auch der Masseur offenherzig.

Die Zeitungen brachten spaltenlange Berichte über das Spiel. Sie waren des Lobes voll für unsere Leistung. »Independiente« aber verlangte jetzt schon nach Revanche.

Im Hotel gab es von heute auf morgen bessere Zimmer für uns. Von jetzt an schliefen nur mehr zwei Spieler in einem Raum, und jeder hatte sein eigenes Bad. Das

Stimmungsbarometer, das zuerst auf »Mißtrauen« stand, war auf »Schön Wetter« gestiegen.

Kurz nach unserer geglückten Antrittsvorstellung tauchte der Präsident von »Racing Club Buenos Aires« im Hotel auf und verlangte die Señores Islacker und Rahn zu sprechen. In den Sesseln des Foyers saßen wir uns gegenüber.

»Haben Sie Interesse, zu uns zu kommen?« fragte er gerade heraus.

Islacker warf mir einen Blick zu, den ich sofort verstand. Nein, Interesse hatten wir nicht, aber wir könnten uns die Sache ja mal anhören.

»Das kommt auf die Umstände an«, sagte ich deshalb vorsichtig.

»Wir erwarten Sie im Klubhaus«, schlug der Argentinier vor. Dann zückte er sein Notizbuch und nannte einen Termin.

In einem dicken amerikanischen Auto ließ er uns zur vereinbarten Zeit abholen. Wir rissen vor Verwunderung die Augen auf. Ein solches Klubhaus hatten wir noch nicht gesehen. Es war modern, riesengroß, besaß mehrere Sitzungssäle, Leseräume, ein Schwimmbecken, Hallen zum Billardspielen, zum Kegeln und für Basketball. In einem Zimmer standen sämtliche Pokale und Preise, die der Klub erkämpft hatte. Stolz zeigte man uns auch einen Brief, aus dem hervorging, daß Evita Peron, die verstorbene Gattin des derzeit amtierenden Regierungschefs, Ehrenmitglied des Vereins gewesen war.

Nachdem wir uns alles angesehen hatten, führte man uns in einen Konferenzsaal. An einem langen Tisch saß der uns schon bekannte Präsident mit den übrigen Vorstandsmitgliedern.

Penny und ich nahmen vor dem Tisch Platz, außerdem der Dolmetscher, den wir vorsichtshalber mitgenommen hatten.

»Sollen wir hier abgeurteilt werden?« fragte ich Penny leise.

»Kommt mir auch so vor«, flüsterte er zurück.

»Was halten Sie von unserem Vorschlag, bei Racing zu spielen?« wurden wir durch den Übersetzer gefragt.

»Wir sind interessiert«, antwortete Penny. »Nur müßten wir vorher die Bedingungen kennen.«

»Selbstverständlich!«

Nun fingen sie an, uns das Angebot in den blühendsten Farben zu schildern. Jeder von uns sollte 150 000 Mark bekommen. Jedem sollte ein Geschäft eingerichtet werden. Jeder sollte für sich und seine Familie kostenlose Überfahrt erhalten.

Wir hörten uns alles schweigend an.

»Dürfen wir Ihnen was zu trinken anbieten?« versuchte man, uns zugänglicher zu stimmen.

»Nein, besten Dank!«

»Zu essen?«

»Danke!«

»Rauchen die Herren?«

»Nein, wir rauchen nicht.«

Eineinhalb Stunden lang berieten, redeten und verhandelten wir herum.

»Wir werden die Angelegenheit mit unseren Frauen besprechen und Ihnen dann Bescheid geben«, sagte Penny Islacker zum Schluß. »Allein kann man so etwas schlecht entscheiden.«

Wir wurden freundschaftlich verabschiedet und mit dem Auto, das uns geholt hatte, wieder ins Hotel gebracht.

Nicht nur Penny und ich, auch Herkenrath, Termath, Wewers und einige andere erhielten Angebote von argentinischen Klubs. Theoretisch hätte sich die gesamte Rot-Weiß-Mannschaft an Ort und Stelle auflösen und wegengagieren lassen können.

Daß das nicht Sinn und Zweck unserer Expedition war, leuchtete jedem von uns ein. Niemand kam später noch einmal auf die Sache zurück. Und auch die Argentinos hüllten sich daraufhin in Schweigen.

Im Augenblick jedoch waren wir noch Tagesgespräch. Und das wollte in einem Land, in dem zuerst der Fußball, dann noch mal der Fußball und dann erst die Politik wichtig ist, etwas heißen. Wenn wir in unseren einheitlich blauen Anzügen über die Straße gingen, zeigte man ungeniert mit den Fingern auf uns: Fußballmannschaft! Manche erinnerten sich sogar an die Rückennummern auf unserem Trikot: siete – sieben. Das war ich.

In einem Geschäft wurde ich mit den Worten: »Zatopecca! Zatopecca!« begrüßt. Sie wollten damit sagen, daß ich so schnell wäre wie der berühmte tschechische Läufer Zatopek.

Wie sehr wir im Mittelpunkt des allgemeinen Interesses standen, zeigte sich beim zweiten Spiel gegen den ebenfalls sehr bekannten Klub »San Lorenzo«. Dieses Mal kamen 60 000 Zuschauer, um den Bezwinger von »Independiente« zu bestaunen.

Es war bereits wieder zehn Uhr abends und durch zuvor gefallenen Regen ziemlich kalt. Wir lieferten eine begeisternde erste Halbzeit, während der wir auch in Führung gingen. In der zweiten Spielhälfte glückte den Gastgebern Ausgleich und Führungstor. Das fanatische Geschrei der

Zuschauer, die abrupte Temperaturschwankung – bei Tage herrschte glühende Hitze – und die Überanstrengung der letzten Zeit forderten ihren Tribut. Wir konnten das Tempo der ersten 45 Minuten nicht durchhalten und verloren unglücklich 1 : 2. Durch diese Niederlage hatten wir aber nichts an Achtung eingebüßt. Wir hatten ein schönes Spiel geliefert, und man erwartete noch einige Glanzvorstellungen von uns.

Zwischen den Kämpfen mußten wir Empfänge, Parties und Veranstaltungen besuchen. Die zahlreichen deutschen Klubs in Argentinien wetteiferten miteinander darin, uns mit Aufmerksamkeiten zu überschütten. Der Kegelklub reichte uns weiter an den Tennisklub, und der wieder an den Ruderverein. Hier wurde ein Picknick für uns gegeben, dort bei einem Gartenfest ein ganzer Ochse am Spieß gebraten. Die Einladungen nahmen kein Ende. Selbst die Flieger-Asse Rudel und Galland meldeten sich. Galland wurde sogar Ehrenmitglied von Rot-Weiß.

Besonders aufmerksam war auch die argentinische Regierung. Staatspräsident Peron empfing uns liebenswürdig und mit allem erdenklichen Aufwand. Hocherfreut nahm er unser Gastgeschenk, eine Grubenlampe aus dem Ruhrgebiet, entgegen.

Das alles ereignete sich innerhalb weniger Tage, kostete viel Kraft und überanstrengte uns gewaltig. Dabei lag bereits wieder ein schweres Spiel vor uns: In Uruguays Hauptstadt Montevideo sollten wir gegen den berühmten Klub »Penarol« antreten.

»Wir dürfen das Training nicht vernachlässigen«, sagte Karl Hohmann. »Ihr wißt, bei ›Penarol‹ stehen wir der halben uruguayischen Weltmeisterschaftsmannschaft gegenüber. Da dürfen wir uns nicht blamieren.«

Im River-Plate-Stadion oder im Stadion von »Independiente« liefen wir morgens die nötigen Runden. Einer der eifrigsten war – unser einheimischer Omnibusfahrer. In seiner langen Hose, mit Halbschuhen und mit Brille auf der Nase machte er fröhlich mit. Von Haus aus leidenschaftlicher »Independiente«-Anhänger, sah er in uns, nachdem wir seinen Klub geschlagen hatten, eine Art Halbgötter.

Ich hatte ihn gleich am ersten Tag gebeten, mir das Zählen auf Spanisch beizubringen.

»Uno, dos, tres, cuatro, cinco …«, lehrte er geduldig und nahm dabei seine Finger zu Hilfe. Aus Dankbarkeit nannte ich ihn in Zukunft nur noch »Cinco pesos«.

Als Señor »Cinco pesos« hörte, daß wir gegen »Penarol« antreten würden, geriet er völlig aus dem Häuschen. Die Uruguayer sind – fußballerisch gesehen – die Erbfeinde der Argentinier. Sie mußten geschlagen werden, wo immer sich eine Möglichkeit dazu bot!

»Wenn ihr euch von denen in die Tasche stecken laßt, braucht ihr gar nicht mehr zurückzukommen!« deutete uns »Cinco pesos«, leidenschaftlich mit den Händen gestikulierend, an. Dann fuhr er uns mit dem Omnibus zum Wasserflughafen von Buenos, von wo aus wir über den Rio de la Plata in die uruguayische Hauptstadt flogen.

In Montevideo empfing man uns mit einer Spannung, die nicht mehr gut zu steigern war. Sieben von den elf »Penarol«-Spielern standen sozusagen Gewehr bei Fuß für das Turnier in der Schweiz. Dort hatte Uruguay, der Weltmeister von 1950, bekanntlich seinen Titel zu verteidigen. Torhüter Maspoli, Santamaria, Andrade, Schiaffino – sie alle sollte ich am Thunersee wiedersehen … Kurz vor dem Europa-Flug spielten sie also mit ihrem Verein

»Penarol« gegen den Deutschen Pokalmeister von 1953, Rot-Weiß Essen – so waren wir angekündigt worden.

Vor 23 000 Zuschauern holten wir aus uns heraus, was an Kraft, Routine und gutem Willen in uns steckte. Unser Sturmspiel lief wirkungsvoll und reibungslos, obwohl wir sorgfältig bewacht wurden. Wientjes und Islacker erhielten viel Beifall. Von Applaus geradezu überschüttet wurde Torhüter Fritz Herkenrath, in dessen Armen die schärfsten Bomben, die prächtigsten Schüsse der Urus unschädlich gemacht wurden.

Auch ich zeigte wenig Respekt vor den großen Namen meiner Gegenspieler, riß mich immer wieder los, rannte ihnen davon und versuchte mein Heil in Flanken und Torschüssen.

In der 25. Minute schlug es zum ersten Mal im Kasten von »Penarol« ein. 1 : 0!

Eine Sensation, ähnlich wie die gegen »Independiente«, bahnte sich an. Dabei waren die Urus brillante Techniker und unglaublich schnell im Sturm. Doch sie konnten tun und lassen, was sie wollten, bei der Essener Abwehr rannten sie sich fest.

Und noch einmal in der ersten Spielhälfte mußte Torhüter Maspoli hinter sich greifen: Nach einer schönen Kombination schoß Penny Islacker das 2 : 0. Da half die großartigste Parade nichts.

Dem Publikum merkten wir an, daß es sich von der zweiten Spielhälfte die Wende, das Wunder erhoffte. Die 23 000 feuerten ihre Mannschaft leidenschaftlich an. »Penarols« Weltmeistersturm berannte unermüdlich unser Tor, ohne jedoch zu einem Treffer zu kommen. Das Eckenverhältnis von 10 : 3 gab in etwa ein Bild von den zunichte gemachten uruguayischen Chancen.

In der 75. Minute killte ich mit einem scharfen Flach-schuß die letzten Hoffnungen des Gegners.

3 : 0! Dabei blieb es.

Herzlicher Beifall dankte uns für das schöne, faire Spiel. Wir hatten unseren Beitrag geliefert. Enthusiasmus und begeisterte Kritik in den Zeitungen und in der Öffentlichkeit waren der Lohn. Die Fettaugen von der Suppe schöpfte jedoch unser Manager. Obwohl er bereits für den übernächsten

Tag »Independiente« in Buenos Aires das Revanchespiel zugesagt hatte, gab er sein Einverständnis zu einer Begegnung mit der uruguayischen Nationalmannschaft in vier Tagen.

»Kommt gar nicht in Frage«, wetterte Trainer Karl Hohmann.

»Wir sind doch keine Selbstmörder.«

»Der meint wohl, wir wären Roboter«, stimmte ich zu.

»Und all die anderen Spiele gegen die kleineren Vereine?« fragte Fritz Herkenrath. »Was wird aus denen?«

»Die hat er einfach abgesagt, weil sie nicht soviel Pinkepinke einbringen.«

»Cleverer Bursche!«

»Ich möchte ihn lieber anders nennen«, sagte Hohmann aufgebracht. Und doch gaben wir schließlich unsere Zustimmung zum Spiel gegen die Nationalelf der Urus. Zunächst aber mußten wir nach Buenos Aires zurück.

Am Wasserflughafen wartete unser Omnibus mit »Cinco pesos«. Er war durch das Radio über den Rot-Weiß-Sieg bereits bestens unterrichtet. Er stürzte sich auf jeden einzelnen von uns und drückte und küßte ihn ab.

»Das habt ihr gut gemacht!«

Als er hörte, daß wir bereits am Ende der Woche abermals nach Montevideo fliegen sollten, schüttelte er ungläubig den Kopf.

Das Rückspiel gegen »Independiente« konnten wir unter den vorliegenden Bedingungen nicht gewinnen. Die Argentinos hatten sich mit Rachelust und Energie vollgepumpt, hatten sich bedingungslos auf uns eingestellt. Jeder Stürmer wurde strikt und unnachgiebig bewacht. Die ewigen Zweikämpfe ermüdeten natürlich. Lange, sehr lange verteidigten wir das 2 : 2-Unentschieden, dann mußten wir die revanchebegierigen Argentinier auf 2 : 4 davonziehen lassen. Sie waren wieder quitt mit uns, auch wenn sie immer noch schwer am Resultat des ersten Spiels schluckten.

Uns in diesem ausgelaugten Zustand gegen die komplette uruguayische Weltmeisterelf zu schicken, war von Anfang an eine aussichtslose Sache. Der Gegner befand sich in bester, in »Schweizer« Kondition, wir hingegen waren überanstrengt und erschöpft. Vor etwa 90 000 Zuschauern unterlagen wir der uruguayischen Nationalmannschaft klar 1 : 5. Sie feierte den Sieg als großen Triumph und betrachtete ihn als gutes Omen. Schon wenige Tage später reisten die Urus nach Europa ab …

Endlich kamen wir ein paar Tage zur Ruhe, konnten ausschlafen, Briefe schreiben und – nach vier- bis fünfstündiger Wartezeit – mit Deutschland telefonieren. Auch ich vergewisserte mich per Draht, daß es meiner Frau und meinem Sohn gut ging.

Hin und wieder wurde jetzt bereits der eine oder andere vom »Moralischen« befallen.

»Wie es wohl zu Hause in meinem Zigarrenladen aussieht?« fragte August Gottschalk sorgenvoll.

»Ob meine Frau allein im Geschäft fertig wird?« fragte Karl Hohmann, der vor wenigen Monaten ein Sportgeschäft in Düsseldorf eröffnet hatte, ein ums andere Mal.

»Wer wohl in der Tankstelle Nachtdienst macht?«

Jeder hatte seinen ganz privaten Kummer, am treffendsten schlichtweg »Heimweh« genannt.

Die Stimmungen kamen, sie gingen auch wieder vorüber. Wir besannen uns darauf, wie sehr wir uns auf die Reise gefreut hatten, und wie viele uns um das großartige Erlebnis beneideten.

Von Buenos hatten wir allmählich genug.

»Wann geht es denn weiter?« fragten wir den Manager.

»Bald, bald! Habt nur ein bißchen Geduld.«

Eines Tages war es endlich so weit. Es hieß: Koffer pakken! Wir fahren nach Santiago de Chile. Sofort kam wieder Leben in die Gesellschaft. Voll Neugier sahen wir der Reise quer durch die Pampas und die Anden entgegen.

Unser Gepäck, das bei den meisten nur aus einem Koffer bestanden hatte, war inzwischen beachtlich angeschwollen. Fast alle hatten sich mit den landesüblichen billigen Lederwaren eingedeckt. Im Pullmanzug sollten Abteile für uns reserviert sein. Sie waren es aber nicht. Jeder mußte zusehen, wo er einen Platz bekam.

38 Stunden Bahnfahrt! Eine harte Geduldsprobe. Wenn man aus dem Fenster blickte, sah man kilometerweit nichts als Mais- und Weizenfelder, dann wieder endlose Flächen mit Grasland und weidenden Rindern. In besonders trockenen Gebieten lag manchmal eine tote Kuh dicht neben dem Bahndamm. Aasgeier umkreisten den Kadaver. Nach dem Weideland kam ein Stück Steppe, und nach der Steppe das Massiv der Anden.

Endlich erreichten wir Santiago de Chile. Dort blieben wir aber nur eine Nacht. Dann ging es für endlose Stunden wieder in den Zug. Dieses Mal rollte er durch die Anden bis nach Arica hoch oben im Norden Chiles. Dorthin schickten uns die Bolivianer eine Chartermaschine, damit wir ja rechtzeitig zum Spiel nach La Paz kämen.

Wir waren durch die lange Bahnfahrt so mürbe geworden, daß wir uns über nichts mehr wunderten. So nahmen wir denn auch keinen Anstoß daran, daß das Flugzeug, in dem wir nun befördert wurden, eben erst aus dem Urwald geholt und vor wenigen Stunden noch zum Transport von Holz verwendet worden war. In aller Eile hatte man Sitzplätze eingebaut.

Zwei gute Stunden flogen wir über die Anden landeinwärts. Obwohl schon dicht vor La Paz, sahen wir die Stadt nicht. Wir steuerten – schien es – direkt eine hohe Felswand an. Erst im letzten Moment ließ der Pilot die Maschine in einen weiten Bergeinschnitt fallen. Wenig später landeten wir auf dem höchsten Flugplatz der Welt.

In La Paz hatte der einheimische Fußballklub »Bolivar« schon mächtig die Reklametrommel für das bevorstehende Spiel gerührt. Unser Einzug ins Hotel vollzog sich unter reger Anteilnahme der Einheimischen. Indianer in ihren malerischen Ponchos umlagerten uns auf Schritt und Tritt.

Auch für die in Bolivien lebenden Deutschen – es gibt eine ganze Menge – war unser Eintreffen eine willkommene Abwechslung. Es regnete Einladungen. Immer wieder mußten wir Rede und Antwort stehen.

Mit Kummer stellten wir die Wirkung der Höhenluft auf unsere Kondition fest. Stiegen wir irgendwo drei oder vier Treppenstufen hoch, machten wir bereits schlapp.

Sauerstoffmangel! Die Beine wurden bleischwer. Wo wir gingen und standen, hätten wir umfallen mögen.

»Das kann ja heiter werden beim Spiel«, sagte ich. »Die Einheimischen sind uns rein körperlich haushoch überlegen.«

»Ihr müßt alle zehn Minuten raus an die Sauerstoffflasche«, bestimmte unser Arzt.

»Die lachen uns ja aus.«

»Bestimmt nicht. Hier werden schon mehr ausländische Vereine Schwierigkeiten mit der Höhenluft gehabt haben. Da seid ihr nicht die einzigen.«

Die meisten von uns befolgten beim Spiel am Sonntag den Rat des Arztes, verließen alle zehn Minuten den Rasen und pumpten sich an der Sauerstoffflasche die Lungen wieder voll. Nur Heinz Wewers, Fritz Herkenrath und der bei Rot-Weiß verpflichtete Holländer Röhrig glaubten, auch ohne diese Zwischenstärkung auszukommen.

»Das ist falscher Ehrgeiz!« schimpfte der Arzt. »Sie werden es hinterher schon spüren.«

An Einzelheiten des Spiels kann ich mich nicht mehr erinnern. Ich weiß nur, daß wir es ehrenvoll 2 : 2 unentschieden hielten. Das war, wie uns jeder versicherte, unter den gegebenen Bedingungen eine enorme Leistung. 25 000 Zuschauer dankten uns durch entsprechend herzlichen Beifall.

Wieder im Hotel, fielen wir wie tot in die Betten. Vor allem unsere drei »Heroen« hatte es erwischt. Sie waren total fertig.

Vom Bankett, das abends stattfand, wollte zunächst niemand etwas wissen. Doch als ein paar Stunden vergangen waren, hatten sich die meisten erholt. Auch ich fühlte mich wieder einigermaßen frisch.

In den Zimmern nebenan rührte sich nichts mehr. Ich nahm an, die anderen wären bereits fort. Und da ich keine Ahnung hatte, wo das Bankett eigentlich stattfinden sollte, wandte ich mich unten in der Halle an den Empfangschef. Der begriff anscheinend, was ich wollte, und winkte ein Taxi mit einem indianischen Fahrer herbei.

Wir brausten los. Zunächst war ich ohne jeden Argwohn. Doch als wir das Häusermeer von La Paz hinter uns ließen und in eine unbekannte Wildnis steuerten, wurde ich stutzig. Nanu? Wo brachte mich der Kerl denn hin? Wollte er mich etwa verschleppen?

Vorsichtig tippte ich ihm auf die Schulter. Er grinste freundlich, nickte mit dem Kopf, fuhr aber unbeeindruckt weiter – immer tiefer in die unbekannte Finsternis hinein. Ich sah Felswände und unheimliche dunkle Schatten vorüberhuschen, ahnte tiefe Schluchten. Gleichzeitig bedrückte mich das Gefühl, nicht sprechen, mich nicht verständigen zu können. Worauf hatte ich mich nur eingelassen?

Endlich, endlich hielt der Indianer sein Fahrzeug an und sprang hinaus. Ich sah einen riesigen Zaun und dahinter ein paar Tennisplätze. Kein Licht, kein menschliches Wesen weit und breit. Hier sollte das Bankett sein? Ich konnte es mir nicht gut vorstellen.

Mittlerweile kam auch mein Indianer zurück, der rundum Ausschau gehalten hatte. Er babbelte ein paar unverständliche Sätze vor sich hin, nahm wieder hinter dem Lenkrad Platz, drehte und fuhr in die Richtung, aus der wir gekommen waren. Nach ein paar hundert Metern hielt er fluchend wieder an und stieg aus. Keuchend zerrte er einen Betrunkenen, der mitten auf der Straße gelegen hatte, in den Graben. Dann fuhr er weiter.

Ich atmete erleichtert auf. Als ich die Lichter der Stadt sah, wurde mir schon wieder wohler.

Doch was war das? Da hinten lag ja unser Hotel! Etwa 150 Meter davon entfernt, vor einem anderen Hotel, setzte mich der Indianer ab. Er hatte begriffen, wohin ich wollte. Den kurzen Weg hätte ich spielend zu Fuß gehen können. Es hätte mir eine Menge Aufregung erspart.

Das Bankett, zu dem sich inzwischen fast alle Spieler eingefunden hatten, entschädigte mich für alle überstandenen Strapazen. Es wurde ein gemütlicher, abwechslungsreicher Abend. An jungen Mädchen, Töchtern in Bolivien lebender Deutscher, herrschte kein Mangel und an Gesprächsstoff erst recht nicht.

Ein Landsmann lud uns ein, in seinem Wagen hoch oben in den Bergen ein Indianerdorf zu besuchen. Der deutsche Gesandte erbot sich, mit uns zum Titicaca-See zu fahren. Auf diese Art und Weise erhielten wir Einblick in das Leben der Eingeborenen, die außerhalb der schönen, modernen Stadt La Paz leben. Vor den ärmlichen Lehmhütten eines Dorfes saßen Frauen und stillten ihre Kinder. Der Lehrer amtierte im Freien vor einem aus Lehm erbauten Pult, seine Schüler hockten auf primitiven Lehmbänken.

Unser Gastgeber wechselte ein paar Worte mit dem Lehrer. Der gab den Kindern daraufhin das Zeichen, ein Lied für uns zu singen.

Ein paar neugierige Indianerjungens machten sich zutraulich an uns heran. Irgend jemand hatte das Wort »Alemani« aufgeschnappt. Sofort wurde der Lehrer gefragt, wo dieses »Alemani« in der großen, weiten Welt denn wohl läge. Wir verstanden die Antwort nicht. Unser Gastgeber erklärte jedoch hinterher lachend, daß Deutschland nach

Auffassung des Eingeborenenlehrers zu den Vereinigten Staaten von Amerika gehöre.

Voll Bewunderung standen wir schließlich an den Ufern des rund 7000 Quadratkilometer großen Titicaca-Sees. Ein so gewaltiges Gewässer in einer so gewaltigen Höhe war – weiß Gott – kein alltäglicher Anblick.

Unter Eukalyptusbäumen hielten wir Picknick. Wir versuchten auch zu baden. Aber das Wasser des Sees war eisig kalt.

Ich hatte einen Eingeborenen erspäht, der von seinem Kanu aus mit Pfeil und Bogen Fische schoß. Mit den Armen rudernd, gab ich ihm zu verstehen, daß ich gern mit ihm fahren möchte. Er ließ mich bereitwillig in sein aus Schilf und Binsen selbstgebautes Fahrzeug. Ja, er war sogar damit einverstanden, daß ich seinen Poncho über den Kopf zog.

Wie ich es vorher bei ihm gesehen, versuchte ich nun, uns mit Hilfe einer langen Stange vom Boden abzustoßen. Eine Zeitlang ging das ganz gut, dann traf ich auf einen spitzen Stein. Dabei brach die Stange ab, und ich stürzte durch den Schwung kopfüber ins Wasser.

Der Indianer fischte schnell die Stange wieder aus den Fluten. Und ich sah zu, daß ich ans Ufer kam. Dort riß ich die nassen Klamotten vom Leib und lief eine Stunde lang in der Badehose umher. Das genügte, um die Kleider zu trocknen. Das Indianerhemd lieferte ich ordnungsgemäß wieder ab.

Mit einer Schiffsrundfahrt endete der ereignisreiche Ausflug zum Titicaca-See.

Gut vier Wochen waren wir nun schon von zu Hause fort. Das Ende unserer Reise, die ursprünglich für sechs

Wochen geplant war, ließ sich noch nicht absehen. Peru, Ekuador und die USA sollten die nächsten Ziele sein.

Im Hotel von La Paz erreichte mich eines Tages überraschend ein Anruf. Er kam von Bundestrainer Herberger.

»Hallo, Helmut, wie geht's?«

»Danke, soweit ganz gut.«

»Sind Sie gesund?«

»Ja, alles ist in bester Ordnung.«

»Ich möchte gern, daß Sie schnell zurückkommen. Ich brauche Sie für die Weltmeisterschaft. Mit Ihrem Verein ist bereits alles geregelt. Der Flug für Sie ist schon gebucht.«

Als ich den Telefonhörer aus der Hand gelegt hatte, setzte ich mich erst mal hin. Der Schreck war mir ordentlich in die Glieder gefahren. Insgeheim zog es mich schon längst mit Macht Richtung Heimat. Nun wurde mir von einer Minute zur anderen die Möglichkeit zum Rückflug geboten!

Als die Rot-Weißen von meiner bevorstehenden Abreise erfuhren, machten sie zunächst lange Gesichter. Einmal paßte es ihnen nicht, daß sie nun ohne mich weiter ihre Spiele absolvieren sollten, zum anderen nagte an jedem mehr oder weniger das Heimweh.

Hohmann machte ein nachdenkliches Gesicht. Dann sprang er auf. Er hatte einen Entschluß gefaßt.

»Helmut, ich fliege mit dir zurück! Die müssen sehen, daß sie für mich auch noch einen Platz organisieren.«

Vorübergehend herrschte bei den Kameraden Stimmungsflaute. Doch dann nahm sich Mannschaftskapitän August Gottschalk der Sache an.

»Zuerst habt ihr euch fast ein Bein ausgerissen, um die Südamerika-Reise mitmachen zu können. Nun liegt noch mehr als die Hälfte vor euch. Glaubt ihr, daß euch das alle Tage wieder geboten wird?«

»August hat ganz recht«, pflichtete ich bei, »einesteils tut es mir auch leid, daß ich nicht mehr dabei bin. Im Augenblick flieg ich zwar gern zurück, aber später werde ich euch bestimmt um viele Erlebnisse beneiden.«

Bedauern hin, Bedauern her – es blieb dabei. Hohmann und ich packten die Koffer.

Von La Paz aus flogen wir zunächst nach Lima in Peru. Hier hatten wir sieben Stunden Aufenthalt. Wir sahen uns in der Stadt um und besuchten auch das Hotel, in dem die Rot-Weiß-Mannschaft demnächst wohnen sollte. Es war sehr komfortabel, besaß ein Schwimmbekken, eine prächtige Bar und sehr schöne Zimmer mit Balkon. »Hier können sie es schon aushalten«, stellten wir fest.

Über Panama, Miami, London, Brüssel flogen wir nach Frankfurt, wo wir von einer Schar Journalisten in Empfang genommen wurden. Sie wollten Einzelheiten über unsere Südamerika-Tournee wissen. Vor allem die Begegnung mit den Uruguayern interessierte sie.

Auch ein Vertreter vom DFB war erschienen. Er teilte mir mit, daß ich bereits gut 48 Stunden später in der Sportschule München-Grünwald erwartet würde …

Im Schatten großer Ereignisse

Die Beneidenswerten! Die Glücklichen!

Wie viele Fußballspieler in Deutschland mögen so gedacht haben, als die Namen der 28 Mann bekanntgegeben wurden, die Herberger zu seinem Vorbereitungskursus für die Weltmeisterschaft einlud. Ich gehörte zu ihnen. Und ich kann bezeugen, daß gerade diese vierzehn Tage in München-Grünwald kein Vergnügen, sondern eine echte Strapaze waren.

Gewiß, wir fabrizierten unseren Blödsinn, wir gingen mal ins Kino oder unternahmen einen Ausflug in die bayerischen Berge. In der Hauptsache aber wurden wir hart geschliffen, das heißt – in Kondition gebracht. Schon früh um sieben, noch vor dem Frühstück, ging es auf die Laufbahn. Hier wurden Runden gedreht, gnadenlos, unerbittlich. Die Geraden im Sprint, die Kurven langsamer. Einmal, zweimal, fünfmal. Nicht nachlassen, nicht müde werden! Noch mal rum! Und noch einmal! Nach dem Brausen und nach dem Frühstück ging es weiter im Text. Theoretischer Unterricht! Ballarbeit! Laufen!

Die Bettruhe nach dem Mittagessen wurde in den ersten Tagen von allen strikt eingehalten. Jeder war glücklich, wenn er wieder in den Federn liegen konnte.

Nach dem Kaffeetrinken ging es meist zum spielerischen Training. Fünf Mann gegen fünf, drei gegen vier, oder Verteidiger und Stürmer tauschten die Rollen aus. Das war ganz entschieden der angenehmere Teil der Arbeit. Auch Tischtennis, Korbball, Federball oder Kegeln gehörten zu den Beschäftigungen, die wir gern auf uns nahmen.

Mein Zimmergefährte war wie gewöhnlich Fritz Walter. Er hatte es immer noch nicht ganz verkraftet, daß sein Verein, der 1. FC Kaiserslautern, im Endspiel um die Deutsche Meisterschaft des Jahres 1954 1 : 5 von Hannover 96 geschlagen worden war.

»Erinnere mich bloß nicht daran!« sagte er, wenn ich ihn nach Einzelheiten ausfragte.

»Du wirst noch erleben, daß wir euch im Finale auch schlagen!« prophezeite ich.

»Rot-Weiß Essen? Uns? Daß ich nicht lache!«

»Abwarten!«

»Warum solltet ihr eigentlich nicht mal ins Endspiel kommen?« meinte Fritz dann jedoch schon wieder versöhnlich. »Weit genug habt ihr es ja ein paarmal gebracht.«

– Noch ahnte keiner von uns beiden, daß wir uns bereits ein Jahr später als Final-Rivalen gegenüberstehen sollten …

Wenig trinken! Trocken leben! Das war oberstes und schwerstes Gebot während des Lehrganges. Es wurde zum Teil nur dem Schein nach befolgt. Bei den Mahlzeiten hielten wir uns alle brav zurück. Doch hinterher klopften wir dreimal leise an die Küchentür. Und es wurde uns von einem mitleidigen Mädchen ausgehändigt, wonach wir verlangten: Apfelschorle, Sprudel oder was wir wollten. Ich hab nicht die Absicht, hier jemanden zu verpetzen, und will deshalb auch keine Namen nennen. Ehrlich, wie ich in solchen Sachen nun mal bin, gebe ich zu: Ich war fast immer dabei. Mit der Pflicht im allgemeinen nahmen wir es aber höllisch ernst.

Nach den vierzehn Tagen spürten wir deutlich, daß der Lehrgang nicht für die Katz gewesen war. Alle waren prächtig in Schuß. Unsere Kondition konnte sich sehen lassen.

Ein rabenschwarzer Schatten fiel allerdings noch auf die Tage in München-Grünwald. Wir waren 28 Spieler. Doch nur 22 durften, das wußten wir längst, mit in die Schweiz. Sechs traf demnach das bittere Los, nach harter Arbeit auf den Lohn verzichten zu müssen.

Welche sechs?

Es waren die verletzten Baumann und Röhrig, außerdem Gottinger, Schäfer aus Siegen, Deinert und Harpers.

Eine ganze Woche lang erlebte meine Frau nach dem Lehrgang nun das unbestrittene Vergnügen, mich bei sich zu Hause zu haben. Ich schaute ihr beim Windelwaschen zu und riskierte auch mal einen Blick in die Kochtöpfe. Doch über die Pfingstfeiertage riß ich mich ehrlich zusammen und trat in punkto Essen kurz. Der Gewinn von Grünwald durfte nicht leichtfertig vertan werden. Wir hatten es Herberger in die Hand versprochen.

»Viel Glück, Helmut!« sagte meine Frau, als der Tag meiner Abreise gekommen war. Ich fuhr nach Schöneck bei Karlsruhe, dem Treffpunkt unserer umfangreichen Schweizer Expedition.

»Viel Glück!« wünschten auch meine Eltern.

»Viel Glück!« Freunde, Bekannte und Unbekannte versprachen, mir beziehungsweise uns die Daumen zu drücken. »Seht zu, daß ihr euch nicht blamiert.«

In der Sportschule Schöneck trafen wir 22 Spieler wieder zusammen:

Fritz und Ottmar Walter, Hans Schäfer, Toni Turek, Karl-Heinz Metzner, Max Morlock, Horst Eckel, Hans

Bauer, Herbert Erhardt, Uli Biesinger, Berni Klodt, Richard Herrmann, Heinz Kubsch, Werner Kohlmeyer, Heinz Kwiatkowski, Werner Liebrich, Fritz Laband, Karl Mai, Paul Mebus, Alfred Pfaff, Jupp Posipal und Helmut Rahn.

Außerdem fuhren mit:

DFB-Geschäftsführer Dr. Xandry, Spielausschußvorsitzender Körfer, Masseur Deuser, Dr. Loogen als Arzt, Dassler als Verantwortlicher für das Schuhwerk und natürlich Bundestrainer Sepp Herberger. Leiter der Expedition war DFB-Vizepräsident Hans Huber aus München.

Von Karlsruhe aus dampften wir am 11. Juni 1954 gegen Mittag ab nach Basel. Spät am Abend bezogen wir in Spiez am Thunersee unser schon seit vielen Wochen bestelltes Quartier im Hotel »Belvédère«.

»Hier laßt uns Hütten bauen!« sagte ich zu Fritz Walter, mit dem ich selbstverständlich wieder ein Zimmer teilte. Nummer 303!

»Du glaubst wohl, wir verbringen hier 'ne Art Sommerfrische?«

»Nee, das gerade nicht.«

Und zum hundertsten Mal überschlugen wir unsere Chancen. Wie weit konnte die deutsche Nationalelf es in diesem Turnier überhaupt bringen? Der Papierform nach zählten wir zu »ferner liefen …«.

Insgesamt wurde in vier Gruppen gespielt. Zu Gruppe I gehörten Brasilien, Frankreich, Jugoslawien und Mexiko. Gruppe II bestand aus Ungarn, der Türkei, Deutschland und Südkorea. Zu Gruppe III rechneten Uruguay, Österreich, die Tschechoslowakei und Schottland. Gruppe IV vereinte England, Italien, die Schweiz und Belgien.

Große Namen! Berühmte Mannschaften!

Deutschland gehörte in seiner Gruppe wie Südkorea zu den »Nichtgesetzten«, mußte den Bestimmungen nach gegen die für besser gehaltenen »Gesetzten«, Ungarn und die Türkei, antreten. Ungarn, das zu dieser Zeit viele für die stärkste Fußballnation der Welt hielten, war der Gruppensieg so gut wie sicher. Für uns drehte es sich darum, den zweiten Platz zu erobern, denn nur die zwei Ersten einer Gruppe kamen unter die letzten acht.

»Glaubst du, daß wir das schaffen?« fragte ich Fritz.

»Mit Glück und gutem Willen – warum nicht?«

»Ich kann es kaum noch abwarten.«

Mein übergroßer Eifer wurde mit einer eiskalten Dusche abgekühlt. Als wir in Bern am 17. Juni zum ersten Mal gegen die Türken antraten, war ich nicht dabei. Herberger hatte Berni Klodt, nicht mir den Rechtsaußenposten anvertraut.

Grollend zog ich mich unter die Zuschauer zurück. Wie fest hatte ich damit gerechnet, aufgestellt zu werden! Herberger besaß also kein Vertrauen zu mir! Jetzt hockte ich hier dumm und dämlich rum. Dabei hatte mich der Chef extra von Amerika herzitiert! Während des Spiels wurde ich ruhiger. Was unsere Elf da auf dem Rasen zeigte, war nicht von Pappe. Auch der Berni – alles was recht war –, er legte los wie die Feuerwehr. Na ja, gut war der schon! Das mußte ihm der Neid lassen. Aber ich hätte bestimmt an seiner Stelle auch nicht geschlafen.

»Warum spielst du denn nicht, Helmut?« fragten mich überflüssigerweise einige Schlachtenbummler.

»Weil es mir zum Hals raushängt!« erklärte ich wütend. Später zuckte ich einfach die Schulter.

Für Augenblicke zog mich das Geschehen auf den Rasen aber so sehr in seinen Bann, daß ich meinen Kummer vergaß und als einer von vielen Tausenden um das Schicksal der deutschen Elf bangte.

Bereits in der 3. Spielminute hatte der türkische Halbrechte Suat ein Tor für seine Mannschaft geschossen. Neun Minuten später war durch Hänschen Schäfer aus Köln der Ausgleich gefallen. Lange, viel zu lange blieb es beim 1 : 1. Obwohl das Sturmspiel prächtig funktionierte, wollten keine Tore fallen.

Erst fünf Minuten nach der Pause erlöste Konkurrent Berni uns von der quälenden Ungewißheit. Deutschland führte nunmehr 2 : 1. Ich freute mich mit den anderen. Doch schon hatte mich wieder der Neid am Wickel. Wenn der Berni so gut einschlug, wie das offensichtlich der Fall war, hatte ich von den kommenden Spielen nichts mehr zu erhoffen. Vergeblich predigte ich mir vor, daß es hier nicht um mich, sondern um die deutsche Nationalelf ging. Vernunft und brennender Ehrgeiz schlugen wahre Schlachten in meinem Innern. Ich appellierte an meine Einsicht, aber der Kummer fraß mich fast auf.

In der 60. Minute schoß Ottmar Walter das 3 : 1.

Wenn das nicht nach Sieg aussah! Die deutschen Schlachtenbummler jubelten. Mit etwa 15 000 stellten sie ein starkes Kontingent unter den 30 000 Zuschauern.

Das erste Türkenspiel endete, wie bekannt, 4 : 1. In der 84. Minute schoß der Nürnberger Max Morlock das vierte Tor für unsere Elf.

Schlußpfiff! Dieses Rennen war gelaufen! Unter dem Beifall der Menge gingen die elf deutschen Spieler in die Kabine. Hier war die Stimmung, wie nicht anders zu erwarten, prächtig. Einen Erfolg hatten wir glücklich in der Tasche. Selbst wenn das schwere, vor uns liegende Spiel gegen die Ungarn verlorenging, konnte ein neuer Sieg über die Türken uns noch auf den zweiten Platz in der Gruppe bringen. Die Südkoreaner fielen nicht ernstlich ins Gewicht. Im Grunde waren sie nur Punktlieferanten für die »gesetzten« Ungarn und Türken.

DFB-Präsident Dr. Bauwens, Vizepräsident Huber und Bundestrainer Herberger bedankten sich bei der Mannschaft für den großartigen Einsatz.

Außer mir hatten – was ich beinahe übersah – auch zehn andere Kameraden nicht mitgespielt. Keiner von ihnen ließ sich eine Spur von Enttäuschung anmerken. Ich beschloß, mich ihrem guten Beispiel anzuschließen und nicht mehr zu nörgeln.

Um Bundestrainer Herberger aber schlug ich doch einstweilen noch einen Haken. Er sollte ruhig spüren, daß ich mich zurückgesetzt fühlte.

Ob er es überhaupt bemerkt hat? Vermutlich nicht. Es gab wichtigere Sorgen für ihn als der Seelenschmerz von Helmut Rahn.

Den feinfühligen Fritz hingegen störte es sichtlich, daß ich nicht so glücklich war wie er.

»Was bist du denn so sauer?« wollte er wissen.

»Mußt du noch fragen?«

»Das Turnier hat doch gerade erst angefangen, Boß. Du kommst schon noch zum Zug.«

»Du hast gut reden«, entgegnete ich. »Du bist bestimmt jedesmal dabei. Aber ich? Jetzt, wo der Berni so gut gespielt hat ...«

»Das besagt noch gar nichts. Jeder Gegner muß wieder anders gefaßt werden. Bei dem einen ist ein Mann wie Berni auf dem rechten Flügel richtig, beim zweiten braucht man dafür einen Reißer wie dich.«

»Glaubst du das im Ernst?«

»Du stellst dich an, als hättest du nie etwas von Taktik gehört!«

Ich gab mir nun endgültig einen herzhaften Ruck und schluckte die letzte Bitterkeit hinunter.

»Auf jeden Fall trainiere ich auch in Zukunft, daß die Fetzen fliegen«, gelobte ich.

Morgens vor dem Frühstück liefen wir die Seestraße entlang bis nach Thun. Auf dem Rückweg begegnete uns meist der Bundestrainer, der uns langsam entgegenspazierte. Er wollte sich davon überzeugen, daß alle auch wirklich die ganze Strecke absolvierten.

Das Haupttraining fand kurz vor Mittag auf einem Sportplatz in Thun statt. Vor uns arbeiteten hier die Uruguayer, die nicht weit entfernt in Hilferdingen wohnten. Wenn wir kamen, packten sie ihre Siebensachen zusammen.

Als wir uns zum ersten Mal begegneten, gab es ein großes Hallo. Eine ganze Reihe von ihnen kannte ich ja von unserem Rot-Weiß-Gastspiel in Montevideo her. Wir schüttelten uns die Hände und schlugen uns freundlich auf die Schultern.

Die deutsche Mannschaft im allgemeinen betrachteten die Urus mit milder Nachsicht. Zu den interessanten Weltmeisterschaftsteilnehmern zählten wir für sie nicht.

Zwischen den Spielen in der Schweiz gab es keine langen Pausen. Bereits drei Tage nach dem Match gegen die Türken trat die deutsche Mannschaft gegen Ungarn an.

Ungarn! Der Name allein hatte überall unbegrenzten Kredit. Ich fieberte der entscheidenden Spielersitzung entgegen. Würde ich dieses Mal dabei sein?

Als ich meinen Namen nennen hörte, fielen mir Zentnerlasten von der Seele. Ich weiß nicht, wie ich mit einer neuen Zurückstellung fertig geworden wäre. Wenn man so vor Tatendrang brannte wie ich, war es mit der Selbstbeherrschung eine verdammt harte Sache.

Ich war nicht der einzige von den bisherigen Ersatzspielern, die gegen Ungarn aufgestellt wurden. Für Toni Turek stand Kwiatkowski im Tor. Bauer wurde für Laband rechter Verteidiger. Für Mai und Eckel wurden Liebrich und Mebus in die Läuferreihe genommen, wobei Jupp Posipal von seinem Mittelläuferposten auf den des rechten Läufers wanderte. Im Angriff blieb von der Türken-Besetzung nur Fritz Walter, doch nicht als Halblinker, sondern als Mittelstürmer. Horst Eckel wurde Halbrechter, ich Rechtsaußen. Den linken Flügel bildeten Pfaff und Herrmann. Man sieht: eine völlig umgekrempelte Mannschaft.

Eine taktische Maßnahme, um die bereits bewährten Spieler für den zweiten Türkenkampf zu schonen? Hinterher wurde es nicht von allen, aber doch von vielen so interpretiert. Ich hatte und habe zu diesem Thema meine eigene Einstellung. Von den 22 Spielern, die Herberger nach reiflichem Überlegen und gründlichen Bewährungsproben mit in die Schweiz genommen hatte, zählte jeder voll und ohne Einschränkung. Auch mit dieser, von vielen ungerechterweise als Notlösung bezeichneten Mannschaft gegen Ungarn wollte der Chef siegen oder zumindest ein Unentschieden erreichen. Daß im Fall einer Niederlage der Weg über ein zweites Türkenspiel immer noch offen blieb, war eine Sache für sich.

»Na, siehst du«, sagte Fritz, »jetzt bist du doch von deinen Qualen erlöst!«

Er selbst war glänzend aufgelegt. Wie fast vor jedem Spiel ballte er die Rechte probeweise zur Faust. Wenn er sie ordentlich fest zusammen bekam und das Weiße der Knöchel sichtbar wurde, war er zufrieden.

»Heute bin ich da!« erklärte er dann.

Schon auf der Omnibusfahrt ins Baseler St.-Jakobs-Stadion staunten wir über die endlosen Ketten deutscher Autos. Die Straßen waren regelrecht verstopft.

Wir wußten nicht, daß eben diese Schlachtenbummler aus vollen Lungen gepfiffen hatten, als über Lautsprecher die Aufstellung der deutschen Mannschaft bekanntgegeben wurde. Zum Glück! möchte ich sagen. Die Ablehnung der Spieler hätte vielen von uns den Mumm genommen. So legten wir uns nach dem Anpfiff durch Schiedsrichter Ling aus England frisch und unbekümmert ins Geschirr. Um ein Haar hätte ich mich mit einem Bombentreffer eingeführt, leider ging der scharfe Schuß knapp neben dem Pfosten ins Aus.

Und schon stürmten die Ungarn gegen unseren Strafraum. Die Hintermannschaft wurde offensichtlich nervös. Da half es auch nicht viel, wenn der Sturm, und hier vor allem Horst Eckel, hinten mit aushalf. Puskás und seine Kollegen waren so gut aufeinander eingedrillt, daß sie sich durch nichts aus der Fassung bringen ließen.

Und schon nahm das Unheil seinen Lauf.

In der 3. Minute ein Tor durch Kocsis!

In der 17. Minute ein Tor durch Puskás!

In der 21. Minute ein Tor durch Kocsis! Ehe wir zur Besinnung kamen, lagen wir 3 : 0 im Rückstand.

Die Hintermannschaft hatte einen Schock bekommen, nicht aber wir Stürmer. Vor allem über die Flügel drängten wir immer wieder mit Macht nach vorn.

Ich war regelrecht wütend. Mußten wir ausgerechnet bei meinem ersten Spiel so in der Tinte sitzen? Da half nur eines: selber Tore schießen! Auf Biegen und Brechen mußten wir durch.

Am liebsten hätte ich selbst gleich eingedonnert, als mir der Ball wieder einmal vor die Füße kam. Doch da sah ich Alfred Pfaff in besserer Schußposition freistehen und gab an ihn ab. Der Frankfurter kapierte augenblicklich und schob das Leder, gewissenhaft Maß nehmend, an dem herauseilenden Torhüter Grosics vorbei in den Kasten.

1 : 3! Ein kleines Pflaster für unser großes Wehweh.

Dieser Ehrentreffer fiel in der 26. Minute. Bis zum Pausenpfiff ließ unsere ein wenig ruhiger gewordene Hintermannschaft keinen Gegentreffer mehr zu.

So ganz und gar hoffnungslos fanden wir das 1 : 3 nicht – in Ruhe und bei Licht besehen.

»Wenn es uns gelingt, gleich nach dem Wiederanpfiff auf 2 : 3 heranzukommen, ist noch alles drin«, bestätigte auch Fritz Walter.

Aber wir hatten bei unserer Rechnung die Ungarn außer acht gelassen. Auch sie waren begreiflicherweise darauf erpicht, den Vorsprung möglichst schnell und eindeutig zu vergrößern. Sie manövrierten sich überaus geschickt von Anfang an wieder nach vorn. Das Feuer ihrer Kombinationsblitze blendete die deutschen Verteidiger ebenso wie die Zuschauer. Der bedauernswerte Kwiat sah sich immer wieder zwei, drei Ungarn gegenüber, die niemand mehr bremsen konnte. Häufig, sehr häufig meisterte er durch schöne Paraden den Ansturm. Aber ein paarmal blieb er eben doch machtlos, so dem ungarischen Mittelstürmer Hidegkuti gegenüber, der ihm sowohl in der

53. als auch in der 55. Minute einen Treffer in die Maschen setzte. 1 : 5! Mit dem Sieg, ja selbst mit einem Unentschieden war es jetzt gründlich Essig. Die deutschen Schlachtenbummler pfiffen uns gnadenlos aus.

Es sollte noch schlimmer kommen.

Auch das 1 : 6 (durch Kocsis), das 1 : 7 (durch Toth) blieb uns nicht erspart. Obendrein wurde unser linker Läufer Mebus bei einer Abwehr verletzt. Als er vom Platz ging, entstand längst kein so großes Geschrei wie beim Ausscheiden von Major Puskás, der nach einem Zusammenprall mit Werner Lieblich unglücklich auf seinen Knöchel gestürzt war.

Meine Wut richtete sich gegen alle und jeden. Gegen die Zuschauer, die – nachdem sie sich müde gepfiffen hatten – nun bereits abwanderten. Gegen die Ungarn, die sich nach diesem Schützenfest wie Ritter ohne Furcht und Tadel vorkamen. Gegen mich selbst, weil ich wie der übrige deutsche Sturm im Grunde genommen machtlos war. Aber ein richtiger ausgewachsener Zorn hat auch sein Gutes. Ich ließ nicht locker. Mit List und Tücke lotste ich Torhüter Grosics aus seinem Gehäuse, umdribbelte ihn und hob den Ball an ihm vorbei ins Netz.

2 : 7. Das machte das Kraut zwar nicht mehr fett, tat mir persönlich aber ausgesprochen wohl. Was bedeutete es schon noch, daß es bereits eine Minute später wieder 2 : 8 hieß? Dieser Kocsis hatte mit drei Toren den Hals eben immer noch nicht voll! Er schoß an diesem Tag auch noch ein viertes.

Das Unglücksspiel endete bekanntlich mit einer 3 : 8-Niederlage. Den letzten Treffer für die deutsche Elf erzielte der dritte von den neuaufgestellten Stürmern, Richard Herrmann aus Frankfurt.

Wieviel ist inzwischen über das Debakel gegen die Ungarn geschrieben worden! Und beinahe immer wurde übersehen, daß der deutsche Sturm auch in diesem Kampf drei Tore gegen die Magyaren schoß. Wann hatten die Ungarn in der letzten Zeit jemals soviele Gegentreffer einstecken müssen?

Die acht Tore, die uns aufgebrummt wurden, gingen einwandfrei auf die mangelnde Sicherheit in unserer Hintermannschaft zurück. Gegen einen so routinierten, zielbewußten Gegner, wie die Ungarn es waren, fand sie nicht schnell genug das richtige Rezept. Ihr konnte daraus schwerlich ein Vorwurf gemacht werden.

Die Kritik? Das Publikum hatte sein Urteil bereits durch Pfeifen und Johlen bekundet. Die Presse verdonnerte zum Teil böse unser Spiel und Herbergers Strategie. Einige aber wollten es ganz sicher wissen, daß der Chef nur listig genug gewesen war, seine »Besten« für das nächste Türkenspiel zu schonen.

»Wie fühlst du dich als Lückenbüßer?« erkundigte ich mich ärgerlich bei Alfred Pfaff. »Was, du hast keine Komplexe? Du solltest aber welche haben. Lies mal die Zeitungen!«

»Für die undankbare Aufgabe heute waren wir gut genug«, meuterte ein Leidensgenosse. »Ihr sollt sehen, beim nächsten Spiel kann man wieder gut und gern auf uns verzichten.«

Wir meckerten und stänkerten noch eine ganze Zeitlang herum. Ja, wir gründeten sogar einen »Klub der Unzufriedenen«, sonderten uns ab und marschierten auf eigene Faust in ein Wirtshaus auf der anderen Seite des Thunersees. Hier kippten wir unseren Verdruß mit einigen Glas Bier hinunter.

Vielleicht erfährt Bundestrainer Herberger von diesen Dingen durch mich zum ersten Mal. Er wird uns gütigst verzeihen. Der berühmte Geist von Spiez wurde erst im Lauf der Zeit geboren. Vielleicht konnte er sich nur deshalb so großartig entwickeln, weil er mit viel Kummer, Enttäuschungen und Opfern genährt worden war.

Tatsächlich stellte der Chef für das zweite Türkenspiel die bereits bewährte Berner Mannschaft wieder auf. Nur auf Werner Kohlmeyer mußte er verzichten. Der Kaiserslauterer hatte eine geschwollene Zehe. Für ihn wurde Hans Bauer aus München in die Verteidigung genommen.

»Warum bin ich bloß hier?« Ich konnte und konnte mich nicht damit abfinden, wieder auf der Zuschauerbank zu sitzen.

»Boß, jetzt will ich dir mal was sagen« – Fritz wurde das ewige Theater mit mir langsam zu bunt –, »wir alle hier sind eine Mannschaft, ob wir eingesetzt werden oder nicht.«

»Ja, aber …«

»Du hältst jetzt mal den Mund! Ich weiß, du krachst vor Tatendrang und Kraft aus allen Nähten. Vielleicht bist du mit deinem Temperament auch schlimmer dran als andere. Das befreit dich aber nicht von der Pflicht, dich Herbergers Anordnungen zu fügen. Glaubst du, ihm fällt es leicht, wenn er jemanden vor den Kopf stoßen muß?«

»Er könnte ja wenigstens mal ein Wort mit mir reden.«

»Soll er sich bei dir entschuldigen? Was du für dich verlangst, können auch die anderen für sich in Anspruch nehmen. Im übrigen weiß ich ganz genau, wie der Chef oft mit sich ringt.«

»Ich bin nun mal nicht so 'n Tugendbold wie du«, sagte ich schon etwas kleinlauter.

»Du bist unvernünftig, unbeherrscht und machst dir nur selbst das Leben sauer. Los, Alter, schmeiß dich in die Brust und sei wieder so lustig, wie du es sonst bist!«

Der Ordnungsruf von Freund Fritz verfehlte seine Wirkung nicht.

Nachts, wenn ich manchmal mit offenen Augen träumte, dachte ich an meine ersten Spiele bei Altenessen 12, bei Stoppenberg, in Oelde, bei Essen-Katernberg. Hatte ich damals zu hoffen gewagt, einmal in der Nationalelf aufgestellt zu werden?

Nun gehörte ich sogar zum Weltmeisterschaftsaufgebot des DFB und war immer noch nicht zufrieden.

Ich nahm mir fest vor, wieder den richtigen Maßstab an alle Entscheidungen des Chefs zu legen und mich in Zukunft widerspruchslos seinem Willen zu fügen.

Schon einen Tag vor der zweiten Begegnung mit der Türkei fuhren wir im Omnibus nach Zürich. Die elf, die spielen durften, waren kaum zu bändigen.

»Ich drücke euch beide Daumen!« versprach ich dreimal heftig schluckend. Ich wollte, nein, ich wollte nicht mehr neidisch sein. »Wenn ihr es heute schafft, sind wir unter den letzten acht!«

Mit wildem Herzklopfen nahm ich wieder auf den Rängen des Züricher Hardturm-Stadions Platz.

Endlich fingen sie an.

Unser Sturmwirbel funktionierte sofort. In der türkischen Hälfte herrschte gleich Alarmstufe 1. Für flüchtige Augenblicke entlastete der gegnerische Angriff seine Hintermannschaft, doch schon waren Max Morlock oder Ottmar wieder durch, um ihrerseits die feindliche Festung zu bombardieren. In der 7. Minute hatte Ottmar es dann tatsächlich geschafft. Die deutsche Elf konnte nun mit beruhigendem 1 : 0-Vorsprung weiterkämpfen.

Schon drei Minuten später schlug es abermals bei den Türken ein. Dieses Mal hieß der glückliche Torschütze Hans Schäfer. Er war überhaupt an diesem Tag ganz groß in Fahrt. Seine Bomben zischten links und rechts am türkischen Kasten vorbei, ein- oder zweimal krachten sie sogar gegen die Latte.

Das sah nach einem ähnlichen Schützenfest aus, wie es die Ungarn mit uns veranstaltet hatten. Doch der nächste Treffer fiel nicht durch uns, sondern durch den türkischen Halblinken Mustafa. Ein Kopfballtor, gegen das Toni Turek machtlos war. 2 : 1!

Unserem Sturm genügte die knappe Führung nicht. Fritz legte sofort eine neue Platte auf und paßte zu seinem Bruder Ottmar. Der setzte Max Morlock ein, und schon hieß es 3 : 1! Mit diesem Halbzeitergebnis ging die deutsche Elf in die Kabine.

Nach der Pause lief es in ähnlichem Stil weiter. Max besorgte kaltblütig das 4 : 1, und Fritz selbst schnitt sich auch einen Happen ab: 5 : 1. Das geschah innerhalb von ein, zwei Minuten. Als Dreingabe gab es noch zwei weitere Tore. 7 : 1 also.

Den Türken mußte ähnlich zumute sein wie uns nach dem letzten Ungarnspiel. Nein, schlimmer! Für sie war mit dieser Niederlage die Weltmeisterschaft zu Ende. Eine Hoffnung, das Resultat noch entscheidend zu ändern, gab es nicht! Daß sie mit ihren zehn Mann dennoch kurz vor Schluß einen zweiten Treffer zustande brachten, machte ihrem Kampfgeist alle Ehre.

Die deutsche Elf hatte den Sprung ins Viertelfinale geschafft!

Ebenfalls zu den letzten acht zählten in unserer Gruppe II, wie vorausgesehen, die Ungarn. In Gruppe I hatten sich Brasilien und Jugoslawien qualifiziert, in Gruppe III Uruguay und Österreich, in Gruppe IV England
und die Schweiz.

Auf dem Weg zum Ruhm

Brasilien oder Jugoslawien? Einer von beiden mußte dem Austragungsmodus der Weltmeisterschaft zufolge unser nächster Gegner werden. Das Los fiel auf Jugoslawien. Die Brasilianer blieben den Ungarn vorbehalten.

Vor dem Spiel gegen die Jugos, dessen Schauplatz Genf werden sollte, wurden wir allesamt Schloßherren. In Ermanglung von was Schlechterem hatte man uns im »Château de Dully«, etwa zwanzig Kilometer außerhalb der Stadt, untergebracht. Hier hatten noch vor zwei Tagen die Franzosen gewohnt. Inzwischen waren sie aus dem Turnier ausgeschieden und in ihre Heimat zurückgekehrt.

Obwohl ich mich einigermaßen in mein Schicksal ergeben hatte, saß ich, je näher das Spiel kam, wieder auf glühenden Kohlen. Jugoslawien! Beara im Tor! Wie gern würde ich mich bei meinem speziellen Freund durch eine Bombe in Erinnerung bringen.

Der Vormittag des 27. Juni kam heran. Beim Frühsport im Schloßpark machten alle besonders eifrig mit. Noch hatte der Chef die Mannschaftsaufstellung nicht bekanntgegeben.

»Helmut, kommen Sie mal her!« rief der Chef mir zu, als ich nahe an ihm vorbeilief.

»Ja, bitte?« Mehr brachte ich nicht heraus. Das Herz schlug mir bis zum Hals.

»Sie spielen heute mittag.«

»Im Ernst?« Was redete ich nur für albernes Zeug!

»Glauben Sie, ich mache Spaß?«

Unverzüglich fing Herberger an, mir meine Aufgaben zu erklären. Hans Schäfer auf dem linken und ich auf dem rechten Flügel sollten eng mit Mittelstürmer Ottmar zusammenarbeiten, sollten schnelle Angriffe nach vorn tragen, viel rochieren und Verwirrung stiften. Fritz Walter und Max Morlock sollten zurückhängen und die Abwehr verstärken. Der Chef mußte nämlich an diesem Tag auf Jupp Posipal verzichten, der sich wegen einer alten Verletzung immer noch nicht voll einsatzfähig fühlte und freiwillig zurückgetreten war.

»Was sagst du nun? Ich spiele!« meldete ich überglücklich Freund Fritz.

»Ist mir nicht neu. Weiß ich schon seit einer Stunde.«

»Und da läßt du mich so lange zappeln?«

»Du wärst mir ja glatt übergeschnappt.«

Am Beispiel von Berni Klodt, dessen Platz ich an diesem Tag übernahm, wurde mir manches verständlich, was ich bisher nicht einsehen wollte. Der Schalker wurde bestimmt nicht ausgeschaltet, weil er versagt hatte. Im Gegenteil! Berni hatte großartig gespielt. Wenn er nun gegen die Jugoslawen doch zurücktreten mußte, dann aus rein taktischen Erwägungen.

Vor Aufregung brachte ich beim Mittagessen keinen Bissen runter. Bei dem vor uns liegenden Spiel ging es um einen hohen Einsatz. Wenn wir die Jugoslawen besiegten, gehörten wir zu den vier besten Fußballnationen der Welt. Wer so weit kam, konnte sich schon sehen lassen.

Das Genfer Publikum – etwa 30 000 kamen ins Chamilles-Stadion – stand größtenteils auf seiten der Jugoslawen. Nur ein kleiner Trupp von deutschen Schlachtenbummlern hatte sich hierher verirrt. Der Beifall, der uns empfing, war entsprechend mager. Szolt, der ungarische Schiedsrichter, gab das Zeichen zum Start.

Das Spiel gegen die Jugoslawen hatte seine ganz eigene Note. Mit keiner der bisher absolvierten Begegnungen ließ es sich vergleichen. Es war schwerer, kämpferischer, aufreibender. Niemand von uns Stürmern konnte das tun, wozu er seiner Veranlagung nach geschaffen war. Der immer torhungrige Max Morlock hing meist in der eigenen Hälfte zurück. Auch Fritz Walter wirkte vorwiegend defensiv. Und da wir ganz bewußt den Jugoslawen das Mittelfeld überließen, wartete die Sturmspitze oft lange, qualvoll lange auf ihren Einsatz.

Um so beschäftigter waren Toni Turek und seine Leibgarde. Wie viele Angriffe wurden durch Werner Liebrich eiskalt und sachlich zerstört! Wie kaltschnäuzig rettete Werner Kohlmeyer oft in höchster Not! Auch Laband setzte sich selbstlos ein, Eckel und Mai leisteten ein gewaltiges Arbeitspensum. Und Toni Turek, unser Düsseldorfer, schien zur Verzweiflung der Jugoslawen nicht eine einzige verwundbare Stelle zu besitzen.

»Seht zu, daß ihr ein Unentschieden in die Pause rettet!« hatte Herberger uns geraten.

Wir gingen sogar mit einem Tor Vorsprung in die Kabine. Dieses Geschenk hatte uns nicht etwa einer aus unseren Reihen gemacht. Stopper Horvath war das tragische Malheur passiert, daß er – hart bedrängt von Hans Schäfer – den Ball ins eigene Tor beförderte.

»Unsere Methode ist richtig«, sagte der Chef. »Wir wollen sie beibehalten. Das soll nicht heißen, daß ihr nicht mal steil nach vorn gebt und durchzubrechen versucht. Wie wär's mit mehr Angriffen über den rechten Flügel? Der scheint mir heute besonders stark.«

»Ein Tor mach ich noch«, raunte ich Fritz Walter zu.

»Soll mir recht sein.«

»Der Beara wartet schon drauf. Wetten?«

»Auf 'ne Pulle Sekt kommt's mir nicht an.«

Bildete ich mir das ein, oder war es wirklich so: Der Beifall, mit dem man unser Wiedererscheinen bedachte, klang schon herzlicher und lauter. Das stellte uns ein gutes Zeugnis aus.

Wir begannen schwungvoll. Doch schon nach wenigen Minuten verlief das Spiel wieder im alten Fahrwasser. Die Jugoslawen griffen an. Und die gesamte deutsche Mannschaft, außer Hans Schäfer und mir auf den Flügeln, half mit, die Mauer des Widerstandes fest und fester zu zementieren. Langsam, ganz langsam begannen die Jugos zu resignieren. Was half ihnen ihr großartiges Kombinationsspiel, was nützten die herzhaftesten Torschüsse, wenn sie überall auf Beton stießen?

Sobald unsere beiden zurückhängenden Halbstürmer die nachlassende Angriffskraft des Gegners spürten, brachen sie aus, schickten uns mit langen Pässen auf die Reise. Endlich konnten wir auch einmal nach Herzenslust loslegen!

Ich arbeitete mich mit einem Paßball nach vorn und spähte, ob sich mit einer Bombe auf das Tor nichts ausrichten ließe. Noch schien der Augenblick nicht reif. Ich gab an Ottmar weiter. Der nahm sich ein Herz und schoß, aber Beara warf sich dazwischen. Von ihm aus rollte das Leder Hänschen Schäfer vor die Füße. Der fackelte ebenfalls nicht. Leider ging sein Schuß haarscharf neben den jugoslawischen Kasten. Schade!

Das Spiel näherte sich schon seinem Ende.

»Boß, was ist mit deinem Tor?« rief Fritz mir zu.

»Laß dir Zeit!«

»Schau mal auf die Uhr!«

Tatsächlich – nur sieben Minuten noch! Wo blieb denn bloß der Ball? Ein ganzes Knäuel von Spielern balgte sich gerade dicht vor dem deutschen Tor um ihn. Da – endlich ein befreiender Schuß! In Höhe der Mittellinie und ganz rechtsaußen bot ich mich Hans Schäfer an. Er tat mir den Gefallen und paßte zu mir herüber. Ein jugoslawischer Verteidiger stand mir noch im Weg. Ich umspielte ihn und brauste mit dem Ball auf und davon.

Warte, Freund Beara, jetzt hat dein Stündchen geschlagen!

Aus ungefähr zwanzig Meter Entfernung donnerte ich die Lederkugel oben ins Tordreieck hinein. Meine ganze Kraft, meine ganze aufgestaute Energie steckte in dem Schuß. Die Fahrt des Balles war so enorm, daß er gleich aus dem Kasten wieder ins Feld zurücksprang.

2 : 0! So, das hatten wir geschafft! Nur durch ein Eigentor des Gegners zu siegen, wäre längst nicht so schön gewesen. Dieser Meinung waren auch die anderen. Sie erdrückten mich beinahe in ihrer Begeisterung. Die ganze Freude darüber, nunmehr ins Semifinale aufgerückt zu sein, ließen sie an mir aus.

Fünf Minuten noch! Nach Adam Riese konnte nichts mehr schiefgehen.

Tosender Beifall überschüttete uns, als das Spiel abgepfiffen wurde. Für die Schlachtenbummler aus Deutschland gab es kein Halten mehr. Sie stürmten auf den Platz und trugen uns auf ihren Schultern in die Kabine. Die geschlagenen Jugoslawen gingen den Weg tieftraurig und mit hängenden Köpfen. Sie waren unterlegen, obwohl sie großartig gespielt hatten. So zu verlieren, tat natürlich besonders weh.

Wir gehörten zu den letzten vier!

Der Zustand, in dem wir uns befanden, er läßt sich schlecht beschreiben. Unwirklich – das ist noch der treffendste Ausdruck. Von einer Woge erfaßt, die uns den Boden unter den Füßen nahm.

Wer würde unser nächster Gegner sein? Ungarn, das nach hartem, dramatischem Spiel die Brasilianer ausgeschaltet hatte, stammte aus derselben Gruppe wie wir und kam für uns als Semifinalgegner nicht in Betracht. Blieben Österreich, das die Schweiz besiegt, und Uruguay, das die Engländer ausgebootet hatte.

Das Los paarte die Uruguayer mit den Ungarn, Deutschland mit den Österreichern. Wir mußten es nehmen, wie es kam.

»Siehste, jetzt bist du doch noch gegen Österreich und im Endspiel dabei«, sagte Fritz, als wir im »Château de Dully« unsere Siebensachen packten, um wieder nach Spiez zurückzufahren.

»Endspiel? Ich hör' immer Endspiel?«

»Jaja, die Österreicher putzen wir schon weg«, beteuerte Fritz. Er war in der Schweiz wie ausgewechselt. Keine Spur von sensibel, nicht ein bißchen nervös.

»Und wer sagt dir, daß ich noch mal aufgestellt werde?« fragte ich.

»Jetzt ändert der Chef garantiert nichts mehr an der Mannschaft«, meinte Fritz.

Ein Problem für Herberger war die Besetzung des Stopperpostens. Liebrich hatte sich gegen Jugoslawien vorzüglich bewährt, andererseits stand auch Jupp Posipal wieder zur Verfügung. Einer von den beiden mußte also als Verteidiger aufgestellt werden. Doch wer? Endlich entschloß sich der Chef, es mit Posipal zu versuchen.

Jeweils eine halbe Woche lag zwischen den Spielen in der Schweiz. Das war keine lange Zeit, aber für uns dehnte sie sich jedesmal zur Ewigkeit. Wir waren richtig spielwütig geworden.

Schwer hatten es die Kameraden, die nun schon beinahe mit Bestimmtheit wußten, daß sie nicht mehr zum Einsatz kamen. Ich konnte ihnen ihren Kummer gut nachfühlen, ein paarmal hatte ich ihn ja am eigenen Leib erfahren. Vor allem Berni Klodt tat mir leid. Er war jedoch viel beherrschter als ich und ließ sich nichts anmerken.

»Hauptsache, wir gewinnen. Zerbrich dir über mich nicht den Kopf, Helmut«, sagte er.

Vor dem Österreichspiel, das wie das Unglücksmatch gegen Ungarn in Basel stattfand, aßen wir in einem Restaurant vor den Toren der Stadt zu Mittag. Anschließend ruhten wir uns noch ein paar Stunden in den Hotelbetten aus.

Niemand schlief. Jeder hing seinen Gedanken nach. Fritz neben mir träumte mit offenen Augen. An was dachte er wohl? An das vor uns liegende Spiel? An die hinter ihm liegenden Spiele? An die Möglichkeit, ins Endspiel um die Fußball-Weltmeisterschaft vorzudringen?

»He, Fritz, komm wieder auf die Erde zurück!«

»Wie? Ach ja – ist es schon bald so weit?«

Auflockerungsmassage, Omnibusfahrt – endlich befanden wir uns in den Umkleideräumen des Baseler St.-Jakobs-Stadions.

Bis hierher zu gelangen, war alles andere als einfach gewesen. Die Straßen der Stadt waren mit Fahrzeugen aus der Bundesrepublik hoffnungslos verstopft. Unser Sieg über Jugoslawien hatte in der deutschen Fußballwelt wie eine Bombe eingeschlagen. Hand aufs Herz, wer hatte uns für die Schweiz schon wirkliche Chancen zugebilligt? Wenn wir bis unter die letzten acht kämen, na ja, das ließ sich vielleicht noch erhoffen. Aber weiter nach vorn? Bei der Konkurrenz? Aussichtslos! Das war nicht drin. Nun, wir hatten die Neunmalklugen eines Besseren belehrt. Im Semifinale standen wir bereits. Und mit dem Anpfiff durch Schiedsrichter Orlandini aus Italien waren wir fest entschlossen, über die Österreicher nun auch noch ins Endspiel vorzudringen.

»Alle ran!«

»Wir schaffen es!«

Mit diesen und ähnlichen Sprüchen machten wir uns gegenseitig Mut.

Trompeten, Sirenen und Kuhglocken begleiteten unsere ersten Angriffe. Vom Himmel herunter fieselte es. Ein Wetter wie bestellt. Der Boden war schwer und weich.

Unser Eröffnungsvorstoß wurde von den Österreichern abgefangen. Nun waren sie an der Reihe. Wie im Jugoslawienspiel gingen Fritz und Max sofort mit nach hinten. Sie hatten abermals den Auftrag, die Deckung zu versteifen, brauchten sich aber nicht so stur an die Vorschrift zu halten wie gegen die Jugos.

»Erst mal Fühlung nehmen und dann Köpfchen gebrauchen!« Das war die Devise für diesen Kampf.

Etwa zwanzig Minuten lang zogen die Österreicher ihr elegantes, bestechendes Sturmspiel auf. Dann holten wir zu den ersten gefährlichen Konterschlägen aus. Leider gingen ein paar prächtige Torschüsse von Max Morlock, von Ottmar und auch von mir neben den Pfosten.

»Macht nichts!«

»Nicht aufgeben!«

In der 30. oder 31. Minute erlösten wir uns selbst und die vielen tausend nach Basel geströmten deutschen Schlachtenbummler von der peinigenden Ungewißheit. Max Morlock hielt, den Ball am Fuß, Ausschau nach einem geeigneten Empfänger. Rechtsaußen, schon dicht vor der Eckfahne, war Fritz Walter in Stellung gelaufen. Max paßte zu ihm. Der Kaiserslauterer hatte seinen Feldherrenblick schon wieder auf den nächsten Adressaten gerichtet. Beinahe ohne auf den Ball zu sehen, flankte er haargenau zu Schäfer. Hänschen hielt lässig die Sohle hin. Zeman, der österreichische Torhüter, reagierte um Sekundenbruchteile zu spät. Der Schuß saß.

1 : 0! Der Bann war gebrochen. Jetzt konnte es erst richtig losgehen.

Aber die Nachbarn aus dem Alpenland verkauften sich nicht zu Einkaufspreisen. Sie inszenierten einen schwungvollen Angriffswirbel, ohne jedoch die letzte Durchschlagskraft zu erreichen.

Immer häufiger dispensierten sich Fritz und Max von ihren Deckungsaufgaben und machten im Sturm mit. Die Hintermannschaft stand heute auch ohne sie auf beiden Beinen. Es blieb beim 1 : 0 in der ersten Spielhälfte.

Während der zweiten 45 Minuten rumste es dafür um so öfter. Ocwirk, Österreichs bekannter rechter Läufer, rettete in höchster Not vor dem angreifenden Fritz. Ecke! Unser Halblinker legte sich an der linken Eckfahne den Ball zurecht. Schnell denken, Helmut! Da vorn lauerten – wie verabredet – Hans Schäfer und Max Morlock. Um ihnen Luft zu verschaffen, zogen Ottmar und ich täuschend die Verteidiger auf uns. Richtig! Fritz flankte nach Innen, Max schraubte sich mit seinem pitschnassen

Frankenschädel hoch in die Luft und köpfte den Ball an Zeman vorbei ins österreichische Tor.

2 : 0! Die zweite Halbzeit fing gut an.

Bloß nicht übermütig werden! Gefahren lauern überall. Sie können manchmal von einem harmlosen Roller ausgehen.

Diese Erfahrung mußte Toni Turek machen, als er einen Schuß so unkontrolliert abwehrte, daß der Ball dem österreichischen Mittelstürmer Stojaspal direkt vor die Füße geriet. Toni warf sich im kühnen Hechtsprung hinterher und faustete die Lederkugel tatsächlich noch weg. Doch wo landete sie? Abermals vor den Stiefeln eines Angreifers. Probst, der Halblinke, nutzte geistesgegenwärtig die Chance und lenkte das Geschoß ohne Wucht, aber mit Präzision in unser Tor.

2 : 1! Verdammt, das wäre nicht nötig gewesen!

52 Minuten waren gespielt.

In der 56. Minute wurde uns ein Elfmeter zugesprochen. An seiner Berechtigung zweifelte niemand, auch die Österreicher nicht. Hans Schäfer, der sich großartig in den Strafraum durchgespielt hatte, war von Happel in die Beinschere genommen und zu Fall gebracht worden. Schiedsrichter Orlandini zog die Konsequenzen.

Unser Spielführer legte sich sorgfältig das Leder zurecht, lief an, und der Ball saß dort, wo Fritz ihn haben wollte: in der rechten Torecke. Schlußmann Zeman hatte sich nach links geworfen.

3 : 1! Die deutschen Zuschauer waren außer Rand und Band. Ihnen erging es ähnlich wie den Spielern auf dem Rasen. Sie wurden jetzt erst richtig warm.

»Deutschland vor! Noch ein Tor!« schrien die Sprechchöre.

Die Österreicher wurden zum Teil im wahren Sinn des Wortes mit List und Tücke besiegt. Vor allem die vorher abgesprochenen Täuschungsmanöver bei Ecken brachten etwas ein. Als Fritz in der 61. Minute abermals zur Eckfahne ging, wußte jeder von uns, was er zu tun hatte.

Wie zuvor lauerten Max und Hans innen beim Torraum. Wie zuvor suchten Ottmar und ich die gegnerischen Verteidiger nach außen laufend auf uns zu ziehen. Doch dieses Mal gingen sie nicht auf den vermeintlichen Trick ein, sondern widmeten sich Max und Hans. Fritz aber schickte den Ball weich wie Butter an den unbewachten Ottmar. Der beförderte ihn mit Kopfstoß ins Netz.

29 Minuten vor Schluß. Und es stand 4 : 1! Jubel und Trubel auf den Rängen. Jubel und Trubel bei uns auf dem immer fetter und rutschiger werdenden Rasen.

»Jetzt kann nichts mehr schiefgehen!« riefen wir uns zu.

»Wir kommen ins Endspiel!«

Chancen für Stürmer gibt es in allen Variationen. Eine besteht darin, daß man in eine leichtfertige Rückgabe des Gegners spurtet und den Absender mitsamt seiner Mannschaft durch ein Tor bestraft. Dieser Versuch wäre mir in der 65. Minute um ein Haar geglückt. Torwart Zeman war bereits umspielt. Das Gehäuse der Österreicher lachte mich offen und unbewacht an. Doch als ich zum Schuß ausholte, warf sich Zeman mit einem Verzweiflungssprung nach rückwärts und zog mir glatt das Standbein weg. Der Länge nach stürzte ich zu Boden. Damit ja kein Mißverständnis aufkam, blieb ich ostentativ liegen. Schiedsrichter Orlandini sollte wissen, woran er war.

Er wußte es. Sein Finger zeigte abermals auf den Elfmeterpunkt.

»Fritz! Fritz!«

Da war er schon. Dieses Mal flogen Ball und Torwart in dieselbe, die linke Ecke. Aber der Ball war stärker. Zeman konnte den wuchtigen Schuß nicht meistern.

5 : 1! Nur weiter so. Ein solches Schützenfest erleben die Zuschauer selten. Alle vier Minuten war jetzt viermal hintereinander ein Tor gefallen. Das Eintrittsgeld war nicht zum Fenster hinausgeworfen.

»Deutschland vor! Noch ein Tor!«

Na ja, eigentlich konnte das Publikum schon zufrieden sein. Die Österreicher wären am liebsten im Erdboden versunken, so unerwartet, so gnadenlos war das Unwetter auf sie heruntergeprasselt. Dabei hatten sie geglaubt, die deutsche Elf in die Tasche stecken zu können.

Das sechste und letzte Tor für uns fiel noch in der 89. Minute. Niemand hatte im Grunde mehr damit gerechnet. Fritz paßte laut rufend zu Hans Schäfer. Der flankte mit einer akrobatischen Körperdrehung zu Ottmar, der sich vor Zeman aufgepflanzt hatte. Der Schlußmann wollte sich der Gefahr entgegenwerfen und räumte dadurch das ihm anvertraute Tor. Über ihn hinweg erreichte Ottmar den Ball und köpfte kraftvoll in die Maschen.

6 : 1! Wenn das nicht eindeutig war.

Begeisterung, Jubel, Schlußpfiff, Kuhglocken, Sirenen – alles ging ineinander über, ineinander unter. Umbraust von einem Beifallsorkan liefen wir in die Kabine.

Erst mal allein sein! Erst mal das Glück verarbeiten! Erst mal sich vergewissern, ob nicht alles nur Traum, nur Sinnestäuschung war …

134

Das Spiel meines Lebens

Mit der idyllischen Ruhe in unserem Spiezer Hotel war es aus und vorbei. Von Schlachtenbummlern und Journalisten belagert, wagten wir uns kaum noch vor die Tür. Post und Telegramme wurden uns waschkörbeweise gebracht. Millionen und aber Millionen schauten auf elf Fußballspieler, die vor der schwersten und schönsten Aufgabe ihres Lebens standen.

»Ladet eure Frauen ein«, erlaubte DFB-Präsident Dr. Bauwens. »Sie haben euch so lange entbehren müssen. Jetzt sollen sie wenigstens das Endspiel sehen.«

Auch Gerti packte sofort ihre Koffer. Der wenige Monate alte Uwe Rahn wurde zu den Großeltern in Pension gegeben. Mit Bekannten fuhr meine Frau per Auto in die Schweiz. Durch einen unvermuteten Aufenthalt kam sie erst nachts vor dem Spiel in Spiez an. Und da sie nicht wußte, wohin, meldete sie sich zunächst im »Belvédère«. Dort lag jedoch ihr braver Helmut wie die anderen längst in den Federn. Nur Dr. Xandry saß noch im Speisesaal. Er sorgte dafür, daß die späte Besucherin in einer Kammer hoch oben unter dem Dach einquartiert wurde. Hier konnte sie wenigstens für diese eine Nacht bleiben. Am anderen Tag zog sie um zu den übrigen Spielerfrauen nach Thun.

Fritz Walter ging am Sonntag schon früh um sieben auf den Balkon hinaus, um nach dem Wetter zu sehen.

»Nichts los mit Regen«, sagte er enttäuscht.

Das Endspiel um die Fußball-Weltmeisterschaft 1954 fand am 4. Juli statt. Sollte die Sonne, die jetzt noch mit milden Strahlen den Thunersee vergoldete, nachmittags mit voller Glut auf die Erde brennen, konnten wir uns während des Spiels auf eine mörderische Hitze gefaßt machen. Doch im Verlauf des Vormittags ballten sich Wolken zusammen, und während des Essens fielen die ersten Tropfen.

»Was willst du mehr?« fragte ich Fritz.

»Boß, machst du heute wieder dein Tor?« wollte der Freund wissen.

»Kann schon sein.«

»Ich bin bloß gespannt, ob der Puskás spielt«, meinte Werner Liebrich. Man hatte dem Kaiserslauterer verschiedentlich vorgeworfen, allzu hart gegen den Ungarn eingestiegen zu sein.

Der Herr Major spielte. Wir erfuhren es erst in der Kabine beim Umziehen. Im Grunde waren wir froh darüber. Wenn es schon ums Ganze ging, wollten wir es auch mit der kompletten Elf der Magyaren zu tun haben.

Obwohl wir nicht Favorit waren, ging es in unserer Kabine hoch her. Funktionäre, Reporter und auch Neugierige gaben einander die Klinke in die Hand. Bis es Herberger zu bunt wurde. Er beorderte einen Ersatzspieler als Posten vor die Tür. Der durfte nur noch Personen hereinlassen, die unbedingt herein mußten.

Wir fieberten dem Kampf entgegen wie sonst auch. Aber es mischte sich bereits jetzt eine gewisse Feierlichkeit in unsere Gefühle. Dieses Spiel bedeutete eben doch mehr als alle anderen bisher. Endspielteilnehmer in einem solchen Turnier zu sein, war eine große sportliche Ehre.

»Alles klar?« fragte Fritz.

136

»Alles klar!«

Begleitet von den guten Wünschen aller deutschen Expeditionsteilnehmer liefen wir endlich ins Berner Wankdorf-Stadion ein.

Für wen die mit Regenschirmen und -mänteln ausgerüsteten 65 000 Zuschauer Beifall klatschten, ließ sich nicht ohne weiteres feststellen. Die Ungarn kamen nämlich gleichzeitig mit uns auf den Rasen.

Schiedsrichter Ling aus England war bereits ein guter Bekannter. Er hatte auch das erste unglückselige Match gegen die Ungarn geleitet. Zum Glück bin ich nicht abergläubisch, sonst hätte ich mir gewiß einen anderen Unparteiischen gewünscht.

Es begannen nicht endenwollende Eröffnungszeremonien. FIFA-Präsident Jules Rimet und der Präsident der Schweiz, Rubattel, begrüßten alle 22 Spieler durch Handschlag. Die Ungarn winkten siegessicher mit Blumen zu ihren Frauen hinüber. Kameraleute von Presse und Wochenschau sprangen um uns herum. Nach den Nationalhymnen tauschten die Kapitäne Puskás und Fritz Walter ihre Wimpel aus. Der Ungar gewann die Platzwahl.

Und dann war es soweit. Das Endspiel um die Fußball-Weltmeisterschaft, der bisher größte Kampf einer deutschen Nationalmannschaft, wurde angepfiffen.

Zunächst sah es so aus, als wollten wir von Anfang an klarstellen, daß wir keinen übertriebenen Respekt vor dem ungarischen Wunderteam hatten. Zwei, drei Minuten gehörten uns und unseren schwungvollen Angriffen. Die ersten mutigen Torschüsse von Morlock und Schäfer strichen knapp über die Latte.

Nachdem sich die Ungarn von ihrer Überraschung erholt hatten, drehten sie den Spieß um. O ja, Zauberer waren sie schon, die Pußtasöhne! Ihre Kombinationen rollten blitzschnell ab, und Herz zum Schießen hatten sie auch. Da bekam unsere Hintermannschaft eine harte Nuß zu knacken.

Tatsächlich schlug bereits in der 6. Minute die erste Bombe ein. Kocsis hatte geschossen, der Ball war von Außenläufer Eckel abgeprallt und Puskás haargenau vor die Füße gerollt. Sein verletzter Knöchel schien wirklich wieder intakt, sonst hätte er das Leder unmöglich mit einer solchen Wucht in die Maschen donnern können.

0 : 1! Das konnte ja heiter werden.

Ein Raunen der Enttäuschung lief durch die Reihen der deutschen Schlachtenbummler. Das war alles. Niemand schien sich im Grunde über den frühen Treffer zu wundern.

Brenzliger wurde es allerdings, als schon zwei Minuten später das zweite Tor für Ungarn fiel. Czibor, der Außenstürmer, hatte es erzielt. Ein billiger Treffer nach einem Mißverständnis in unserer Hintermannschaft. 0 : 2!

Abgesehen von den Ungarn, die mit hochgeworfenen Armen glücklich zur Feldmitte liefen, freuten sich wenige über diesen Spielstand. Ein Kampf, in dem die eine Mannschaft schon so früh eindeutig im Vorteil war, verlief womöglich recht langweilig. Ein Endspiel ohne wirkliche Spannung? Da hätte es viele lange Gesichter gegeben.

»Nicht den Mut verlieren!« riefen wir uns zu.

»Los, weiter!«

»Denen zeigen wir es schon noch.«

Diese Aufmunterungen waren gleichzeitig Aufforderungen, natürlich auch für mich. Als ich den Ball wieder einmal an der Mittellinie aufnahm und mit ihm nach linksaußen hinüberwechselte, begleiteten mich die Anfeuerungsrufe der gesamten deutschen Zuschauergemeinde.

Wenn du ein bißchen glücklich triffst, könnte es zu einem Torschuß langen, überlegte ich mir etwa 25 Meter vom ungarischen Kasten entfernt. Sooo, das Bällchen noch mal rechts vorlegen, und dann nichts wie rein! Der Schuß zischte flach in die gewünschte Richtung, endete aber leider zu früh bei einem ungarischen Verteidiger. Von ihm prallte der Ball ab und rollte – exakt Max Morlock vor die Füße.

Der Nürnberger stand leider nicht stramm und schußbereit aufrecht, sondern war gerade im Begriff hinzufallen. Kein Grund für Max, die Annahme zu verweigern! Auf einem Knie rutschend streckte er das andere Bein vor und spitzelte die Lederkugel an dem herausgestürzten Grosics vorbei über die Torlinie.

»Max! Max! Bravo, Max!«

Alles rannte auf den Nürnberger zu. Auch ich wurde in die Dankbarkeitskundgebung einbezogen, weil ich ja die Vorarbeit zu diesem Treffer geleistet hatte. Eigentlich wollte ich, wie gesagt, selbst ins Schwarze zielen. Aber man konnte es ebensogut für eine Flanke halten. Warum denn nicht?

1 : 2! Wir hatten den Anschluß gesucht und gefunden.

Unser Selbstvertrauen wuchs wieder. Wozu resignieren? Mochten die Ungarn noch so zügig kombinieren, noch so gefährlich vor unserem Tor herummanövrieren, auch unser Sturm wurde mit steilen Pässen gefüttert, mit denen sich etwas anfangen ließ.

»Das Unentschieden schaffen wir noch«, riefen Karl Mai und Horst Eckel sich zu.

»Die sind auch nicht stärker als wir!« Zu dieser Über-zeugung waren wir bereits gekommen.

Ecke für uns! Sie wurde abgewehrt.

Neue Ecke!

Während Fritz nach draußen ging, reagierten wir auto-matisch. Corner Nummer eins war kurz gekommen, also kam – verabredungsgemäß – die zweite lang. Als Fritz anlief, rannte Max bluffend am ungarischen Torhüter vorbei auf ihn zu. Grosics ließ sich verleiten mitzugehen. Er rechnete mit einem flachen kurzen Ball. Aber Fritz hob ihn hoch herein. Hans Schäfer und Torwart Grosics sprangen nach der Lederkugel. Ich hielt mich, wie von Herberger gewünscht, mehr im Hintergrund, um den eventuellen Abpraller aufzunehmen.

Paß auf, da kommt keiner ran! dachte ich, während die Spieler noch in der Luft hingen. Und richtig: Der Ball segelte über die Gruppe hinaus und fiel mir wie ein Ge-schenk des Himmels auf den Fuß. Ich brauchte ihn nur noch ins Tor zu knallen.

2 : 2! Wir lagen uns in den Armen und drückten uns gegenseitig ab.

Das war viel besser gelaufen, als wir zu hoffen wagten. Sechzehn Minuten gespielt, und es stand 2 : 2 unent-schieden. Ich war ganz rappelig vor Glück.

Auf die Ungarn wirkte die kalte Dusche natürlich kraß ernüchternd. Sie besannen sich darauf, was sie ihrem hervorragenden Ruf schuldig waren, und berannten lei-denschaftlich und verbissen unseren Strafraum. Aber die deutsche Hintermannschaft fing die verwegensten An-griffe ab. Und wenn es lichterloh brannte, gingen auch die deutschen Stürmer zurück und löschten mit.

»Nur nicht unterkriegen lassen!«

Langsam, aber sicher bissen sich die Ungarn an der Härte unserer Deckung die Zähne aus. Mochten sie sich noch so wild dagegen auflehnen, zum Schluß der ersten Halbzeit brannten wir ihnen immer wieder durch. Ein ganzer Regen von Torschüssen prasselte auf Grosics und seinen Kasten. Ein bißchen mehr Glück, und wir wären mit einem Vorsprung in die Pause gegangen. So blieb es beim 2 : 2.

Auch das war schon eine Sensation. Ein unbeschreiblicher Sturm auf unsere Kabine setzte ein. Doch da wurde Herberger energisch.

»Hier kommt keiner rein!« bestimmte er und drehte einfach den Schlüssel um.

»Männer, jetzt haben wir es in der Hand«, sagte er. Sein Gesicht war schmal und kreideweiß. »Wir können gewinnen!«

»Hoffentlich schaffen wir's!« sagte ich zu Fritz. »Das wär' doch mal ein großes Glück für ihn!«

Fritz nickte bloß.

»Alle für einen, einer für alle!«

Ein letzter Händedruck, ein letztes Versprechen, und es ging wieder hinaus auf das Spielfeld. Die geduldig im Regen ausharrenden Zuschauer begrüßten uns mit donnerndem Beifall. Nun sahen sie doch noch ein würdiges, ein kämpferisches Endspiel. Grund genug, sich bei den Akteuren herzlich zu bedanken.

Nach dem Wiederanpfiff wollten wir es zwingen – auf Biegen oder Brechen. Jeder holte das letzte, das Beste aus sich heraus. Doch es wollte und wollte kein Tor fallen. Den Ungarn, von deren Überlegenheit nicht mehr viel zu spüren war, erging es nicht anders. Auch sie erkämpften sich eine Chance nach der anderen, auch sie berannten und stürmten die Festung, ohne bei Toni Turek und seinen Kameraden zum Ziel zu kommen.

Zehn Minuten gespielt!

Nichts!

Zwanzig Minuten!

Nichts!

Dreißig Minuten!

Nichts!

Für keine der beiden Mannschaften wollte der ersehnte Treffer fallen.

Wir müssen gewinnen! hämmerte es in meinem Kopf.

Eine Viertelstunde noch! Wenn jetzt ein Tor fällt, ist es die Entscheidung.

Wir rannten nach jedem Ball, wir suchten fieberhaft nach einer Lücke zum Einschießen. Wir kombinierten, wehrten ab, waren überall.

Zehn Minuten noch. Und immer noch stand es 2 : 2.

Acht Minuten noch.

Sieben Minuten.

Da gab Hans Schäfer von linksaußen eine wunderschöne Flanke in den gegnerischen Strafraum. Max Morlock, Ottmar und zwei ungarische Verteidiger sprangen hoch, um sie mit dem Kopf zu erwischen. Keiner traf den Ball voll. Ich sehe heute noch, wie er sich zwischen den Köpfen der Spieler verzwickte und dann in meine Richtung wegsprang.

Ich lief an. Gleichzeitig stürzten sich die beiden ungarischen Verteidiger auf mich. Sie starrten wie fasziniert auf meinen rechten Fuß, der bereits zum Schuß ausgeholt hatte. Verzweifelt warfen sie sich in die vermeintliche Schußbahn. Genau das hatte ich gewollt. Noch zwei Dribbelschritte, und der Weg zum Tor war frei. Zumindest in Richtung linke Torecke gab es eine große Lücke. Mit dem linken Fuß bombte ich aus etwa sechzehn Meter Entfernung ein.

Noch während der Ball unterwegs war, erkannte ich, daß der sich werfende Grosics ihn nicht mehr erreichen konnte.

Heute kann ich das »Tor meiner Tore« ausführlich schildern. In Wirklichkeit vollzog sich die entscheidende Aktion in wenigen Sekunden.

Sind es überhaupt echte Überlegungen, aus denen heraus man in solchen Augenblicken handelt, oder sind es nur Reflexbewegungen?

Viel schlechter läßt sich beschreiben, wie es mir nach diesem Treffer erging. Ich hörte noch die Zuschauer aufschreien vor Überraschung und Begeisterung. Dann wußte ich lange Zeit nichts mehr. Ich wurde von Kameraden, die jubelnd auf mich zusprangen, zu Boden geworfen, fühlte hilflos einen Berg von Leibern über mir, unter dem ich beinahe erstickte.

»Laßt mich leben!« jammerte ich. »So laßt mich doch leben!«

Langsam löste sich das Menschenknäuel. Alles lief zur Mitte. Ich stand benommen wieder auf den Beinen, ging wohl auch ein paar Schritte, nahm aber weder einen Pfiff noch sonst etwas wahr. Die Erkenntnis, daß wir nun im Finale der Weltmeisterschaft den Ungarn ein Tor voraus waren, hatte in meinem Kopf noch keinen Platz.

»Boß! Vorwärts, noch mal vollen Einsatz!«

»Ja?« Mechanisch drehte ich mich nach Fritz Walter um, der mich angerufen hatte. Er zeigte mit den Fingern: noch zwei Minuten!

Ich trabte sinnlos irgendwohin. Mit einem Schlag fühlte ich mich unendlich müde und abgespannt.

Was war nun eigentlich los? Die Ungarn stürmten. Puskás wurde angespielt. Er schoß. Tor!

»Siehste!« sagte ich zu Fritz. »Nun war alles umsonst.«

»Du Idiot!« fuhr der Freund mich an und tippte sich an die Stirn. »Hast du nicht den Pfiff gehört? Abseits!«

Als ich den Ball einmal zugespielt bekam, hielt ich ihn möglichst lange am Fuß. War denn immer noch nicht Schluß?

Und abermals brachen die Ungarn durch. Aus halbrechter Position knallte Czibor machtvoll in die rechte Torecke. Bis heute kapiere ich nicht, wie Turek so blitzschnell abwehren konnte. Danke, Toni!

Endlich war das Spiel zu Ende. Klitschnaß und mit triefenden Haaren lief einer auf den anderen zu, hängte sich einer an den anderen. Auf einem Meer von Beifall trieben wir dahin.

Deutschland war Fußball-Weltmeister 1954!

Wenn es schon die Zuschauer nicht fassen konnten, wie sollten wir es wohl begreifen?

Abgekämpft und glücklich bildeten wir schließlich eine Reihe. Neben uns stand bescheiden in seinem durchnäßten Regenmantel Bundestrainer Sepp Herberger. Wir begriffen immer noch nicht richtig, was rund um uns und wegen uns geschah. Instinktiv faßten wir uns bei den Händen. Den Weltmeisterschaftspokal fest umklammert, ging unser Kapitän erschöpft aber mit strahlendem Lächeln an uns vorbei auf seinen Platz. Fritz Walter! Er war der alle überragende Mann des Turniers gewesen. Die Freude war ihm – weiß Gott – zu gönnen!

Die Schlachtenbummler stürmten das Spielfeld. Wir grüßten und winkten nach allen Seiten. Dann blickten wir wieder in das blasse, erregte Gesicht von Bundestrainer Herberger. Ottmar und ich verständigten uns durch eine winzige Kopfbewegung. Zu zweit hoben wir den Chef hoch und trugen ihn auf den Schultern in die Kabine. So bezeugten wir dem »Vater unseres Sieges« Liebe und Dankbarkeit.

Die Zuschauer auf den Rängen des Berner Wankdorf-Stadions, unsere Frauen, die Freunde – sie alle haben mehr gesehen, mehr wahrgenommen von den äußerlichen Ereignissen als wir Spieler. Wir waren in erster Linie müde, hilflos und überrumpelt vor Glück.

Erst Stunden, Tage, ja Wochen später begriffen wir, was wir eigentlich geleistet hatten. Der Außenseiter Deutschland hatte sich in einem weltweiten Turnier an die Spitze vorgearbeitet und dann die derzeit berühmteste Fußballnation, Ungarn, 3 : 2 geschlagen!

Bei Bekannten in München hörte ich zum ersten Mal eine Tonbandaufnahme des Endspiels, hörte ich zum ersten Mal die Schilderung der alles entscheidenden Tore. Während die Stimme des Rundfunksprechers sich vor Begeisterung beinahe überschlug, saß ich still in meinem Sessel. Langsam kullerten mir Tränen die Backen herunter. Ich schämte mich nicht.

So war das also gewesen! So dramatisch! So großartig! So überwältigend! Und ich hatte dabeisein dürfen!

Die Kehrseite der Medaille

Langsam, ganz langsam verebbten die Jubelstürme, die durch die deutsche Fußballwelt getobt hatten. Vorbei der grandiose Empfang an der deutschen Grenze. Vorbei die Massenkundgebung in München. Vorbei die Ehrung im Berliner Olympia-Stadion. Vorbei auch die Begeisterung der Essener Bevölkerung, die mich im Triumphzug heimgeholt hatte!

»Helmut! Helmut!« Noch klangen die Sprechchöre in meinen Ohren, mit denen man immer wieder vor dem Essener Rathaus nach mir gerufen hatte.

Aus einer siegreichen Mannschaft waren lauter Einzelpersonen geworden, die man einzeln feierte, einzeln in den Himmel hob.

So glücklich mich der Erfolg stimmte, so sehr die allgemeine Verehrung meiner Eitelkeit schmeichelte, es war in dieser Zeit nicht immer leicht, mit den Füßen auf der Erde zu bleiben. Jeder kannte mit einem Mal Helmut Rahn, aber Helmut Rahn kannte seinerseits nicht jeden. Hundert Leute sprachen mich im Lauf eines einzigen Tages an, luden mich zu einem Glas Bier, einem Glas Wein oder sonst was ein. Sagte ich ja, hieß es gleich: Seht euch diesen unsoliden Burschen an. Dem ist die Weltmeisterschaft wohl in den Kopf gestiegen. Er trinkt, ist überall mit der Nase dabei. Und so was nennt sich Sportler! Sagte ich hingegen nein, wurde ich für eingebildet und arrogant gehalten.

Das war die Kehrseite der Medaille.

»Wir rauschen einfach ab«, sagte ich zu meiner Frau. »Ich muß erst mal wieder zur Besinnung kommen.«

Wir packten die Koffer und reisten an die See. Aber auch dort ließ man mich nicht in Ruhe. Wir hielten es nur acht Tage aus, dann fuhren wir wieder nach Hause. Eine Zeitlang ging ich keinen Schritt vor die Tür. Dann setzte so langsam der Spielbetrieb bei Rot-Weiß ein. Damit boten sich neue Aufgaben. Ich war wieder dabei.

Trainer Karl Hohmann hatte dem Schalker Fritz Szepan Platz gemacht. Als alter Fußballhase wußte unser neuer Betreuer nur zu gut, was um mich herum vor sich ging.

»Du hast allen Grund, stolz zu sein, Helmut«, sagte er und klopfte mir auf die Schulter. »Aber sieh dir mal die Leute an, die dir jetzt den Kopf verdrehen wollen. Früher haben sie dich nicht gekannt. Jetzt möchten sie alle deine Freunde sein. In Wirklichkeit wollen sie nur mit dir angeben oder deinen Namen mißbrauchen. Behalte klaren Kopf und bleib so natürlich und unverdorben, wie du es im Grunde bist.«

In ähnlichem Sinn äußerte sich auch Vorstand Melches. Sowohl im Verein als auch in der Firma, bei der ich meinen Dienst wieder aufnahm, hielt er mich wachsam im Auge.

Welchem Ansturm seelischer und körperlicher Belastungen jeder einzelne Spieler der Weltmeisterelf nach den glücklichen Tagen in der Schweiz ausgesetzt war, zeigte sich vor dem nächsten Länderspiel gegen Belgien. Wir alle hatten unsere prachtvolle Kondition verloren. Die vielen Feste, die vielen Feiern waren nicht spurlos an uns vorübergegangen. Ich beispielsweise hatte ganz schön Speck angesetzt, doch auch andere durften sich nicht mehr mit sauberem Gewissen auf die Waage stellen.

In einen wahren Hexenkessel von Konflikten war der in München zum Ehrenspielführer der deutschen National-elf ernannte Fritz Walter geraten. Zwar hatte Fritz bereits in der Schweiz geäußert, das Endspiel wäre die beste Gelegenheit für ihn, seine internationale Karriere abzuschließen. Aber es hatte immer noch zögernd und keineswegs endgültig geklungen. Als die ersten Gerüchte auftauchten, Fritz würde wirklich nicht mehr in der Nationalelf mitspielen, erregten sich die Gemüter heftig. Angebliche Filmpläne und ähnliche Mätzchen halfen mit, den guten Fritz für viele zu einem »Abtrünnigen« werden zu lassen. Und da er sich, einmal öffentlich an-gegriffen, ganz von uns allen zurückzog, waren selbst wir Spieler von ihm enttäuscht. Am schwersten jedoch traf es Bundestrainer Sepp Herberger.

Vor dem Spiel in Brüssel nahm er mich am Arm bei-seite: »Ich weiß nicht, was ich vom Fritz halten soll. Natürlich ist es sein gutes Recht, aufzuhören, wann er will. Aber die Form, in der er das tut, gefällt mir nicht. Ich weiß, der Fritz und Sie waren immer gute Freunde. Trotzdem bitte ich Sie, alles daranzusetzen, damit wir auch ohne ihn gewinnen. Donnerwetter, das muß doch zu schaffen sein.«

Ich versprach, mein Möglichstes zu tun.

Fritz gegenüber war ich ebenso ratlos wie der Chef. Er hielt sich, wie man hörte, mit dem 1. FCK ebenfalls in Brüssel auf, wohnte aber in einem anderen Hotel.

Trotz allem guten Willen lieferten wir am 26. Sep-tember gegen die Belgier in Brüssel keine Glanzpartie. Vom Kampfgeist des Weltmeisters war nicht mehr viel zu spüren. Auf der anderen Seite brannten die Gegner darauf, gegen den Turnier-Sieger aus der Schweiz gut abzuschneiden. Es gelang ihnen auch. Mit einem schäbigen 0 : 2 schickten sie uns nach Hause.

Aus dem siebenten Fußballhimmel fielen wir ziemlich unsanft auf die Erde zurück.

»Na, seht ihr, ohne Fritz Walter geht es eben doch nicht«, hieß es. »Den werdet ihr euch bestimmt wieder holen.«

Ich spürte selbst, daß ich schlecht gewesen war, aber ich fühlte mich gesundheitlich auch gar nicht auf dem Posten. Nach der kleinsten Anstrengung wurde ich müde, das Essen ekelte mich an. Rechts unterhalb von meinem Magen schien ein Ziegelstein zu liegen.

»Helmut, du kriegst die Gelbsucht«, sagte meine Frau.

Ich lachte sie aus. Bei einem der nächsten Punktspiele gegen Fortuna Düsseldorf klagte ich Toni Turek mein Leid.

»Laß mal in deine Augen sehen!« sagte er und hob prüfend das Lid in die Höhe. »Aha, der Strich ist schon da. Gelbsucht!«

Am nächsten Morgen weckte mich meine Frau.

»Helmut, du kriegst die Gelbsucht nicht mehr, du hast sie schon. Sieh mal in den Spiegel.«

Tatsächlich, ich sah aus wie ein Kanarienvogel. Wir riefen den Arzt an. Er ließ sich die Symptome schildern, untersuchte mich und ordnete an:

»Ins Krankenhaus mit Ihnen!«

»Ich möchte aber lieber zu Hause bleiben und mich von meiner Frau pflegen lassen«, sagte ich.

»Wie Sie wollen. Aber in der Klinik wären Sie besser aufgehoben.«

Zunächst einmal setzte ich meinen Kopf durch. Zwei Tage lang hütete ich daheim das Bett.

Dann tauchte DFB-Spielausschußvorsitzender Körfer auf. Er schüttelte über mein Aussehen den Kopf. »Am besten schicken Sie ihn doch ins Krankenhaus, Frau Rahn«, riet er. »Da wird der Helmut viel schneller wieder gesund.«

Als es nun ernst wurde, weinte Gerti zuerst mal bittere Tränen. Jetzt sollte sie mich schon wieder für mehrere Wochen hergeben! Frau eines Fußballspielers zu sein, war wirklich nicht so einfach.

Auch diese Gelbsucht war nicht meine private, sondern eine Mannschaftsangelegenheit. Nicht alle, aber mehrere Spieler des Berner Teams wurden von ihr befallen. Wir hatten uns während des Turniers, wie das bei anderen Mannschaften auch üblich ist, Vitaminspritzen geben lassen. Vermutlich war dabei durch die Nadel der Krankheitskeim von einem auf die anderen übertragen worden.

»Davon ist noch kein Mensch gestorben«, tröstete ich meine Frau und schob mit meinem Köfferchen ins Krankenhaus. Ich wurde auf der Isolierstation ganz allein in ein Zimmer gelegt. Besucher, auch meine Frau, durften mich nur durch eine Scheibe sehen und sprechen. Es fanden sich soviele ein, daß die Schwester energisch einschritt:

»Lassen Sie doch endlich mal den Mann zur Ruhe kommen. Der wird ja nie wieder gesund!«

Während ich im Krankenhaus lag, spielte die deutsche Nationalelf gegen Frankreich. Nur die zweite Hälfte wurde im Rundfunk übertragen. Das Fernsehen brachte dafür den ganzen Kampf.

Um ja nichts zu versäumen, heckte ich gemeinsam mit einem Bekannten einen Plan aus.

»Du nimmst den Telefonhörer ab«, sagte er, »und ich schildere dir haargenau, was ich auf dem Bildschirm sehe.«

So machten wir es tatsächlich.

Hinterher stellte ich dann das Radio an. Was ich hörte, stimmte mich leider nicht sehr froh. Auch gegen Frankreich unterlag die ersatzgeschwächte Mannschaft am 16. Oktober 1954 in Hannover 1 : 3.

Kurz nach dem Spiel wurde mir ein Besucher gemeldet, mit dem ich nicht gerechnet hatte. Ja, ihn ließ die strenge Schwester sogar zu mir ins Zimmer: Bundestrainer Herberger. Aus berufenem Mund erfuhr ich nun, warum es gegen die Franzosen nicht geklappt hatte.

»Wenn Sie und Hans Schäfer dabei gewesen wären, hätten wir vielleicht nicht verloren«, meinte der Chef.

Hinterher versprach er mir noch, mal bei meiner Frau vorbeizuschauen. Wir zogen gerade in eine andere Wohnung um. Und sie stand allein vor einem Haufen Arbeit.

So langsam fühlte ich mich wieder frischer. Manchmal schmeckte das Essen bereits wieder, auch wenn es nach strenger Diät gekocht wurde.

»Wann lassen Sie mich endlich nach Hause, Herr Doktor?« fragte ich bei der nächsten Visite.

»Je gründlicher Sie sich auskurieren, um so besser. Auf keinen Fall früher als in vierzehn Tagen.«

»Aber ich will raus.«

»Auf eigene Verantwortung – bitte!«

Als ich mich außerhalb der Krankenhausmauern befand, spürte ich erst, wie schlapp ich war. Im Klub lachten sie mich aus, als ich schon wieder spielen wollte.

Auf Einladung der Kurverwaltung von Bad Mergentheim fuhr ich schließlich noch für ein paar Wochen in Erholung.

Außer mir trudelten so nach und nach die Leidensgenossen Karl Mai, Werner Liebrich, Fritz und Ottmar Walter ein.

»Über mich ist eine Menge Unsinn verzapft worden«, sagte Fritz, sobald sich die Gelegenheit zu einer freundschaftlichen Aussprache bot. »Wie käme ausgerechnet ich dazu, die deutsche Nationalelf im Stich zu lassen? Na, die Karre ist jedenfalls ganz nett in den Dreck gezogen worden, und wenn sie da erst mal festsitzt – du weißt ja, wie das ist. Zugegeben: Ich habe auch Fehler gemacht.«

»Du spielst also wieder?«

»In meiner jetzigen Form? Da muß erst noch viel Wasser den Rhein hinunterfließen. Und ob Herberger mich dann noch haben will …«

Bei den zwei nächsten Länderspielen, gegen England in London und gegen Portugal in Lissabon, waren weder Fritz noch ich, überhaupt außer Werner Liebrich keiner von den »Gelbsüchtigen« dabei. Die Weltmeisterelf schien in alle Winde verweht.

Abgesehen von Posipal, Kohlmeyer und Liebrich standen in London lauter neue Namen auf dem Programm. Und in Lissabon waren von den Alten nur Posipal, Liebrich und Klodt übriggeblieben.

Beinahe gleichzeitig stiegen hingegen Fritz Walter und ich wieder in die Spiele unserer Vereine ein. Wir brannten förmlich darauf, mitmachen zu dürfen. Dafür gab's einen ganz plausiblen Grund. Rot-Weiß Essen hatte in dieser Saison überhaupt noch keine Niederlage einstecken müssen und lag im Westen mit Abstand an der Tabellenspitze. Führend im Südwesten war der 1. FC Kaiserslautern.

Bundestrainer Sepp Herberger beobachtete das Tun und Treiben seiner Nationalspieler innerhalb ihrer Vereine. Und da sie durchweg einen vorzüglichen Eindruck machten, trommelte er für das Ländermatch gegen Italien erstmals wieder fast die gesamte Weltmeisterelf zusammen. In Schöneck prüfte er uns bei einem Lehrgang auf Herz und Nieren.

Als er mich unter die Lupe nahm, runzelte er sorgenvoll die Stirn. Eine kürzlich erlittene Knöchelverletzung war noch nicht richtig auskuriert. Auch boxte er mich vielsagend in die gutgepolsterten Rippen.

»Versuchen wollen wir es, Helmut!« sagte er vor dem Spiel. »Wenn es dann nicht vernünftig läuft, wechseln wir Sie gegen Waldner aus. Der ist in Stuttgart zu Hause und findet sich garantiert schnell zurecht.«

Ich lief also mit der deutschen Elf, deren Spielführer erstmalig wieder Fritz Walter war, in das Stuttgarter Neckar-Stadion ein. Aber ich möchte von diesem Spiel nicht viel reden. Bei mir wollte nichts klappen, und ich bat den Bundestrainer selbst, mich nach der Pause rauszunehmen. Er tat es.

Nicht nur ich, die gesamte Mannschaft hatte nicht ihren besten Tag. Sie mußte sich von den Italienern 1 : 2 schlagen lassen. Mit mir ging es, das spürte ich selbst am besten, ein bißchen in den Graben.

Auch im Verein erhielt ich nicht mehr die besten Kritiken. »Du wirst zu schwerfällig, Helmut«, sagte Fritz Szepan.

»Diese dreimal verwünschte Veranlagung zum Starkwerden!« verteidigte ich mich. »Glaub mir, ich brauch bloß ein Glas Wasser zu trinken, dann hab ich es am nächsten Tag als Speck auf der Hüfte oder sonstwo sitzen.«

»Weiß ich alles, mein Lieber. Typen wie du haben es in dieser Hinsicht doppelt schwer, wenn sie in Form bleiben wollen. Aber du willst dir doch deinen guten Ruf als Fußballer erhalten! Also mußt du eisern trainieren und sorgfältig auf deinen Speisezettel achten.«

Ich sah das vollkommen ein. Und da ich meinen Ehrgeiz absolut noch nicht begraben hatte, nahm ich energisch einen neuen Anlauf. Und siehe da, es lohnte sich. In den nächsten Punktspielen heizte ich den gegnerischen Verteidigern wieder nach Herzenslust ein. »Helmut Rahn, der beste Mann auf dem Platz«, hieß es, oder »Gegen den Boß kein Kraut gewachsen«.

Na also! Ein durch und durch hoffnungsloser Fall war ich noch nicht.

Rot-Weiß wird deutscher Meister

Platz eins in der Oberliga West war uns so sicher, daß es bei den letzten Punktspielen eigentlich um nichts mehr ging. Auch als wir gegen Borussia Dortmund antraten, waren wir auf einen Sieg nicht mehr angewiesen. Deshalb hatten wir jedoch noch lange keine Lust, uns mit einer Niederlage nach Hause schicken zu lassen. Wir drehten mächtig auf, und ich schoß sogar zwei Tore.

Als ich es mit einem dritten probieren wollte, passierte das Malheur: Ich hatte mir den Ball ein wenig weit vorgelegt. Dortmunds Schlußmann Kwiatkowski warf sich auf die Lederkugel und gleichzeitig auf mein ausgestrecktes Bein. Als ich wieder auftreten wollte, spürte ich einen stechenden Schmerz. Ich biß die Zähne zusammen und hielt die kurze Zeit bis zum Schluß noch durch. In der Kabine wurden die Schmerzen schon heftiger.

Am nächsten Tag hielt ich es nicht mehr aus und ging zum Arzt. Er durchleuchtete mein Bein.

»Wadenbeinbruch!« sagte er lakonisch. »Das gehört in Gips.«

»Jetzt, wo die Spiele um die Deutsche Meisterschaft beginnen?« fragte ich entsetzt.

»Nichts zu ändern. Wenn es sehr gut, aber nur, wenn es sehr gut geht, sind Sie in vier Wochen wieder soweit.«

»Dann kannst du gerade noch die drei letzten Spiele mitmachen«, tröstete mich August Gottschalk, als ich mit dieser Hiobsbotschaft ankam.

Ich schickte mich ins Unvermeidliche.

Zusammen mit der Mannschaft fuhr ich nach Kaiserau bei Hamm. Dort in der Sportschule wollte Fritz Szepan seine Mannen noch ein bißchen für die Meisterschafts-Endrunde zurechthobeln. Bereits morgens um sieben Uhr ging es auf die Laufbahn. Ich humpelte mit meinem Gipsbein munter mit.

Die vierzehn Tage in Kaiserau hielt ich ganz gut durch. Doch als die Gruppenspiele begannen, wurde ich vor Ungeduld beinahe verrückt.

»Das Bein ist bestimmt schon geheilt!« sagte ich zu Trainer Szepan. »Ich glaube, der Gips kann runter.«

»Du läßt die Finger davon und bleibst mal eine Zeitlang auf dem Hintern liegen, verstanden?«

»Wenn ich nicht trainiere, nehm' ich wieder zu. Und nachher bin ich nicht in Form«, widersprach ich.

»Du kommst erst recht nicht in Form, wenn du zu früh wieder auf den Platz gehst. Ich kenne das.«

Ich haderte mit meinem Schicksal und verwünschte den ekelhaften Gipsklumpen, der mich um so viele schöne und wichtige Kämpfe brachte. Zum Glück schlugen sich die Rot-Weißen auch ohne mich ausgezeichnet. Ihr Einzug ins Finale zeichnete sich bereits deutlich ab.

Als ich zum ersten Mal wieder dabei sein durfte (gegen Wormatia in Worms), wirkte ich zwangsläufig neben den anderen blaß. Auch Bundestrainer Herberger, der unter den Zuschauern war, konnte nicht den günstigsten Eindruck von mir gewinnen, obwohl ich ein Tor schoß. Aber das lag in der Natur der Sache. Ich war außer Tritt und mußte mich noch tüchtig auf die Hammelbeine stellen. Für das nächste Länderspiel gegen Irland in Hamburg kamen alle Endspielteilnehmer ohnehin nicht in Frage.

Aufmerksam hatte ich in der Zwischenzeit die Erfolgskurve des 1. FC Kaiserslautern im Auge behalten. Fritz und seine »Roten Teufel vom Betzenberg« lagen in diesem

Jahr wieder ganz vorn im Rennen. Sie setzten sich auch in der Endspielrunde durch und zogen gemeinsam mit uns ins Finale ein.

Um diese Zeit rief Freund Fritz aus Kaiserslautern bei mir zu Hause an.

»Herzlichen Glückwunsch, Boß«, sagte er. »Ihr habt es ja weit gebracht.«

»Danke, gleichfalls, lieber Sturmkollege. Demnächst werden wir uns also als Rivalen begegnen.«

»Kann ich mir noch gar nicht vorstellen«, meinte Fritz.

»Oh, da brauchst du keine Sorgen zu haben. Auf dem Platz kenn' ich meinen besten Freund nicht.«

»Auf jeden Fall kriegt ihr die Putze!« lästerte Fritz.

»Nimm mal den Mund nicht so voll, Alter! Wer wem die Hucke vollhaut, das wird sich erst noch rausstellen«, konterte ich.

»Alles Schlechte, lieber Boß!«

»Alles Schlechte, lieber Fritz!«

Der Tag des Endspiels kam heran. Wir reisten mit starker Schlachtenbummlerbegleitung nach Hannover und nahmen im »Luisenhof« Quartier.

Bei Gesprächen, die in der Hotelhalle oder auf der Straße geführt wurden, gewann man den Eindruck, daß man dem 1. FC Kaiserslautern und nicht Rot-Weiß Essen die größeren Chancen gab. Uns sollte es recht sein. Favoritenschuhe drücken nur.

Die Frage, die sich in den Kabinen des Niedersachsen-Stadions erhob, lautete: Welche Mannschaft verzichtet auf ihr rotes Trikot?

»Da müssen wir Pinnchen ziehen«, sagte August Gottschalk.

Doch als wir den Kaiserslauterern diesen Vorschlag machten, verzichteten sie freiwillig auf ihre hergebrachte Kluft. »Wir siegen auch in Blau«, meinten sie. »Und wenn nicht – ihr könntet ja nicht gut als Blau-Weiß Essen in die Fußballgeschichte eingehen.«

Bevor wir auf den Rasen liefen, drückten Fritz und ich uns noch einmal kurz die Hand.

»Toi! Toi! Toi!« wünschten wir uns.

Und dann wurde es ernst. August Gottschalk und Fritz Walter, die Mannschaftskapitäne, tauschten die Wimpel aus. Wir gewannen die Platzwahl und entschieden uns, mit der Sonne im Rücken zu beginnen. Wenig später pfiff Schiedsrichter Meißner aus Nürnberg im ausverkauften Niedersachsen-Stadion den Endspielkampf 1955 an.

Es wurde eine heiße Schlacht. Zwei ehrgeizige, gut aufeinander eingespielte Mannschaften zogen alle Register ihres Könnens. Beide besaßen einen glänzenden Regisseur. Was für die Kaiserslauterer Fritz Walter, das war für uns August Gottschalk. An Übersicht und Weitblick standen sie sich in nichts nach. Nicht der Tüchtigere, der Glücklichere würde, dem ausgeglichenen Spielbeginn nach zu urteilen, das erste Tor schießen.

Der Glücklichere war der 1. FC Kaiserslautern. Herkenrath hatte bei einer Abwehr nicht richtig zugepackt, und Wenzel, der gegnerische Halbrechte, schob ohne viel Federlesens ein.

Die Pfälzer führten in der 11. Minute 1 : 0!

Ihre Anhänger mußten, an dem Beifallsgebrüll gemessen, sehr zahlreich sein.

Ob wohl ein ebenso frenetischer Jubel entstehen würde, wenn wir unser erstes Tor schössen?

Diese Frage klärten wir in der 18. Minute.

Werner Liebrich hatte mir etwa zehn Meter vor dem Kaiserslauterer Strafraum den Ball weggeschlagen. Ich holte ihn mir jedoch wieder und spielte Röhrig an. Aber nicht unser Holländer, sondern der herbeispurtende Penny Islacker vollendete die Aktion. Torhüter Holz mußte fassungslos den Ball aus seinem Kasten holen.

Die Begeisterung, die sich nach diesem Treffer auf den Rängen austobte, konnte sich ebenfalls sehen lassen.

1 : 1! Alle Möglichkeiten waren noch offen. 76 000 Zuschauer brannten in echtem Endspielfieber.

Einmal rappelte ich mit Fritz Walter zusammen. Wir grinsten uns kurz an und liefen weiter.

Bei dem Unentschieden konnten wir es nicht bewenden lassen. Wir mußten erst mal richtig Farbe bekennen. Diesem Ziel kamen wir nach etwa einer halben Stunde näher. Ich überspielte Werner Kohlmeyer, ließ auch Eckel links liegen und flankte scharf in den Strafraum. Dort kniete Röhrig und köpfte an Holz, der sich nach meinem Ball geworfen hatte, vorbei ins Netz.

2 : 1 für Rot-Weiß Essen!

Jetzt hast du aber zweimal wirklich mannschaftsdienlich gespielt, Helmut! lobte ich mich im stillen selbst. Da darf sich vorläufig niemand mehr das Lästermaul zerreißen!

Fritz und Kollegen fuhren zusammen, als wären sie von Hornissen gestochen worden. Ein leidenschaftlicher Sturm auf unser Tor setzte ein. Es hagelte Ecken. Gefahr! Gefahr! Die von Fritz Walter getretenen Eckbälle hatten es in sich, das kannte ich von der Länderelf her nur zu gut. Wer weiß, welche Tricks die »Roten Teufel« dabei ausgeklügelt hatten! Aber wir kamen mit heiler Haut davon.

Und dann brausten wir wieder auf und davon. Der Schluß der ersten Spielhälfte gehörte uns. Als Penny Islacker noch unmittelbar vor dem Pausenpfiff zum 3 : 1 einschoß, ging das ganz in Ordnung. Wir hatten uns die Führung redlich verdient.

»Nur nicht zu früh jubeln!« warnte Trainer Szepan in der Pause. »Ich hab vor den Kaiserslauterern eine tolle Hochachtung. Die kämpfen bis zum Umfallen.«

»Erst müssen sie mal zwei Tore aufholen«, meinte Penny trocken. »Das ist bei denen alles drin!«

Mit frischen Kräften und guten Vorsätzen ging es wieder auf den Platz.

Eine meiner größten Chancen machte in den ersten Minuten nach dem Wiederanpfiff Fritz Walter zunichte. Dicht vor dem Tor spitzelte er mir nach wieselflinkem Spurt den Ball weg. Ein anderes Mal ging ich nach einem Rempler sogar zu Boden. Ich traute meinen Augen nicht, als ich über mir in das Gesicht des Freundes blickte. Sofort streckte er die Hand aus und half mir wieder auf die Beine.

»Sieh mal an«, sagte ich. »Du kannst so was auch? Mußt du gerade mich umputzen?«

»Du bist mir zu gefährlich. Dich darf man nicht aus den Augen lassen!« meinte Fritz.

»Warte, gleich geht's umgekehrt!«

Die Flachsereien dauerten nur Sekunden. Dann kümmerte sich jeder wieder um seinen eigenen Kram.

Nach Überlegenheit von Rot-Weiß in den ersten zehn Minuten kamen nun die Kaiserslauterer auf. Sie hatten Werner Liebrich mit in den Sturm genommen und berannten mit dem Mut der Verzweiflung unser Tor. Nicht umsonst! In der 56. Minute holte Wenzel zum 3 : 2 auf.

Die Lage war für die »Roten Teufel« nicht mehr hoffnungslos, also legten sie noch einen Zahn zu. Es wurde hart gekämpft, und nicht immer wurde der Ball mit einer höflichen Verbeugung dem anderen überlassen. Nach einem Duell mit Horst Eckel mußte unser Halbrechter Islacker angeschlagen vom Platz, um sich draußen pflegen zu lassen. Wenig später stürzte Scheffler nach einer erbitterten Abwehr im Essener Strafraum zu Boden.

Elfmeter! Das hatte uns gerade noch gefehlt!

Nicht Fritz, sondern Werner Baßler schritt zur Exekution. Ein gut plazierter Schuß, und es stand 3 : 3!

Verdammt und zugenäht! So hatten wir nicht gewettet. Wenn die Brüder so weitermachten, hatten wir trotz der ursprünglichen 3 : 1-Führung noch das Nachsehen. Penny Islacker humpelte wieder aufs Feld zurück und versuchte, sich nützlich zu machen. Er gab es aber bald wieder auf und ging erneut raus.

Erstaunt stellten wir fest, daß der Druck auf unser Tor an Heftigkeit nachließ. Die Kaiserslauterer hatten Liebrich wieder nach hinten zitiert. Warum sie in diesem Moment nicht auf Gedeih und Verderb weiterstürmten, war eigentlich nicht zu verstehen.

Doch auch ohne Liebrich wäre um ein Haar ein viertes Tor gegen uns fällig gewesen. Fritz Walter hatte hoch in unseren Strafraum geflankt, und Wenzel hatte das Leder aus einem undurchsichtigen Abwehrgewühl heraus über die Linie befördert. Die FCK-Spieler rissen jubelnd die Arme hoch. Auch die Zuschauer trieb es von den Plätzen. Nur wenige hatten den Abseitspfiff von Schiedsrichter Meißner gehört.

Islacker machte noch einmal den Versuch, auf den Platz zurückzukehren. Er konnte kaum auftreten und hielt Ausschau nach dem Unparteiischen, um sich den Weg zum Zurückmelden zu sparen. Er war mit seinen Gedanken noch gar nicht richtig bei der Sache, als er sah, wie Berni Termath in Ballbesitz kam und nach einem Bundesgenossen suchte. Penny befand sich in diesem Augenblick etwa auf gleicher Höhe mit den Lauterern Kohlmeyer und Render. Da kam das Zuspiel von Termath zu ihm. Mit den Füßen war der Ball nicht mehr zu erreichen, wohl aber mit dem Kopf. Wie ein fliegender Fisch flitzte Islacker durch die Luft und beförderte den Ball über die Linie.

Im Stadion ging nach diesem Treffer alles drunter und drüber. Die Kaiserslauterer reklamierten bei Schiedsrichter Meißner, der das Tor sofort anerkannt hatte. Islacker habe sich im Abseits befunden, behaupteten sie, außerdem habe bereits vorher Berni Termath gefoult.

Meißner hielt kurze Rücksprache mit Linienrichter Burmeester, der am günstigsten stand. Der hatte kein Abseits gesehen. Also blieb es bei der einmal getroffenen Entscheidung.

Rot-Weiß Essen führte 4 : 3 in der 85. Minute!

Wir waren außer Rand und Band vor Glück. Das bedeutete die Deutsche Meisterschaft! Jubelnd liefen wir auf den Torschützen zu. Und da Penny immer noch nicht gehen konnte, packte ich ihn mir kurzentschlossen auf die Schulter und trug ihn in die Mitte zum Anstoß.

Fritz und seine Kameraden waren immer noch außer sich. Empörung und Enttäuschung beflügelten in den letzten Spielminuten noch einmal ihre Kräfte. Mit sechs, sieben Mann warfen sie sich leidenschaftlich gegen unser Tor. Wir hatten alle Hände voll zu tun, diesen fanatischen Ansturm abzuwehren.

162

Der Schlußpfiff klärte schließlich die Sachlage. Deutscher Meister 1955 war Rot-Weiß Essen.

Wir stürzten auf August Gottschalk zu, der das große Glück noch gar nicht fassen konnte. Tausende von Zuschauern schwenkten die Fahnen und jubelten uns zu. Aber es hagelte auch böse Zurufe und Pfiffe, die nicht uns, sondern dem Schiedsrichter galten. Es herrschte ein regelrechter Tumult, während wir uns zur Siegerehrung aufstellten.

Die Lauterer ließen die Köpfe hängen, ja Kohlmeyer und Baßler liefen sogar beleidigt in die Kabine. Zur Siegerehrung mußten sie von Einsichtigeren erst wieder zurückgeholt werden.

Fritz Walter schüttelte mir die Hand. »Herzlichen Glückwunsch, Boß!« sagte er. »Ihr habt gut gespielt, aber das mit dem Tor – du mußt zugeben …«

»Reg dich doch nicht auf, Fritz. Ihr wart doch schon zweimal Deutscher Meister, da könnt ihr es uns auch mal gönnen.«

»Ja, wenn ihr einwandfrei gewonnen hättet! Aber du kannst ja nichts dafür. Freu dich nur ruhig.«

Mit feuchten Augen nahm unser Kapitän die Siegestrophäe aus den Händen vor Dr. Bauwens in Empfang. Das war ein Abschluß für seine Karriere, wie er ihn sich nicht besser wünschen konnte. Der Verein, dem August Gottschalk sein ganzes Leben treu geblieben war, hatte das höchste Ziel erreicht.

Wie tief die Enttäuschung bei den Kaiserslauterern sitzen mußte, bekamen wir am Abend vor dem Bankett zu spüren. Diese immer faire und von sportlicher Gesinnung geleitete Mannschaft ließ sich einfach nicht sehen.

Unschlüssig standen wir Essener vor dem Festsaal herum. Keiner wußte so recht, was er nun tun sollte. Der eine oder andere ging schon mal hinein, bestellte sich ein Glas Wein oder Bier, war aber bald wieder draußen zu finden.

»Was machen wir denn bloß, wenn sie nicht kommen?« fragte Berni Termath.

»Dann essen wir eben allein, stecken die Ehrennadeln in die Tasche und hauen auch wieder ab«, meinte Willi Grewer.

Mit gut einstündiger Verspätung trudelten die FCK-Spieler doch noch ein. Die Vernünftigeren unter ihnen hatten sich durchgesetzt. Aber die Stimmung blieb fad.

Später trennten sich unsere Wege wieder. Die Rot-Weißen stießen noch kräftig auf den Sieg an, und die Kaiserslauterer ertränkten ihren Kummer mit den gleichen Mitteln.

Am Montagmorgen trafen sich alle Weltmeisterschaftsteilnehmer von 1954 im Ratskeller von Hannover, um die Goldenen Ehrennadeln des DFB in Empfang zu nehmen. Als einziger von Essen nahm ich an der Ehrung teil.

»Aber vergiß nicht, daß mittags unser Zug geht!« rief August Gottschalk mir nach.

Im Ratskeller saßen sie schon alle, die alten Schlawiner. Unter ihnen fünf aus Kaiserslautern. Ich quetschte mich nach einem Blick in die Runde zwischen Fritz Walter und Werner Liebrich.

Vom vergangenen Tag wurde nicht mehr gesprochen. Dafür erzählte ich der aufmerksam lauschenden Runde die neuesten und deftigsten Witze. Im allgemeinen Gelächter ging der letzte Rest von Verstimmung unter.

Hätte mich der Spielausschußvorsitzende Körfer nicht an die Abfahrt des Zuges nach Essen erinnert, ich hätte ihn todsicher verpaßt. So warf ich mich Hals über Kopf in ein Taxi und brauste zum Bahnhof.

Auf dem Bahnsteig stand bereits der Stationsvorsteher und drehte nervös seinen Schaumlöffel. Im Vorbeigehen nahm ich ihm die rote Mütze vom Kopf, setzte sie mir selbst auf und verschwand damit im D-Zug. Zum Glück verstand der Beamte Spaß. Lachend nahm er durch das Fenster sein Eigentum wieder in Empfang. Dann hob er endgültig den Stab. Eine unvergeßliche Fahrt mit unvergeßlichen Stationen begann.

In Oelde, meiner Wirkungsstätte seligen Angedenkens, wurde der Zug extra angehalten. Etliche Flaschen Wein und Blumen wurden mir ins Abteil gereicht. In Hamm standen Hunderte auf dem Bahnsteig, um den neuen Deutschen Meister zu begrüßen. In Dortmund und Gelsenkirchen dasselbe Theater. Der ganze Westen freute sich mit uns.

Höhepunkt der Höhepunkte aber war der Empfang in Essen. Tausende jubelten, als unser Zug einfuhr. Eine Bergmannskapelle spielte. Wir erstickten fast unter Blumen und Geschenken.

Ich hatte ja eine ähnliche Begeisterung bereits 1954 nach der Weltmeisterschaft erlebt. Aber damals war ich allein gewesen, jetzt galt die Freudenkundgebung der gesamten Mannschaft. Das ging mir noch viel kräftiger an die Nieren. Die Tränen saßen locker. Ich wischte sie erst gar nicht mehr weg. Den anderen erging es auch nicht besser.

Mitten in die Sommerpause hinein platzte Herbergers Aufforderung, nach München-Grünwald zu kommen. Dort sollte sich die Nationalelf auf das Länderspiel gegen die Sowjetunion vorbereiten.

Am 16. Juli 1955 trafen wir in der Schule des Bayerischen Landessportverbandes zusammen. Hier hatten wir Kraft für das Turnier in der Schweiz getankt. Es gab schöne und wehmütige Erinnerungen.

Was hatte sich in der Zwischenzeit alles ereignet!

Der Weltmeister von 1954 war nach dem Sieg über Ungarn in ein regelrechtes Formtief hineingeraten. Er hatte insgesamt vier Niederlagen einstecken müssen und war nur zweimal siegreich gewesen. Wie würden wir gegen die Russen abschneiden, denen man eine übermenschliche Kondition nachsagte, die angeblich den modernsten Fußball aller Nationen spielten?

Herberger hatte den Gegner gründlich studiert.

»Gegen die Sowjets zu gewinnen, ist schwer«, meinte er, »aber wenn wir es schaffen, haben wir uns mit einem Schlag wieder Achtung in der gesamten Fußballwelt verschafft. In diesem Punkt haben wir eine Menge gutzumachen.«

Folgerichtig setzte der Chef den Hebel dort an, wo es am nötigsten war: Unsere Kondition mußte gesteigert werden. Das war nach der Sommerpause doppelt wichtig. In die Praxis umgesetzt bedeutete das Laufen, Ballarbeit, Trainingsspiele. Und das mit einer Unerbittlichkeit, die uns von 1954 her noch bestens in Erinnerung geblieben war.

166

Letzte Station vor Moskau war Berlin-Wannsee, wohin Herberger sechzehn Spieler kommen ließ. Hier sahen wir uns noch einen Film vom Ländertreffen Sowjetunion gegen Schweden an und trainierten zum Abschluß abermals, bis der Schweiß in Strömen floß.

In aller Herrgottsfrühe fuhren wir mit dem Bus zum Ostberliner Flugplatz Schönefeld. Eine russische Maschine brachte uns mit Zwischenlandung in Wilna nach Moskau. Hier in der sowjetischen Hauptstadt wurden wir überaus freundlich empfangen. Kurze Zeit vor uns war Bundeskanzler Adenauer Gast der Russen gewesen. Es wehte noch eine deutschfreundliche Brise. Für unseren Aufenthalt war das sehr angenehm.

»In dieser Pracht sollen wir wohnen?« fragte ich, überwältigt von der bombastisch eingerichteten Zimmerflucht im Hotel »Sowjetskaja«.

»So was nennt man Appartement«, belehrte mich Fritz vornehm lispelnd.

»Appartement in Blau!« ergänzte ich der Vollständigkeit halber, denn alle Möbelbezüge, Steppdecken, Vorhänge und Lampen waren blau. Beeindruckt schauten wir uns erst mal gründlich um. Da gab es außer dem Schlafzimmer, in dem dicke Klubsessel standen, einen Leseraum mit ebenfalls dicken Klubsesseln. Außerdem ein komfortables Bad.

»Ihr müßt erst das Zimmer von Dr. Bauwens sehen!« schwärmte Fritz Herkenrath.

Nachdem wir uns gründlich umgeschaut hatten, warfen wir uns in Schale und gingen in den Speisesaal zum Abendessen. Hier gab es Stör als Vorspeise und Wassermelonen zum Nachtisch. Der Hauptgang bestand, Herbergers Wunsch entsprechend, aus einem ganz normalen Filetsteak. Nur keine ungewohnte Kost in empfindliche Fußballermägen! Dieses Risiko leisteten wir uns im Ausland niemals.

Donnerstags waren wir in Moskau angekommen. Freitagfrüh fuhren wir zum Training ins Dynamo-Stadion. Hier staunten wir über den Luxus in den Kabinen. Ähnlich wie im Hotel versanken wir bis zu den Knöcheln in weichen Teppichen und zerbrachen uns die Köpfe über den tieferen Sinn der auch hier aufgestellten Sessel.

»Für Leute, die Platzverweis bekommen?« meinte Jupp Posipal.

»Für Trainer, die in Ohnmacht fallen?«

» ... oder für Spieler, die sich zu Hause nicht wohlfühlen?« Jeder hatte einen anderen Unsinn beizusteuern.

»Los, beeilt euch!« mahnte Herberger. »Sonst kommen wir ausgerechnet in die stärkste Mittagsglut.«

In Moskau war es nämlich zu unserer großen Überraschung unglaublich heiß. Wir hatten mindestens 35 Grad im Schatten und dachten voll Sorge an die Hitze, die vermutlich Sonntag beim Spiel herrschen würde.

Auf den Rängen des Dynamo-Stadions saßen vereinzelte Zuschauergruppen, als wir auf den Rasen liefen. Es waren Journalisten, Fotografen und – wie man uns zuflüsterte – auch russische Spieler. Sie alle wollten die deutsche Elf bei der Arbeit sehen. Wir ließen uns nicht stören, sondern trainierten nach bewährtem Muster.

Erschöpft und schweißgebadet ließen wir uns in der Kabine in die schönen Sessel fallen. Sie hatten es uns einfach angetan. Aber Herberger war dafür, lieber vernünftige Bettruhe zu halten. Wir fuhren also ins Hotel zurück, aßen zu Mittag und ruhten ein paar Stunden aus.

Der Samstag vor dem großen Spiel war für einen Stadtbummel reserviert. Wir besichtigten den Kreml, das Lenin-Mausoleum und besuchten das bekannte Riesenkaufhaus GUM. Hier verliebte ich mich in einen Bronze-Kosaken, dem ich bereits im Geist einen Platz in unserem Wohnzimmer sicherte. Außerdem nahm ich eine Balalaika mit. Fritz Herkenrath kaufte unter anderem für seine Frau ein Kopftuch – beinahe von jedem Auslandsaufenthalt brachte er ihr ein anderes mit. Für Wodka und Kaviar bestand allgemeines Interesse. Ein Dolmetscher, der uns sozusagen auf Schritt und Tritt begleitete, sorgte dafür, daß uns die schweren Flaschen und Dosen ins Hotel geschickt wurden.

Wir wären gern noch länger umhergelaufen, aber die Hitze ermüdete unsäglich. Um für den kommenden Tag Kräfte zu sparen, legten wir uns lieber ins Bett und ließen uns von Deuser die Muskeln durchkneten.

Abends sahen wir ein Flutlichtspiel »Lokomotive Moskau« gegen »Tiflis«. Dabei erhielten wir in etwa ein Bild von der Schnelligkeit und Konditionsstärke russischer Fußballspieler.

»Das war bloß ein Vorgeschmack«, sagte ich später auf unserem Zimmer zu Fritz.

»Nur nicht übermäßig beeindrucken lassen«, gähnte er. »Wir sind auch nicht schlafend Weltmeister geworden.«

Eine gute Stunde vor dem Spiel setzte ein wahrer Platzregen ein. Gott sei Dank, das gab eine erfrischende Abkühlung.

Leider dauerte der Segen von oben nicht lange. Das Wasser verdunstete auf dem noch warmen Boden, und es wurde drückend schwül.

Pünktlich auf die Minute stand unser Omnibus vor dem Hotel. Eskortiert von zwei Polizisten auf dem Motorrad fuhren wir zum Stadion. Vor den Kassen standen immer noch riesige Menschenschlangen. Sie verhielten sich äußerst diszipliniert. Im »Dynamo« gibt es fast nur Sitzplätze. Warum sich also vordrängen und die Ellbogen gebrauchen?

In unseren feudalen Kabinen wurden wir von einem russischen Funktionär auf das Drum und Dran vorbereitet, das dem Kampf vorausgehen würde. Wir sollten die Blumen, die für jeden Spieler bereitlagen, mit auf den Platz nehmen, zusammen mit den Russen in einem Halbkreis aufmarschieren, Reden und Nationalhymnen anhören und dann vom Platzrand aus unsere Blumen in die Zuschauer werfen. Das war, wie gesagt, alles bis ins kleinste festgelegt. In einem kleinen Tunnel sollten dann beide Mannschaften erneut Aufstellung nehmen und noch einmal gemeinsam auf den Rasen laufen.

Das hörte sich sehr kompliziert an, aber wir brachten es mit Anstand hinter uns. Die Moskauer machten es uns leicht, denn sie empfingen uns mit herzlichem Beifall. Das Stadion mit seinen 90 000 Plätzen war an diesem 21. August 1955 nahezu ausverkauft.

Das Spiel begann. Uns glückte in der ersten Viertelstunde viel. Harpers gewann einige Zweikämpfe gegen den Halbrechten Isajew. Wieder einmal wechselte der Ball seinen Besitzer, und wir kombinierten uns sofort nach vorn durch. Für eine Reihe von beherzten Torschüssen ernteten wir allerdings nur eine Reihe Ecken. Jaschin, der russische Schlußmann, verstand sein Metier.

Aber auch der Gegner war darauf gedrillt, so oft wie möglich den Weg zu unserem Tor zu suchen. Herkenrath mußte wohl oder übel zur Kenntnis nehmen, daß diese Burschen sich aufs Schießen verstanden. Leider mußte Fritz als erster den Ball aus den Maschen holen. Tatuschin, der Rechtsaußen von Spartak Moskau, brauste mit dem Ball heran, sah Posipal auf sich zukommen, stoppte, täuschte, und schon war's passiert. Ein Siebenmeterschuß! Herkenrath war machtlos.

Die Russen führten 1 : 0!

Die Zuschauer jubelten, die Spieler hingegen drückten dem Torschützen nur knapp und unauffällig die Hand. Freudenkundgebungen schienen ihnen nicht zu liegen, das hatten wir bereits tags zuvor bei dem Flutlichtspiel bemerkt.

»Max, nach hinten!« rief Fritz unserem Nürnberger zu, als die Russen wieder einmal mit Hochdruck unseren Kasten berannten. Morlock spurtete sofort los. Im nächsten Augenblick war er bereits wieder tief in der russischen Hälfte. Auch Eckel löste sich so oft wie möglich von seinen Bewacherpflichten und schaltete sich in den Sturm ein. Mit einem Überraschungsschuß des Kaiserslauterers hatte Jaschin seine liebe Mühe.

Fritz Walter wurde angespielt. Es sah so aus, als wollte er zu Jupp Röhrig abgeben. Das dachten offenbar auch die beiden Russen, denn sie schnitten ihm den vermeintlichen Weg ab. Fritz disponierte sofort um. Ein paar Schritte nach vorn, und er versuchte sein Heil selbst. Jaschin warf sich blitzschnell. Der Ball wurde aber durch ein Verteidigerbein etwas nach oben gedreht. Über den russischen Schlußmann hinweg segelte er ins Tor.

1 : 1 nach 29 Minuten!

Wir hielten uns nicht an den einheimischen Brauch, einen Treffer gelassen zu kassieren. Spontan liefen wir auf

Fritz zu und nahmen ihn um den Hals. Die russischen Zuschauer klatschten für unsere Leistung eifrig Beifall.

Um ein Haar wäre Freund Fritz gleich hinterher noch einmal zum Zug gekommen, und zwar mit einem Weitschuß aus zirka dreißig Metern. Der Ball zischte nur knapp am runden weißen Pfosten des Russentores vorbei.

Das 1 : 1-Unentschieden hielt sich bis zur Pause.

Wir waren ganz zufrieden mit dem bisherigen Spiel.

»Strengt euch an!« sagte Herberger. »Es wird schon klappen.«

»Übermenschen sind die auch nicht«, meinte Jus.

»Wenn es bloß nicht so scheußlich schwül wäre«, stöhnte ich. Mir lief das Wasser nur so am Körper hinunter. »Die Hitze macht einen ganz kaputt.«

»Wir sollten es vielleicht mehr über den linken Flügel versuchen«, schlug Herberger vor. »Der Ogonjkow macht dem Helmut das Leben zu sauer.«

An diese Worte dachte Fritz Walter womöglich, als er wenig später einen abgewehrten Ball an Schäfer weitergab. Der Kölner verstand sich augenblicklich mit seinem Vereinskameraden Röhrig. Im Duett spielten sie sich nach vorn durch. Hans kam dabei der Torauslinie schon verdächtig nahe. Doch mit einem schönen Drehschuß lenkte er den Ball aus unmöglichem Winkel ins russische Tor. Jaschin stand etwas vor der Linie, weil er mit einer Flanke gerechnet hatte.

2 : 1! Wir führten gegen die große Sowjetunion.

»Heute klappt's wie in Bern!« rief Fritz im Vorüberlaufen.

»Nicht nachlassen! Was die können, schaffen wir auch.«

Der gute Wille war ganz gewiß vorhanden. Aber die Russen drehten ebenfalls gewaltig auf. Sich vor eigenem

Publikum eine Blöße geben? Für sie war das ein Ding der Unmöglichkeit, eine regelrechte Schande. Sie feuerten sich über den ganzen Platz hinweg laut und leidenschaftlich an. Wir spürten es sofort: Der Druck wuchs und wuchs. Verzweifelt warfen wir uns der Flut entgegen.

Ausgerechnet in dieser Periode hätten wir um ein Haar unser drittes Tor geschossen. Liebrich gab weit nach vorn zu Fritz Walter. Meine beiden Bewacher Ogonjkow und Baschaschkin kümmerten sich ausnahmsweise für kurze Zeit nicht um mich.

»Friedrich!« brüllte ich aus vollen Halse. »Zu mir!«

Fritz sah mich losstarten und nahm genau Maß. Mochte Ogonjkow ruhig hinter mir herrasen! Der holte mich nicht mehr ein. Mit dem Ball am Fuß brauste ich Jaschin entgegen. Haarscharf an ihm vorbei schoß ich ein.

Tor! Es war ein Tor! Aber Schiedsrichter Ling aus England hatte vorher abseits gepfiffen, weil der Linienrichter seine Fahne hob.

Dieser Augenblick entschied vielleicht das ganze Spiel. Mit einem 3 : 1-Vorsprung hätten wir uns garantiert nicht mehr einschüchtern lassen. Auf die Russen hätte er ebenso sicher enervierend gewirkt. So schöpften sie wieder Mut und setzten ihre Belagerung hartnäckig fort.

Eine Zeitlang spielte sich alles in unsere Hälfte ab. In der 70. Minute endlich fiel der befürchtete Ausgleich. Maslonkin, der rechte Läufer, schoß für seine Kameraden das kostbare Tor. Unsere Abwehr schaute zu wie hypnotisierte Kaninchen.

Die Ränge erbebten unter dem Beifallsorkan des Publikums. 2 : 2!

Die Russen waren nun nicht mehr zu bändigen. Sie hatten alle Vorteile auf ihrer Seite: die bessere Kondition, die Publikumsunterstützung, das Vertrautsein mit Klima und Platz. Bereits vier Minuten später brachte Linksaußen Iljin seine Mannschaft in Führung. Werner Liebrich kam um den Bruchteil einer Sekunde zu spät. 2 : 3!

Mit diesem Ergebnis waren die Russen offensichtlich ganz zufrieden. Sie verminderten das Tempo, paßten dafür höllisch auf, daß der deutsche Sturm kein Unheil mehr anrichtete. Und nun stellte sich heraus, daß wir eben doch nicht die Kondition von Bern besaßen, sonst hätten wir gewiß aus dieser Situation noch Kapital geschlagen.

Es blieb beim 2 : 3. Keine peinliche, sondern eine höchst achtbare Niederlage! Das wurde uns von Freund und Feind bereitwillig bestätigt.

In dieser Form unterlegen zu sein, verschaffte uns viel Sympathien. Es wurde noch ausgiebig gefeiert, am Sonntagabend und am Montag auch. Wir machten die Bekanntschaft des berühmten russischen kalten Büffets, auf dem Kaviar nur eine von vielen Delikatessen ist. Zu all den Kostbarkeiten tranken wir herrlichen roten Krimsekt. Mit den russischen Spielern tauschten wir Geschenke aus, schüttelten uns die Hände und versicherten uns gegenseitig unserer Freundschaft.

Wenn alle Menschen auf der Welt sich so gut verstünden wie wir Sportler – es gäbe keine Aufrüstung, keinen kalten und keinen heißen Krieg …

Formtief und neuer Anlauf

August Gottschalk hatte nach der Deutschen Meisterschaft Abschied von Rot-Weiß Essen genommen. Wieviel
wir mit ihm verloren, sollte sich im Verlauf der Saison
1955/56 deutlich zeigen. Der Verein hatte einen ausgesprochen schlechten Start und rangierte zunächst wenig
dekorativ am Tabellenende.

Aber Gottschalk fehlte uns nicht nur als Regisseur, als
Spielmacher, er fehlte uns auch als Mensch. Einer Familie war sozusagen der Vater genommen worden. Alle
trauerten ihm aus ehrlichem Herzen nach. Zwar war er
in seiner Gastwirtschaft am Germania-Platz in Borbeck
jederzeit für uns zu sprechen, aber es war nicht mehr dasselbe.

Wenn der Verein in eine Flaute hineingeraten war, so
ließ sich das von mir selbst erst recht behaupten. Die
leidlichen Gewichtsschwierigkeiten machten mir wieder
zu schaffen, außerdem wurde ich verletzt und wochenlang zum Pausieren gezwungen. So kam es, daß Herberger mich zu den beiden Länderspielen gegen Jugoslawien
und Norwegen nicht aufstellte. Erst gegen Italien, am
18. Dezember 1955, war ich wieder dabei.

Es war ein Spiel der Jubiläen: für Herberger der 110.,
für Fritz Walter der 50. und für Jupp Posipal der 30.
Länderkampf.

»Das verpflichtet!« meinte der Chef. »Überhaupt sind
wir den Italienern von Stuttgart her noch Revanche
schuldig.«

Von Grünwald aus reisten wir in dicken Wintermän-
teln in den Süden. Bereits an der Stazione Termini in

Rom verwünschten wir, sie mitgenommen zu haben. Die Sonne lachte von einem wolkenlosen und tiefblauen Himmel. Und wir hatten in München noch Schneeballschlachten veranstaltet.

So sehr Herberger sich einen Sieg wünschte, so intensiv wir taktisch auf den Gegner eingestellt wurden, das Spiel gegen die Squadra Azzurra stand nicht unter dem günstigsten Stern. Es fing damit an, daß Jupp Posipal nach fünfzehn Minuten ernstlich verletzt vom Platz mußte. Für ihn kam Juskowiak aufs Feld. Nach einer guten halben Stunde fabrizierte Karl Mai durch unglücklichen Abwehrschlag ein Eigentor. 0 : 1!

Fritz Walter, mein Nebenmann auf dem rechten Flügel, bemühte sich mit Bienenfleiß, System in unser Spiel zu bringen. Mit seinen 35 Jahren rannte er am meisten von uns allen. Gegen die Italiener war in der ersten Halbzeit aber nicht viel auszurichten. Sie bewachten jeden von uns mit Luchsaugen und erstickten gefährliche Vorstöße meist schon im Keim.

In der zweiten Hälfte spielten wir wenigstens fürs Auge schön. Unsere Kombinationen flossen zügiger. Wenn ich auf meinen rechten Flügel stürmte, lief ich jedesmal an der Ersatzbank vorbei, auf der Herberger saß. Schon in der Kabine war er niedergeschlagen gewesen. Jetzt versuchte er, durch Zurufe mehr Schwung in unseren Laden zu bringen:

»Helmut, ziehen Sie doch mal allein los!« verlangte er. »Schießen Sie einfach!«

Ich versuchte mein Möglichstes, aber Cervato, mein Bewacher, klebte mir förmlich an den Fersen. Ich bekam selten eine Einschußchance, und vieles glückte nicht so, wie ich wollte.

Immerhin gelang auch den Azzurri bis zur 82. Minute kein Treffer. Dann erst fand einer von ihnen, Rechtsaußen Boniperti, den Weg in unseren Kasten.

0 : 2 – so kurz vor Schluß! Das konnte, das mußte der Sieg sein. Die Zuschauer feierten ihn jetzt schon klatschend, schreiend, trampelnd. Das südländische Temperament ging mit ihnen durch.

Am Sieg gab es nichts mehr zu rütteln, wohl aber am Resultat. Eine Minute vor dem Abpfiff durch Schiedsrichter Ellis fiel das schönste Tor des Tages. Und das schossen wir. Ich paßte in die Mitte. Fritz gab steil nach vorn, Jupp Röhrig lief an und hämmerte aus vollem Lauf den Ball ins italienische Tor. Dieser Fünfzehn-Meter-Schuß war Qualitätsware. So etwas führten wir auch.

1 : 2! Wir hatten wenigstens unsere Visitenkarte abgegeben.

»Los, Männer, nochmal ran!« schrie Fritz.

Offenbar vergaß er ganz, daß wir unmittelbar vor dem Schluß standen.

Anstoß! Noch ein kurzes Drängen!

Aus!

Was wir nun noch zu bieten gehabt hätten, wenn … danach wurde nicht gefragt. Ein Spiel dauert neunzig Minuten. Und man hat in dieser Zeit, nicht hinterher sein Können unter Beweis zu stellen.

Am Montag gewährte Papst Pius XII. der deutschen Nationalmannschaft eine Audienz. Vor uns hatte er Bundesarbeitsminister Storch und Außenminister von Brentano empfangen. Storch hatte, als er uns im Vorzimmer des Audienzsaales erblickte, ein paar herzliche Worte für uns übrig, Brentano hingegen geruhte, uns zu übersehen.

Papst Pius unterhielt sich mit uns in deutscher Sprache. Er fragte jeden nach seiner Heimatstadt und seiner Familie. Außerdem ließ er sich von Bundestrainer Herberger über den derzeitigen Stand des deutschen Fußballsports unterrichten. Zum Abschluß stellte er sich für ein Erinnerungsfoto zwischen uns.

Aus dem milden Klima Italiens kehrten wir nach Deutschland zurück, um mit unseren Familien Weihnachten zu feiern.

Im Klubheim von Rot-Weiß, meinem zweiten Zuhause, saßen wir im Winter nach dem Training abends häufig gemütlich beisammen. Fritz Szepan erzählte dann von Schalkes großer Zeit – als die Kumpels aus Gelsenkirchen arbeitslos gewesen waren und sich ganz aufs Fußballspielen verlegt hatten. Von früh bis spät waren sie auf dem Platz zu finden gewesen und glänzend in Form gekommen. »Es war eine schwere, aber herrliche Zeit«, schwärmte der ehemalige Schalker.

Beim Training sorgte er dafür, daß wir immer gern mitmachten. »Wir müssen doch stark sein!« sagte er beispielsweise, bevor wir in ein Spiel gingen, oder auch: »Mann, von denen können wir uns doch nicht schlagen lassen! Die fressen wir doch auf!«

Aber wehe uns, wenn wir verloren. Dann konnte Szepan hart wie Kruppstahl werden. Nicht einmal, zwanzigmal jagte er uns um den Platz. Einer mußte den anderen auf den Rücken nehmen und mit ihm laufen, Bockspringen, noch mal Starts. Wie beim Barras! Außerdem verkehrte er auf dem Trainingsplatz mit uns grundsätzlich nur per »Sie«.

Nach einer Rücksprache mit Direktor Melches gab ich meine Arbeit als Chauffeur bei Didier auf. Ich sollte in Zukunft eine eigene Tankstelle übernehmen. Doch hierfür mußte ich erst einen mehrwöchigen Kursus absolvieren. Mit Eifer stürzte ich mich ins Gefecht.

Aber die Sache endete mit einer Enttäuschung. Mein neuer »Betrieb« lag auf einem Trümmergrundstück. Außer den Tanksäulen war so gut wie nichts vorhanden, kein Büroraum, keine Möglichkeit zur Wagenpflege, keine Abschmierbühne, nichts. Wegen des ungewöhnlich strengen Winters ließen viele ihre Wagen in der Garage. Es gab wenig zu tun, und ich setzte laufend Geld zu. Das war nicht nach meinem Geschmack. Ich hing den Job schnell wieder an den Nagel. Heute führt die Tankstelle ein Vereinskamerad, allerdings wurde sie inzwischen vollkommen modernisiert und ausgebaut.

An einem Sonntag im April 1956 sollte Rot-Weiß in Duisburg gegen Fortuna Düsseldorf spielen. Es ging um den Westdeutschen Pokal.

Ich war gerade im Klub, da rief mich meine Frau telefonisch nach Hause zurück.

»Du, Helmut, ich glaub, du mußt mich ins Krankenhaus bringen.«

Wir erwarteten unser zweites Kind.

Ich fuhr schnell in die Wohnung, lud Gerti in den Wagen und lieferte sie auf der Wöchnerinnenstation des Städtischen Krankenhauses ab.

Nervös marschierte ich im Flur auf und ab.

Endlich kam der Arzt.

»Kann ich warten oder sonst was tun, Herr Doktor?«

»Vorläufig nicht. Wenn es soweit ist, rufen wir Sie an.«

»Aber Rot-Weiß hat heute ein wichtiges Spiel in Duisburg.«

»Fahren Sie ruhig los. Wir finden Sie schon.«

Ich kehrte voll Unruhe erst noch mal in die Wohnung zurück. Kaum hatte ich die Tür aufgeschlossen, klingelte das Telefon.

»Hier Schwester Sowieso. Herr Rahn, ich möchte Ihnen nur sagen, Sie haben einen gesunden Sohn bekommen.«

»Aber das ist doch gar nicht möglich, ich war doch eben noch im Krankenhaus.«

»Ja, Sie konnten kaum das Gelände verlassen haben, da war es schon soweit.«

Ich stürzte ins nächste Blumengeschäft und brauste wieder in die Klinik zurück. Meiner Frau ging es gut. Das war die Hauptsache! Ich hätte an und für sich lieber ein Mädchen gehabt. Nun war es zum zweiten Mal ein Junge, und wir freuten uns auch.

»Und jetzt lassen wir Ihre Frau mal richtig ausschlafen!« bestimmte die Schwester.

»Dann kann ich doch noch zum Spiel?« fragte ich unsicher.

»Fahr nur, Helmut. Du kannst im Augenblick nichts für mich tun«, redete Gerti mir zu. »Wir sehen uns morgen, nicht wahr?«

Als die Mannschaft vom Rahnschen Familienzuwachs erfuhr, gab es ein großes Hallo.

»Da ist 'ne Runde Freibier fällig!« hieß es sofort.

»Na klar! Aber laßt uns erst mal spielen.«

Wir verloren übrigens, aber das war in diesem Fall nicht so wichtig. Ich spendierte meine Runde und stand dann vor der Frage: Sollte ich nach Hause gehen oder nicht? Aber was fing ich so mutterseelenallein daheim an? Ich brauchte Geselligkeit, deshalb kehrte ich nochmals in meine Stammwirtschaft ein.

Natürlich traf ich hier massenhaft Bekannte.

Als ich mir auf der Toilette die Hände wusch, meinte jemand:

»Du bist zu beneiden, Helmut, schon wieder ein Junge! Sag mal, wie machst du das bloß? Wir kriegen ein Mädchen nach dem anderen!«

»Das liegt nur an meiner Kraft!« sagte ich und hängte mich zur Untermalung meiner Worte an den Wasserhahn. Wums – blieb er mir in der Hand. Ein dicker Strahl schoß heraus, im Nu war die ganze Toilette überschwemmt. Durch die Tür ergoß sich der Segen in den Gang und in die Gaststube. Alles sprang entsetzt hoch und rief nach der Wirtin. Sie war im Moment nicht aufzufinden. Niemand wußte, wo der Haupthahn zum Absperren war.

»Zuhalten!« schrie jemand und stürzte gleich hin, um das Loch mit beiden Händen abzudichten. Sofort sah er aus wie eine nasse Katze.

Der Absperrhahn befand sich, wie man endlich entdeckte, im Nebenhaus. Als er zugedreht und der Strahl versiegt war, schöpften wir zusammen mit der inzwischen zurückgekehrten Wirtin in Eimern das Wasser nach draußen.

»Die Kosten für die Reparatur gehen natürlich auf meine Rechnung«, sagte ich.

Doch als ich am anderen Morgen auf dem Weg zum Krankenhaus vorbeifuhr, um nach dem Rechten zu sehen, war alles bereits wieder gerichtet und in schönster Ordnung.

»Was hab ich zu blechen?« fragte ich anstandshalber.

»Lassen Sie's nur gut sein, Herr Rahn«, meinte die Wirtin. »Aber daß Sie die Taufe für Ihren Sprößling ausgerechnet hier veranstalten mußten ...«

In der zweiten Saisonhälfte holte Rot-Weiß Essen wieder mit Riesenschritten auf. Allmählich schob es sich auf den fünften Tabellenplatz. Fritz Herkenrath hatte fraglos mit den größten Anteil an den Erfolgen des Vereins.

Herberger berief unseren Volksschullehrer dann auch nahezu regelmäßig zu seinen Länderspielen. Bei mir geschah das nicht mehr mit der gleichen Selbstverständlichkeit. Als wir am 13. März 1956 in Düsseldorf gegen Holland gespielt hatten, war ich auf der Zuschauerbank gesessen. Rechtsaußen hatte Berni Klodt gestürmt. Wie das Match gegen Italien endete übrigens auch dieser Kampf mit einer Niederlage.

Zusammen mit Fritz Herkenrath und Heinz Wewers sollte ich hingegen zum Spiel gegen England nach Berlin kommen. Nun hatte ich mir daheim auf dem Platz durch Verletzung ein dickes Knie geholt. Ich fuhr nur als Zuschauer mit nach Braunschweig, wo Rot-Weiß eine Gastvorstellung gab. Im Anschluß an die Begegnung in Braunschweig sollten Herkenrath, Wewers und ich verabredungsgemäß von Hannover aus nach Berlin fliegen.

Dabei kommt doch nichts raus! überlegte ich. Wenn ich mit dem defekten Knie spielte, würde es garantiert wieder schlechte Kritiken hageln. Das kannte man doch. Warum sich also erst der Gefahr aussetzen, verrissen zu werden? »Nehmt meine Karte mit«, sagte ich zu den beiden Kameraden, »und bestellt dem Chef, ich wäre lieber mit der Mannschaft nach Essen zurückgefahren. Näheres schreibe ich ihm in einen Brief.«

Das war, wie ich zugeben muß, nicht hundertprozentig korrekt. Und Herberger kriegte es prompt in die falsche Kehle. Ich hätte wenigstens nach Berlin kommen müssen, fand er. Ob ich dann spielen konnte oder nicht, wäre eine andere Frage gewesen.

In jedem der folgenden Länderspiele (gegen Norwegen, Schweden, Rußland und die Schweiz) probierte er einen anderen Rechtsaußen aus. Einmal hieß er Bäumler, einmal Klodt, einmal Waldner und einmal Vollmar.

»Du kommst in die Nationalmannschaft nicht mehr rein, Helmut«, meinten einige Essener Bekannte nicht ohne Schadenfreude.

Durch Verletzungen, von denen eine sieben Wochen dauerte, war ich unfreiwillig zu Ruhepausen gezwungen worden. Ich hatte laufend zugenommen. Daß ich mit meinen 87 Kilo keine Fußballer-Idealfigur mehr abgab, sah ich selbst ein.

»Und ich verspreche euch, daß ich doch wieder Rechtsaußen in der Nationalmannschaft werde!« gelobte ich.

»Da darfst du dich aber mächtig am Riemen reißen.«

»Tu ich auch. Ihr werdet es sehen!«

Ich biß die Zähne zusammen und ging von früh bis spät trainieren. Mutterseelenallein lief ich morgens meine fünf, sechs Kilometer.

Unser neuer Trainer Elec Schwarz unterstützte mich nach besten Kräften. Er hatte Fritz Szepan abgelöst, der nach Marl-Hüls gegangen war.

Im November 1956 erhielt Schwarz, von Nationalität Ungar (und heute Betreuer der holländischen Länderelf), Besuch aus seiner Heimat. Honved Budapest, die berühmte Mannschaft, der unter anderem Puskás, Csibor und Kocsis angehörten, spielte in Essen gegen eine Kombination aus Rot-Weiß und Fortuna Düsseldorf.

Kurz nachdem Honved von Budapest abgereist war, hatte der ungarische Volksaufstand die Welt erschüttert. Die Spieler wußten noch nicht, was aus ihren Familien geworden war, und sie wußten auch nicht, ob sie jemals wieder in die Heimat zurückkehren könnten. Die Anteilnahme der Essener Bevölkerung am Schicksal der Ungarn war erschütternd.

Während des Flutlichtspiels ereigneten sich unglaubliche Szenen. Das Rot-Weiß-Stadion faßt für gewöhnlich 40 000 Menschen. Mindestens 50 000 aber hatten sich mit und ohne Eintrittskarten Zutritt verschafft. In dicken Reihen standen sie bis dicht an den Spielfeldrand und behinderten die Akteure empfindlich in ihrer Bewegungsfreiheit. Das kleine Trüppchen aufgebotener Polizei mußte machtlos zusehen.

Das Spiel endete 5 : 5 unentschieden. Doch selten kam es so wenig auf ein Resultat an wie in diesem Fall.

Zum Länderspiel gegen Irland am 25. November 1956 habe Herberger eine Verlegenheitsmannschaft zusammengetrommelt, behaupteten viele.

Vier Tage vor dem Treffen in Dublin hatte die deutsche Elf in Frankfurt gegen die Schweiz gekämpft und einige Verletzte gehabt. Mag sein, daß der Bundestrainer wirklich als Notlösung wieder auf mich zurückgriff. Womöglich hatte er aber auch von meinen enormen Anstrengungen erfahren, mit denen ich meine Kondition zurückerobern wollte.

»Na, Helmut«, meinte er im Flugzeug, »jetzt sehen Sie schon wieder ganz anders aus. Ein paar Pfund noch, und

184

Sie haben es geschafft. Sie sind doch noch so schnell. Ich hätte Sie gern wieder dabei.«

Leider ließen sich die Iren durch meine Nominierung nicht einschüchtern, sie schlugen uns mit dem für sie ein bißchen schmeichelhaften Ergebnis von 3 : 0. Ich persönlich hatte ganz ordentlich ausgesehen, mich aber wohl zu brav dem mannschaftlichen Spiel untergeordnet.

»Rahn war gut«, hieß es hinterher, »leider gab er zu oft ab und unternahm zu wenig auf eigene Faust.«

Wie man's macht …

Gegen Belgien, am 23. Dezember 1956 in Köln, wäre ich, wenn es nach Herberger gegangen wäre, wieder dabei gewesen. Leider war ich verletzt. Aber nun ließ ich nicht mehr locker, ich steigerte meine Kondition und sah voll Spannung dem nächsten Länderspiel gegen Österreich entgegen. Am 10. März 1957 sollte es in Wien ausgetragen werden.

Ich hatte richtig kalkuliert. Als der Bundestrainer einige Zeit vor der Österreichreise seine Schützlinge in die Sportschule nach Duisburg-Wedau rief, erhielt auch ich meine Einladung.

»Sie haben im Verein wieder gute Spiele geliefert, Helmut«, sagte der Chef. »Ihr Gewicht ist auch in Ordnung. Sie sind wieder fit.«

Bevor wir nach Wien fuhren, machten wir in München Station. Hier sollten die B-Mannschaften der beiden Länder unter Flutlicht gegeneinander antreten.

»Macht es dir was aus, wenn du eine Halbzeit in der B-Elf mitspielst?« erkundigte sich Helmut Schön. »Es wäre eine gute Gelegenheit, den Leuten zu zeigen, daß du wieder da bist.«

»Ich tu das ganz gern.«

»Ja, und der Chef meint, du solltest als Mannschaftskapitän aufs Feld gehen.«

Ich spürte, welche Aufmunterung und welcher Vertrauensbeweis hinter dieser Anordnung steckte, und ich beschloß sofort, mein Möglichstes zu tun.

Vor dem Anpfiff liefen wir uns noch einige Minuten warm. Dabei gab ich ein paar saftige Torschüsse zum besten. Das Stadion an der Grünwalder Straße war ausverkauft. Die Münchner klatschten begeistert Beifall.

Natürlich hatte es wenig Sinn, sich vor dem Spiel hervorzutun. Ich strengte mich auch im Verlauf der nächsten 45 Minuten gewaltig an und schoß zwei Tore. Einmal in Schwung, hätte ich gern weitergekämpft, aber ich sollte für das Auftreten der A-Mannschaft am Mittwoch geschont werden. Waldner übernahm in der zweiten Halbzeit meinen Posten.

Nicht ein einziges Tor hatte ich seit dem großen Sieg von Bern in der deutschen Nationalmannschaft schießen können, mein »come back« feierte ich gleich mit vieren: zwei beim B-Spiel und zwei beim Ländermatch in Wien, das wir 3 : 2 gewannen. »Wiener Frühling für Rahn«, schrieb eine große Sportzeitung.

Treffer Nummer eins war in der 25. Minute gefallen. Berti Kraus spielte mir in aussichtsreicher Position den Ball zu. Ich nahm an, umdribbelte zwei, drei Mann und machte mit dem linken Fuß ein Bombentor.

Berti Kraus, der mir eben die brauchbare Vorlage serviert hatte, schloß sich in der 32. Minute selbst mit einem Treffer an. Das 1 : 2 erzielte Wagner in der 58. Minute durch Elfmeter.

In der Mitte der zweiten Halbzeit gab es einen Freistoß für uns. Ich sollte ihn – laut Absprache – ausführen.

Die Wiener bauten eine Mauer, und ihr Schlußmann plazierte sich ziemlich links in der Ecke. Ich peilte Mauer und Torwart an und erkannte, daß in der rechten oberen Ecke des Kastens ein Loch offen war. Ich lief an und knallte den Ball so exakt in die anvisierte Stelle, daß links und rechts kein Zentimeter mehr übrigblieb.

3 : 1! Die Kameraden gratulierten begeistert zu diesem Schuß. Daß es in der 74. Minute noch 2 : 3 durch Buzek hieß, war nur ein Schönheitsfehler, änderte aber nichts an der Tatsache, daß wir in Wien ein großes Spiel geliefert und verdient gewonnen hatten.

Herberger strahlte. Später im Hotel besuchte er Heinz Wewers und mich in unserem Zimmer. Ich stand gerade mit nacktem Oberkörper vor dem Spiegel.

»Das ist kein Fett mehr«, sagte er und fühlte dabei an meine Hüfte. »Das sind jetzt Muskeln. Ich meine, Helmut, Sie sind wieder in Schuß.«

Einen neuen Vertrauensbeweis gab mir der Chef vor dem Länderspiel gegen Holland am 3. April 1957 in Amsterdam. Zum ersten Mal ernannte er mich zum Kapitän der A-Mannschaft, für mich war das eine große Ehre, und ich fühlte mich entsprechend.

Sogar in einigen heiklen Fragen zog mich der Chef zu Rate. So bat er mich beispielsweise, Szymaniak ein bißchen aufzumöbeln. Unser Läufer hatte sich bei einem Vereinspiel leicht verletzt, machte aber mehr Theater, als unbedingt nötig war. Nach Auffassung von Herberger konnte er sehr wohl antreten.

Ich unternahm einen diesbezüglichen Vorstoß.

»Nee, Boß, das hat keinen Zweck. Ich hab wirklich Schmerzen in der Leistengegend«, wehrte Szymmi ab.

»Das gibt sich schon. Komm, sei kein Spielverderber.«

»Du weißt selbst, wie das ist: Wenn man nicht hundertprozentig funktioniert, wird man angemeckert. Keiner denkt dann mehr daran, daß man eigentlich nicht spielen wollte.«

»Ja, ich kenne das. Und doch: Mach keinen Quatsch, hilf mit, daß wir gewinnen.«

Zum guten Schluß ließ Szymmi sich breitschlagen. Wir siegten über die Holländer 2 : 1. Bester Mann auf dem Platz aber war an diesem Tag niemand anders als Horst Szymaniak aus Wuppertal.

Zur Gratulation gab es Tulpen. Meine Frau, die nach Amsterdam gekommen war, um mich zum ersten Mal als Mannschaftskapitän zu erleben, erhielt ebenfalls Tulpen. Am Bahnhof kauften die Spieler vor der Heimfahrt – Tulpen.

Pfiffe statt Tulpen gab es für die deutsche Länderelf am 22. Mai 1957 beim Spiel gegen Schottland in Stuttgart. Verwöhnt durch die beiden glänzenden Siege über Österreich und Holland, verzieh man uns nicht, daß wir den hart trainierten Berufssportlern aus dem Norden des Britischen Inselreichs 3 : 1 unterlagen.

»Das war heute gar nichts, Männer!« bestätigte auch der Bundestrainer unzufrieden.

Schuld und Sühne

Unsere Schwächen im Schottlandspiel hatten Herberger zu denken gegeben. Wenn wir bei der Weltmeisterschaft in Schweden bestehen wollten, mußten wir noch gehörig an uns arbeiten. Er rief deshalb seine Nationalspieler schon Mitte Juli 1957 zu einem Vorbereitungslehrgang auf lange Sicht in der Sportschule München-Grünwald zusammen.

Schweden! Weltmeisterschaft 1958!

Diese Zauberworte leuchteten über all unserem Trainingsfleiß, unserer Einsatzbereitschaft und unserer Enthaltsamkeit. Als der Chef uns nach vierzehn Tagen aus seiner Obhut entließ, waren wir alle in Bombenform und strotzten nur so vor Tatendrang.

Beim ersten Spiel meines Vereins in der Saison 1957/58 war ich noch nicht aufgestellt. Rot-Weiß Essen trug ein Freundschaftstreffen gegen Hamborn 07 aus. Mit Zastrau, der ebenfalls im Lehrgang in München gewesen war, fuhr ich als Zuschauer hin. Nach dem Spiel – es war an einem Samstag – traf ich Penny Islacker, der wegen Verletzung pausierte. Wir hatten uns längere Zeit nicht gesehen und freuten uns, wieder einmal zusammenzusein.

»Was machst du gleich, Helmut?« fragte Penny.

»Ich fahr nach Hause. Oder wollen wir auf einen Sprung ins Vereinslokal?«

»Weißt du was? Wir könnten Bubi Hetzel besuchen.«

Hetzel, vor nicht allzu langer Zeit bekannter Torjäger und Mittelstürmer beim Meidericher Spielverein, war von Beruf Wirt des zuständigen Vereinslokals.

»Das können wir tun«, ging ich auf Islackers Vorschlag ein.

Ich ahnte nicht, welch üble Folgen diese Zusage im weiteren Verlauf des Abends für mich haben sollte. Hätte ich's geahnt – ich wäre dreimal von Essen nach Duisburg und wieder zurückgelaufen, statt mich in einen derartigen Leichtsinn hineintreiben zu lassen …

Bubi Hetzel selbst war gar nicht im Lokal, er befand sich auf Urlaub. Aber seine Frau nahm uns freundlich auf und setzte sich zu uns an den Tisch. Wir waren mehrere Essener, denn sowohl Penny Islacker als auch ich hatten in unseren Autos noch einige Kameraden mitgenommen.

Frau Hetzel spendierte eine Flasche Sekt. Und ein paar Freunde gaben ebenfalls eine Runde aus. Meidericher Spieler gesellten sich zu uns. Der Anteil an Getränken, der jeden traf, war nicht zu groß. Wir unterhielten uns etwa zwei Stunden lang und fuhren in durchaus vertretbarem Zustand nach Essen.

Hätte ich wie Penny Islacker meinen Wagen gleich nach Hause gesteuert, wäre nichts passiert. Aber ich hatte noch einen Bekannten dabei, den ich erst vor seiner Wohnung absetzen wollte. Unterwegs meinte er:

»Ach, Helmut, laß uns doch irgendwo noch ein Gläschen trinken. Morgen ist Sonntag, da brauchst du nicht zu spielen …«

Eigentlich hatte ich gar keine Lust. In München in der Sportschule hatten wir bewußt enthaltsam gelebt! Da war es eigentlich dumm, durch unnötiges Trinken die Kondition wieder zu gefährden. Aber da ich von Haus aus nun mal schlecht nein sagen kann, machte ich schließlich doch mit.

Etwa eine Stunde lang standen wir in einem bekannten Lokal noch an der Theke, tranken ein Bier, unterhielten uns über Fußball und tranken noch ein Bier.

Auch das wäre noch kein Staatsverbrechen gewesen, wenn ich mein Auto stehengelassen und zu Fuß nach Hause gewandert wäre. Der Bekannte, mit dem ich den Abstecher noch gemacht hatte, war klüger.

»Nee, laß mal, Helmut«, sagte er. »Die paar Schritte kann ich leicht gehen. Du brauchst mich nicht mehr heimzubringen.«

Er marschierte ab, und ich machte den unverzeihlichen, heftig bereuten, verfluchten Fehler, mich hinter das Steuerrad meines Wagens zu klemmen.

Auf der Straße war nicht mehr viel los. Es war zehn vorbei, dunkel, und es regnete. Den Weg kannte ich im Schlaf.

Ich fuhr die Frohnhauser Straße hinunter, da sah ich durch die verregneten Scheiben verschwommen, daß vor mir eine Absperrung war. Sofort trat ich auf die Bremse, aber es war bereits zu spät. Der Wagen rutschte in eine flache Baugrube.

Mit einem Schlag war ich knallnüchtern.

Ich stieg aus und besah mir den Schaden. Der Wagen hatte ganz schön was abgekriegt. Mit dem kam ich nicht mehr weit, er mußte abgeschleppt werden. Ärgerlich schlug ich die Tür zu.

Wie bist du hier bloß reingeraten? überlegte ich fieberhaft. Dabei blieb ich auf der Stelle stehen und wartete ab, was sich nun wohl ereignen würde.

Eine Zeitlang ereignete sich nichts, dann näherte sich ein Volkswagen.

»Ist was passiert?« erkundigte sich der Fahrer.

»Nein, Gott sei Dank nicht. Ich hab bloß meine Karre hier reinkutschiert und bring sie nicht mehr raus. Wo fahren Sie denn hin?«

»Nach Frohnhausen.«

»Ach, nehmen Sie mich doch mit. Ich ruf dann von zu Hause aus den Abschleppdienst an.«

»Ist gut, steigen Sie nur ein.«

Ich saß bereits im Volkswagen, da brauste die Funkstreife heran. Sie hielt, ein Polizist stieg aus, der andere fuhr weiter. Er dachte vermutlich, der Wagen wäre geklaut oder sonstwas und wollte hinter dem womöglich getürmten Fahrer her.

Der Polizist, der ausgestiegen war, ging um meine havarierte Karre herum, besah sie sich von allen Seiten und steuerte dann auf den Volkswagen zu.

»Haben Sie den Fahrer nicht gesehen?« fragte er den Besitzer.

»Nein.«

»Und Sie?« wandte er sich an mich. Plötzlich erkannte er mich. »Ach, Herr Rahn! Das ist – das ist ja Ihr Wagen.«

»Da haben Sie recht.«

»Dann steigen Sie mal aus.«

Ich tat's.

»Haben Sie den Wagen gefahren?«

»Nein.«

»Wer dann? Natürlich haben Sie ihn gefahren. Tun Sie doch nicht so. Zeigen Sie mir mal Ihren Führerschein.«

Als der Wachtmeister dicht neben mir stand, merkte er, daß ich nicht ganz nüchtern war.

»Sie haben ja getrunken!« sagte er entrüstet.

»Aber nicht viel.«

»Das werden wir ja sehen.«

Er griff in die Tasche, zog ein paar Handschellen heraus und wollte sie mir anlegen.

Das ging mir nun doch über die Hutschnur.

»Ich bin doch kein Schwerverbrecher. Lassen Sie mich los!«

Ein Wort gab das andere. In meiner Empörung darüber, gefesselt zu werden, machte ich eine Abwehrbewegung, bei der dem Polizisten die Mütze vom Kopf flog.

»Das ist Widerstand gegen die Staatsgewalt. Das wird Ihnen noch leid tun!« schnauzte mich der Wachtmeister an. Er wohnte, wie sich später herausstellte, gar nicht weit von mir entfernt und kannte mich ganz gut.

Gnadenlos schleppte er mich zur Wache. Hier wurde ich den üblichen Prüfungen für alkoholverdächtige Autofahrer unterzogen. Ich mußte auf einem schmalen Strich balancieren, ein Streichholz aufheben und mir eine Blutprobe entnehmen lassen. Natürlich kam ans Tageslicht, was ich nicht verheimlichen konnte: Ich hatte mehr konsumiert, als einem Fahrer erlaubt ist. Niemand bereute das bitterer als ich selbst, der ich ja auch allein den Schaden hatte.

»Kann ich mal telefonieren?« fragte ich.

»Bitte. Aber zuerst zahlen.«

»Glauben Sie, ich lauf ohne Geld rum?«

Ich bestellte mir ein Taxi, um nach Hause zu fahren. Meinen Wagen ließ die Polizei abschleppen.

Sonntags drückte ich mich unglücklich zu Hause herum. Ich ärgerte mich schwarz über die unangenehme Geschichte, hoffte aber gleichzeitig, die Sache würde sich schon irgendwie erledigen und ich mit einem blauen Auge davonkommen.

Am Montagmorgen erlebte ich dann eine böse Überraschung: Als ich die Tageszeitung aufschlug, leuchtete es mir schon groß entgegen: Rahn betrunken am Steuer – Widerstand gegen die Staatsgewalt ... Ich wurde zum unverbesserlichen Sünder abgestempelt. An mir blieb kein gutes Haar.

Ich war total erledigt.

»Was werden sie wohl beim DFB dazu sagen?« fragte ich. Wenn ich an Herberger und meine nun gewiß hinfällig gewordene Teilnahme an der Weltmeisterschaft in Schweden dachte, wurde mir ganz elend.

Offiziell hörte ich nichts vom Deutschen Fußballbund. Aber durch die Presse erfuhr ich, man habe mich bis nach der Gerichtsverhandlung gesperrt.

Schloß sich Rot-Weiß der Ächtung an? Ich litt Höllenqualen. Aber Georg Melches hielt schützend die Hand über mich. Er trommelte die Mannschaft zusammen und hielt eine kleine Ansprache:

»Ihr habt ja alle gelesen, was über den Helmut geschrieben worden ist. Aber ihr wißt auch, im Grunde ist er immer ein anständiger Kerl gewesen. Daß ihm das nun passiert ist, darf für uns kein Grund sein, ihn auszuschließen.«

Drei Tage später sollte ein Flutlichtspiel gegen Eintracht Nordhorn stattfinden. Mir graute davor, mich nach dem Vorgefallenen wieder der Essener Öffentlichkeit zu zeigen. Womöglich hatte ich mir alle Sympathien verscherzt, vielleicht würde ich gnadenlos ausgepfiffen. Das hätte mich schlimmer getroffen als alles andere.

Mit bangem Herzklopfen lief ich mit der Mannschaft auf den Platz, wo 20 000 auf uns warteten. Kein Pfiff, kein gehässiger Zuruf. Nur vereinzelt ein Händeklatschen. Es kam von Anhängern, für deren Geschmack die

Zeitungen mich allzu madig gemacht hatten. »Ende eines Fußballtalents!« So und ähnlich hatte es geheißen. Das ging einigen nun doch zu weit.

Ich atmete auf. Von Feindseligkeit war nichts zu spüren. Also lag es an mir, den richtigen Kontakt wieder herzustellen.

Ich strengte mich an, als hinge von diesem Spiel mein Seelenheil ab. Nicht eine einzige Sekunde gönnte ich mir Ruhe; ich schoß insgesamt drei Tore. Nach dem ersten war der Beifall herzlich. Nach dem zweiten war er begeistert. Nach dem dritten war er direkt erschütternd. Ich unterdrückte die aufsteigenden Tränen und lief und schuftete weiter. Die 20 000 hier im Stadion hatten mir bereits verziehen.

In den kommenden Wochen absolvierte ich mit Rot-Weiß die regulären Punktspiele, wie sonst auch. Aber die Sorgen bedrückten mich weiterhin. Was sollte nun aus mir werden? Wann war meine Verhandlung? Zu was würde man mich verdonnern? Wie ging überhaupt alles weiter?

Von seiten des DFB herrschte eisiges Schweigen. Auch von Herberger hörte ich nichts. Bei ihm zu Hause entspann sich in der Zwischenzeit (wie ich erst viel später erfuhr) einmal folgender Dialog zwischen dem Chef und seiner herzensguten Frau:

»Hast du dem Helmut Rahn schon mal geschrieben?«
»Nein.«
»Willst du das denn nicht bald tun?«
»Nein.«
»Du kannst doch den armen Kerl nicht einfach fallen lassen. Der wartet und wartet auf ein Zeichen von dir. Versetz dich doch mal in seine Lage.«

»Ich tu' es nicht!«

»Wie kann man nur so hart sein?«

»Hart? Nein! Aber er muß mal fühlen, daß er sich als Sportler solche Sachen nicht leisten kann.«

»Du hast ja recht. Aber einmal muß es auch wieder gut sein.«

»Wird es schon, laß dir nur Zeit.«

Von diesem Gespräch erfuhr ich, wie gesagt, erst viel, viel später …

Einstweilen lief ich weiter mit meinem großen Packen Sorgen rum. Beruflich spielte ich seit einiger Zeit Vertreter für Arbeits-Schutzbekleidung. Ohne Führerschein war das nicht so leicht. Gutmütige Freunde schusterten mir gelegentlich irgendeinen Job zu. Ich hielt mich, so gut es ging, über Wasser.

Im Oktober 1957 starb für alle überraschend unser Vereinskamerad Willi Grewer an einem Herzinfarkt. Er hinterließ eine unversorgte junge Frau und ein kleines Töchterchen. Spontan faßten wir den Entschluß, Frau Grewer und dem Kind zu helfen. Wir wandten uns an eine Reihe bekannter Fußballer um ihre Mithilfe. Sie sollten als »West-Auswahl« gegen eine Kombination aus Rot-Weiß Essen und Fortuna Düsseldorf antreten. Den Reinertrag aus diesem Spiel sollte Grewers Witwe erhalten.

Fritz Walter, der von der Sache erfuhr, erklärte sich sofort bereit mitzumachen. Und zwar wollte er in Rot-Weiß-Kluft neben mir auf dem rechten Flügel stürmen. Fritz, der einer Darlehensgeschichte wegen selbst Schwierigkeiten mit dem DFB gehabt hatte, hielt Wort. Zum festgesetzten Tag erschien er in Essen und drückte allen Rot-Weiß-Spielern herzlich die Hand.

Der immer noch schwelende Groll des 1. FC Kaisers-lautern gegen den Deutschen Meister von 1955 sollte endgültig begraben sein.

Zum Willi-Grewer-Gedächtnisspiel kamen 30 000 Menschen. Das ergab eine ansehnliche Summe an Ein-trittsgeldern. Der Witwe unseres verstorbenen Kame-raden war sie eine spürbare Hilfe.

Fritz Walter, mit dem ich mich während seines Auf-enthalts in Essen aussprach, versuchte, mich zu trösten. Natürlich hatte auch er verständnislos den Kopf geschüt-telt, als er von meiner bedauerlichen Entgleisung erfuhr. Als Freund hatte er aber auch schnell eine Entschuldi-gung gefunden.

Auch ihn drückte der Schuh. Man sprach in diesen Ta-gen schon intensiv von den Vorbereitungen für die Welt-meisterschaft in Schweden. Herberger sollte sogar schon Quartier für die deutsche Mannschaft gemacht haben. Konnte man davon reden hören, ohne von der Sehnsucht gepackt zu werden, dabei zu sein? Fritz hatte seit einem Jahr nicht mehr in der Länderelf gespielt. Würde sich Herberger vor Schweden noch mal an ihn erinnern, ihn in seine Pläne einbeziehen?

Das Jahr 1957 ging dem Ende zu. Die Nationalmann-schaft spielte ohne Fritz und mich in Hamburg gegen Schweden, in Hannover gegen Ungarn, und gewann bei-de Begegnungen 1 : 0. Es war hart, an all dem keinen An-teil mehr zu haben. Aber die eigentliche, die gerichtliche Strafe für meine Missetat stand noch aus.

Im Dezember fand endlich die Verhandlung statt. Als ich hinging, drückte meine Frau mir beide Daumen. Sie selbst blieb zu Hause. Wir konnten uns gut ausmalen, was los sein würde.

Der Termin hatte in sämtlichen Zeitungen gestanden. Die Verhandlung, die ursprünglich im kleinen Gerichtssaal stattfinden sollte, wurde wegen des riesigen Publikumsandrangs in den großen verlegt. Der Raum war brechend voll. Viele kamen nicht mehr hinein und warteten draußen vor der Tür. Ich erkannte unter den Zuhörern einige DFB-Vertreter, Rot-Weiß-Spieler und eine Anzahl Journalisten. Einige von ihnen wollten mir sogar die Hand geben, aber ich ging kühl an ihnen vorbei. Die meisten hatten mich übel durch den Schmutz gezogen, nur wenige – sie gab es auch, das muß ich der Wahrheit zuliebe erwähnen – hatten Verständnis und menschliches Empfinden für mich aufgebracht.

Die Verhandlung verlief, wie wohl alle Verhandlungen dieser Art verlaufen. Der Staatsanwalt beantragte drei Wochen Gefängnis und 150 Mark Geldstrafe, letzteres wegen »Widerstands gegen die Staatsgewalt«.

Zur Urteilverkündung erhob sich alles von Plätzen. Ich erhielt vierzehn Tage Gefängnis ohne Bewährungsfrist und 100 Mark Geldstrafe.

Zusammen mit meinem Anwalt verließ ich den Saal und fuhr so schnell wie möglich nach Hause.

Kurze Zeit danach erhielt ich zum erstenmal wieder ein Lebenszeichen von Bundestrainer Herberger. Er hatte mich also nicht völlig abgeschrieben! Mir fiel ein Stein vom Herzen. Anfang 1958 hob der DFB die gegen mich verhängte Sperre wieder auf.

Das alles änderte nichts an der Tatsache, daß ich noch für vierzehn Tage ins Kittchen mußte, auch wenn mein Anwalt immer wieder versprach, mir diesen Gang zu ersparen. In meinem Fall blieb man ganz besonders hart.

So um den 15. März 1958 herum wurde mir mein Strafantrittsbefehl zugestellt.

»Muß ich nun gehen?« fragte ich meinen Anwalt telefonisch.

»Nein, lassen Sie den Brief ruhig liegen.«

Eines Morgens pünktlich um sechs Uhr standen zwei Po-
lizeibeamte vor der Tür, um mich abzuholen. Und wieder sträubte sich alles in mir dagegen, wie ein Verbrecher
abgeführt zu werden. Ich verließ die Wohnung nach hinten raus, während meine Frau öffnete und erklärte, ich
sei nicht mehr zu Hause.

Dieses wenig schöne Schauspiel wiederholte sich dreimal. Dann wurde es mir zu dumm. Wenn das so weiter
ging, wurde ich meines Lebens ja überhaupt nicht mehr
froh. Stundenlang lag ich nachts grübelnd im Bett, und
auch bei Spielen bedrückte mich die unbeglichene Rechnung ständig. Ich beschloß, die Zähne zusammenzubei-
ßen und den bitteren Gang anzutreten. Mit meinen Siebensachen unter dem Arm schob ich eines Mittags ab.

Kurz vor vier Uhr stand ich vor dem Kittchen und be-
gehrte Einlaß. Eine Tür wurde geöffnet, ich ging hinein.
Tür zu! Drin war ich!

»Wer sind Sie?«

»Helmut Rahn.«

»Haben Sie Ihren Strafantrittsbefehl?«

»Der liegt zu Hause.«

»Nun, wir kennen Sie auch so. Treten Sie ruhig näher.
Gehen Sie mal hier rein.«

Wieder öffnete sich eine Tür, fiel hinter mir zu. Ich
saß in einer kleinen »Empfangszelle«. Da saß ich zwei
Stunden lang. Dann wurde ich zum »Hausvater«, einem

Herrn Meyer, gebracht. Ich erhielt Bettzeug, Eßnapf, Besteck, Tasse, und kam in meine Zelle. Wieder Tür auf. Tür zu!

Helmut, jetzt bist du im Gefängnis! dachte ich unglücklich und schaute mich erst mal in meiner Behausung um. Es war ein großer, sauberer Raum mit fließendem Wasser. Außer mir war niemand da.

Nach fünf Minuten wurde die Tür geöffnet. Ein Wärter steckte den Kopf herein, starrte mich an, sagte: »Ach, entschuldigen Sie!« und zog sich wieder zurück.

Ein paar Minuten später wurde die Tür abermals geöffnet. Ein anderer Wärter steckte den Kopf herein, starrte mich an, sagte: »Ach, entschuldigen Sie!« und zog sich wieder zurück!

Das wiederholte sich noch einige Male. Jeder wollte den Sünder Rahn in seiner Zelle sehen. Es war mir wirklich ekelhaft, hier als eine Art Unikum begafft zu werden. Als die Zellentüren aufgesperrt wurden, weil die Häftlinge zur Essensausgabe gehen sollten, rührte ich mich nicht vom Fleck. Ich hätte sowieso keinen Bissen hinuntergebracht.

Drei Tage hielt ich es allein in meiner Zelle aus. Bisher hatte ich immer noch gehofft, man würde mich herausholen. Aber es ereignete sich nichts.

»Rufen Sie doch mal meinen Anwalt an!« bat ich den Wärter. Er tat mir den Gefallen.

Der Anwalt kam, erklärte, er habe ein Gesuch nach Düsseldorf ans Oberlandesgericht geschickt. Leider wäre nichts zu machen.

Nun setzte ich mich selbst hin und schrieb einen Brief an den Gefängnisdirektor. Ich bat, ihn einmal sprechen zu dürfen. Er ließ mich tatsächlich zu sich kommen.

»Nun, wo fehlt's, Herr Rahn? Haben Sie was auf dem Herzen?«

»Ich möchte Sie bitten, ein paar Leute, die aus ähnlichen Gründen brummen wie ich, zu mir in die Zelle zu legen. Das Alleinsein halte ich nicht mehr aus.«

»Mal sehen, was sich machen läßt«, versprach der Direktor.

Ein paar Stunden später erhielt ich Gesellschaft: einen Schreinermeisterssohn und einen Oberingenieur. Sie belegten zwei von den noch zu Verfügung stehenden sechs Betten. Nun wurde die Haft schon etwas erträglicher. Wir konnten uns wenigstens unterhalten.

Ich saß etwa sieben Tage im Kittchen, da wurde mir ein Brief nachgeschickt, in dem Bundestrainer Herberger mich zu einem Vorbereitungsspiel für die Weltmeisterschaft nach Basel einlud. Natürlich wußte der Chef nicht, wo ich mich augenblicklich aufhielt. Ich wurde beinah verrückt bei dem Gedanken, in Basel nicht dabei zu sein.

Kurz entschlossen, setzte ich mich erneut hin und bat den Gefängnisdirektor, ihn noch mal sprechen zu dürfen. Er ließ mich wieder vor. Ich erzählte ihm die Geschichte mit dem Vorbereitungsspiel und schilderte ihm drastisch, was für mich von dieser Reise abhing.

»Ich kann Sie beurlauben«, meinte er. »Wie lange sind Sie denn weg?«

»Wir treffen uns heute in München. Das Spiel in Basel findet Mittwoch statt. Donnerstag könnte ich wieder hier sein.«

»Gut, dann schreiben Sie Ihr Anliegen hier auf diesen Zettel.« Ich tat es. Er unterzeichnete, und ich wurde wieder in meine Zelle gebracht.

»Ich hole Sie gleich«, sagte der Wärter. »Packen Sie schon mal Ihre Sachen zusammen.«

Das brauchte mir niemand zweimal zu sagen. Ich beförderte alles kunterbunt in meine Tasche. Nur Besteck, Tasse, Blechnapf und so weiter ließ ich in der Zelle. Ich würde sie ja ab Donnerstag wieder brauchen.

Es dauerte noch gut drei Stunden, bis ich erlöst wurde. Jedesmal, wenn ich Schritte hörte, dachte ich glücklich: Jetzt! Jetzt! Ich konnte es nicht erwarten, wieder in Freiheit zu sein.

Endlich, endlich stand ich vor dem Gefängnis. Als ich die frische Luft einatmete, wurde mir ganz schwindlig. Alles drehte sich wie ein Karussell. Ich nahm die nächste Straßenbahn und fuhr nach Hause. Hier ließ ich mir von meiner Frau erst mal was Vernünftiges kochen, schlief ein paar Stunden lang und fuhr dann los nach München, wo sich die Spieler für Basel treffen sollten.

»Oh, Sie haben aber schön abgenommen!« sagte Herberger, als er mich sah. »Aber übertreiben dürfen Sie es mit der Abmagerung natürlich nicht. Sie sehen schlecht aus.«

Einstweilen erzählte ich dem Chef nicht, warum ich vierzehn Pfund verloren hatte und warum ich blaß war. Es würde sich schon noch eine Gelegenheit dazu bieten. Und die Kameraden, die das Flutlichtspiel gegen eine Schweizer Auswahl in Basel mitmachten, stellten keine Frage. Über die leidige Sache mit meinem Autopech wurde überhaupt nicht gesprochen. Wir lieferten eine gute Partie, und ich erzielte den einzigen Treffer des Tages, ein Kopfballtor. Beim Laufen hatte ich deutlich gespürt, wie wenig Mumm ich in den Knochen hatte. Aber ich hielt durch und ließ mir nichts anmerken.

Nach dem Spiel erkundigte sich Herberger diskret:

»Nun, Helmut, wie steht es denn jetzt mit Ihrer Sache?«

»Ich komme gerade daher«, sagte ich, das Wort »Gefängnis« geflissentlich vermeidend.

»Was? Das kann doch nicht wahr sein?«

»Doch! Ich hab für das Spiel Urlaub bekommen. Morgen muß ich wieder hin. Deshalb war ich auch nicht ganz so im Schuß«, sprudelte ich los. »Kein Training, das ungewohnte Essen …«

»So, so!« sagte Herberger bloß. Er konnte es offensichtlich nicht recht glauben. »Dafür haben Sie aber ganz ordentlich gespielt. Ja, dann gehen Sie mal morgen brav wieder rein und bringen Sie es hinter sich. Bis zur Weltmeisterschaft ist längst Gras über die Sache gewachsen.«

»Ja, das mach ich auch!« versprach ich.

Und ich meldete mich tatsächlich am nächsten Tag wieder im Kittchen. Hier kannten sie mich nun schon. Die Empfangszelle wurde mir erspart, ich kam gleich in die richtige. Ich wurde bereits mit Sehnsucht von meinen Schicksalsgefährten erwartet.

Fünf Tage später fand in Essen abermals ein Vorbereitungsspiel für die Weltmeisterschaft statt. Ich erhielt wieder Urlaub.

»Wenn Sie da herkommen, brauchen Sie sich nicht so übertrieben anzustrengen, Helmut«, meinte der Chef mitfühlend. »Aber wir sind nun mal in Essen, halten Sie wenigstens einigermaßen mit.«

Ich gab mir große Mühe, um nicht aus dem Rahmen zu fallen. Und ich glaube, es gelang auch einigermaßen.

Zwei Tage Knast blieben noch abzusitzen. Ich hoffte, es würde ein Wunder geschehen und sie würden mir geschenkt. Vorläufig ging ich nicht ins Gefängnis zurück. Mal sehen, was passierte.

Schon am nächsten Morgen um sechs Uhr läuteten wieder zwei Polizisten an unserer Wohnungstür. Ich stand auf, zog mich an und verließ das Haus durch den Hintereingang.

Meine Frau fragte durchs Fenster, zu wem die Herren wollten.

»Zu ihrem Mann!«

»Der ist weggegangen.«

Am nächsten Morgen klingelte es wieder pünktlich wie der Wecker.

»Ich möchte Sie doch bitten, uns nicht so früh wachzuläuten«, sagte meine Frau. »Schließlich hab ich zwei kleine Kinder.«

Sie ließen sich noch einmal abspeisen.

Natürlich wußte ich, daß es so nicht weiterging. Ich telefonierte wieder mit meinem Anwalt.

»Ist denn da gar nichts zu machen? Muß ich wirklich noch mal rein? Na schön, dann gehe ich gleich morgen. Dann hab ich endlich meine Ruhe.«

Der Anwalt sagte etwas von einem letzten Versuch, den er unternehmen wollte. Jedenfalls sollte ich, bevor ich ins Gefängnis ging, erst mal mit ihm in einer bestimmten Wirtschaft zusammentreffen.

Als ich zur verabredeten Zeit das Lokal betrat, erwartete mich der Anwalt zusammen mit einem Landgerichtsrat Dr. X.

»Wie lange waren Sie jetzt in Haft, Herr Rahn?« wurde ich gefragt.

»Einmal sieben Tage, einmal fünf. Es fehlen noch zwei.«

»Haben Sie Ihren Strafantrittsbescheid bei sich?«

Ich nahm ihn aus der Brieftasche.

Landgerichtsrat Dr. X ging damit zum Telefon und verhandelte mit dem Schreiben in der Hand eine ganze Weile.

Endlich kam er an unseren Tisch zurück.

»Nun gehen Sie mal schön zu Ihrer Frau nach Hause. Ich hab das für Sie geregelt.«

Ein paar Tage später erhielt ich eine schriftliche Aufforderung, für die beiden Tage 150 Mark ans Rote Kreuz zu zahlen. Damit war der Fall noch nicht erledigt: Ich mußte außerdem die 100 Mark Strafe blechen, 275 Mark für die beschädigte Straßenabsperrung und 1700 Mark für die Wagenreparatur. Eine teure Zeche! Aber – durch Schaden wird man bekanntlich klug …

Die siebzehn Spieler, die in Malmö die Fähre verließen, hatten die Reise von Deutschland nach Schweden gut überstanden. Wie die gesamte Expedition waren sie fröhlich und guter Dinge. Sie hatten es geschafft! Sie durften beim großen Weltmeisterschaftsturnier 1958 dabei sein!

Wenn es jemand gab, der dieses Glück besonders hoch zu schätzen wußte, so waren es Fritz Walter und ich. Für uns beide war, wenn auch aus wohlzuunterscheidenden Gründen, die Teilnahme an der Schwedenreise mehr als fraglich gewesen. Alle Zweifel, alle Ungewißheit lagen nun hinter uns. Es war beinahe wieder wie 1954. Beinahe!

Von der Weltmeisterelf waren außer uns beiden nur noch Hans Schäfer und Horst Eckel übriggeblieben, vom Gesamtaufgebot in der Schweiz: Herbert Erhardt, Berni Klodt und Heinrich Kwiatkowski. Zum ersten Mal waren dabei: Herkenrath, Juskowiak, Stollenwerk, Schnellinger, Wewers, Szymaniak, Schmidt, Seeler, Kelbassa und Sturm. Cieslarczyk reiste als achtzehnter später nach.

Bjärred, unser schwedisches Quartier, gefiel uns auf den ersten Blick längst nicht so gut wie Spiez. Aber Schweden besitzt nun mal keine Alpen. Und im Lauf der Zeit kamen wir auch hinter die landschaftlichen Schönheiten der Meeresküste. Im übrigen hätten wir uns selbst in Sibirien wohlgefühlt – ehrgeizig und spielbesessen wie wir waren.

Wie in alten Zeiten teilte ich mein Zimmer mit Fritz. Er nahm die Sache dieses Mal ganz besonders ernst, ging zeitig ins Bett, achtete sorgsam darauf, daß er immer gut ausgeruht war und führte nebenbei fleißig Tagebuch. Er nahm es nicht krumm, wenn ich ihn ab und zu allein ließ und mit den anderen meine Späße trieb. Wir spielten schon mal eine Runde Skat, liehen uns von schwedischen Halbwüchsigen Fahrräder aus und versuchten uns im Kunstfahren.

»Jetzt führ' ich dir mal einen anständigen Galopp vor«, sagte ich zu Szymaniak. Mit Pferden verstand ich von Haus aus umzugehen. Außerdem war ich viele Monate lang regelmäßig in Gelsenkirchen auf der Rennbahn zu finden gewesen, ja ich hatte regelrecht als Jockey gelernt.

»Das läßt du schön bleiben!« meinte Szymmi.

»I wo! Nur ein paar Ehrenrunden!«

Ich machte dem Mädchen durch Zeichensprache meinen Wunsch klar. Ein wenig zögernd überließ sie mir den Gaul. Ich schwang mich in den Sattel und wollte losreiten. Die Schwedin traute mir offenbar nicht über den Weg, denn sie ließ die Zügel nicht los. Endlich gab sie sie mir doch in die Hand. Und ich versuchte, das Pferd anzutreiben. Es gehorchte mir nicht, wohl weil es nicht Deutsch verstand. Oder wurde es etwa so stur, weil es Deutsch verstand? Wer will das wissen? Erst nach einer längeren Kraftprobe gab der Klügere nach – das Pferd! Widerwillig trug es mich ein paarmal im Kreis herum.

Natürlich hatten wir in den acht Tagen, die zwischen unserer Ankunft und dem ersten Spiel gegen Argentinien lagen, nicht nur Unfug im Kopf. Auf einem Platz in Lomma wurde fleißig trainiert, und Theorie war auch genügend fällig.

Unser südamerikanischer Gegner, von vielen als der große Favorit des Turniers angesehen, verlangte ein besonders intensives Eingehen auf seine Spielweise und Eigenart. Herberger hatte die Argentinier bei einem Gastspiel in Mailand gesehen und uns vor ihnen gewarnt. Wir würden es nicht nur mit großartigen Einzelkönnern, sondern auch mit einer idealen Mannschaft zu tun haben, versicherte er immer wieder.

Der 8. Juni 1958, an dem in insgesamt vier Gruppen die ersten Spiele der 6. Fußball-Weltmeisterschaft ausgetragen werden sollten, kam näher.

Gleichzeitig mit uns würden in Gruppe I die Nord-Iren gegen die Tschechen antreten. In Gruppe II würden Frankreich und Paraguay sowie Jugoslawien und Schottland aufeinandertreffen. Gruppe III sah die Spiele Schweden – Mexiko und Ungarn gegen Wales vor, und in Gruppe IV mußten sich die Österreicher mit den Brasilianern, die Engländer mit den Russen schlagen.

Wir saßen vor dem Mittagessen im Speisesaal, von dem aus sich ein herrlicher Blick auf das Meer bot. Vor unserem Fenster trieben sich vier oder fünf schwedische Jungen herum.

»Boß, sieh dir den Haarschnitt von dem Kleinen an!« sagte Jus. »Ist der nicht einmalig? Wenn du dir die Haare so schneiden ließest, sähst du wie 'ne Giraffe aus.«

»Spinn' doch nicht. Du ahnst ja gar nicht, was für einen schönen Kopf ich hab! Ich mach dir einen Vorschlag: Ich gehe heute zum Friseur und laß mir die Haare genau so schneiden, wie der Köttel da draußen.«

Alles lachte.

»Was gilt die Wette?« fragte ich.

»Du kriegst von mir fünfzig Mark«, versprach Jus.

»Wenn ich heute nachmittag zum Kaffee komme, sind meine Haare runter.«

Keiner wollte es glauben.

Ich fragte Herberger, ob ich während der Bettruhe in die Stadt fahren dürfte. Klodt und Kelbassa wollten ebenfalls zum Friseur. Der Chef hatte nichts dagegen. Ein im Hotel anwesender Bekannter fuhr uns mit dem Wagen hin.

Vor dem erstbesten Frisiersalon hielten wir an.

»Wer kommt als erster dran?« fragte Berni.

»Ich! Bei mir braucht er nur dreimal mit der Maschine durch. Das ist schnell geschehen«, sagte ich.

Der Friseur hängte mir den Umhang über die Schulter und sah mich fragend an.

»Fasson?« wollte er wissen.

»Nix Fasson!«

Durch Gesten versuchte ich ihm zu erklären, daß er die Haare hinten ganz abschneiden sollte. Berni und Alfred konnten sich das Lachen nicht verbeißen.

Der Haarkünstler setzte zögernd die Schere an und schnipselte unsicher herum.

»Nicht so!« sagte ich. »So!« und strich mit der flachen Hand über meinen Hinterkopf. Oben auf dem Schädel deutete ich eine kurz geschnittene Bürste an. Der Figaro lächelte verstehend.

»Oh, à la Hindenburg!« sagte er und fing erneut an zu schneiden. Aber was dabei herauskam, war viel zu zahm.

»So verlierst du die Wette«, sagte Berni. »Das gilt nicht.«

»Hol doch mal ein paar Illustrierte!« forderte ich Alfred Kelbassa auf.

Wir blätterten und blätterten. Endlich hatten wir auf einem Foto ein »Fastglatze« erwischt. Ich tippte mit dem Finger auf das Bild.

»So sollen Sie meine Haare schneiden!«

Der Schwede wurde langsam ungeduldig. Er war entschlossen, kurzen Prozeß zu machen. Er setzte die Maschine im Nacken an und führte sie mitten durch meine Haarpracht bis wenige Zentimeter vor dem Haaransatz an der Stirn. Dann hielt er mir den Spiegel hin. Ich nickte. Nur weiter! Er rasierte mir den Hinterschädel völlig blank.

Da ich mich einstweilen nur von vorn sah, fand ich die Frisur ganz passabel. Doch als ich im Handspiegel zum erstenmal meinen glänzenden Hinterkopf erblickte, bekam ich doch einen Schrecken.

Es war geschehen! Ich wartete noch, bis Berni und Alfred fertig waren, dann zahlten wir und fuhren ins Hotel zurück.

Dort hielten die anderen immer noch Bettruhe. Ich ging auf unser Zimmer. Fritz schlief. Ich weckte ihn auf, zeigte mich ihm aber vorsichtshalber nur frontal.

»Au«, sagte er, »Klasse! Ich glaub, ich laß mir die Haare auch so schneiden. Dreh dich doch mal um!«

Als er mich von hinten sah, fiel er fast aus dem Bett vor Lachen.

»Los, zieh dich an!« kommandierte ich. »Ich möchte beim Jus mein Geld kassieren.«

Ruckzuck war er fertig.

Als wir in den Speisesaal kamen, brach wieherndes Gelächter los. Einige kugelten sich auf dem Boden vor Vergnügen, als sie meine »Pläte« sahen.

»Lacht ruhig! Ich bin die lästige Wolle los«, sagte ich gelassen.

Jus zahlte anstandslos die verlorenen fünfzig Emchen. Ein finanzkräftiger Schwedenfahrer, der sich gerade im

Hotel aufhielt, legte noch fünfzig Mark dazu. Das waren schon hundert. Dafür konnte ich eine Menge Ansichtskarten schreiben!

Als wir sonntags von Bjärred aus mit dem Omnibus nach Malmö zum Argentinienspiel fuhren, sprach schon niemand mehr von meinem Haarschnitt. Höchstens die deutschen Fernsehzuschauer, die den Kampf am Bildschirm verfolgten, mochten sich über das veränderte Aussehen von Helmut Rahn wundern, oder die Schlachtenbummler, von denen es in Malmö eine stattliche Anzahl gab.

Das Stadion war nicht ganz, aber doch gut besetzt. Es ging schon auf den Abend zu, und die sommerliche Hitze hatte viel von ihrer Kraft verloren. Die beiden Mannschaften stellten sich nebeneinander auf. Als die Nationalhymnen gespielt wurden, kam uns erst so recht zu Bewußtsein, daß wir mit einer Art Mission nach Schweden gefahren waren – mit der Mission, den deutschen Fußballsport würdig zu vertreten. Jetzt mußten wir beweisen, daß wir 1954 nicht durch Zufall Weltmeister geworden waren.

Der Ball war wunderschön weiß, aber ein bißchen rauh, stellten wir fest, als Schiedsrichter Leafe aus England ihn den Spielern überließ. Doch um auf solche Kinkerlitzchen zu achten, blieb uns nun keine Zeit mehr. Deutschlands erster Kampf in dieser Weltmeisterschaft hatte begonnen.

Die Argentinier gingen darauf aus, uns gleich zu Beginn über den Haufen zu rennen. Sie wirbelten sofort bis weit in unsere Hälfte hinein. Doch ihr erster Angriff endete bei Juskowiak.

Ein Ballgeplänkel zwischen Freund und Feind, und schon zog Rechtsaußen Corbatta mit einer Vorlage des Stoppers Rossi auf und davon. Blitzschnell stand er im spitzen Winkel vor Fritz Herkenrath. Ich schloß die Augen, um nicht sehen zu müssen, was nun passierte. Aber da war es schon geschehen. Corbatta hatte den Ball ganz oben in das Netz gedonnert. Unser Schlußmann riß die Arme hoch, aber um Sekundenbruchteile war es zu spät.

0 : 1!

Die Überrumplungstaktik war den Argentiniern also doch geglückt. Nun fingen sie zu zaubern an, demonstrierten ihre perfekte Fußballkunst. Wir nahmen uns recht unbeholfen neben diesen eleganten Artisten aus. Als mir kurz hintereinander zwei Flanken mißglückten, wurde ich richtig rappelig. Das kommt bei mir nicht so leicht vor. Das ist dein letztes Spiel, wenn du so weitermachst! dachte ich, und blitzschnell kam mir komischerweise der Gedanke an meine Hinterkopfglatze. Wenn die deutsche Mannschaft so früh wieder in die Heimat fahren müßte, konnten meine Haare kaum einen Millimeter nachgewachsen sein.

So allmählich wurden wir ruhiger.

Helmut Schön, Herbergers Assistent, rief von der Außenlinie rein: »Laßt euch nicht verrückt machen! Ruhiger spielen!

Ich versuchte mit aller Macht, jetzt meine anfänglichen Schnitzer wieder gutzumachen. Ich wechselte nach halblinks, bekam den Ball und spielte ihn zu Fritz. Von Fritz wurde er an Uwe weitergegeben, von Uwe wanderte er wieder zu Fritz. Während der Freund den Ball am Fuß führte, lief ich Richtung Tor. Fritz paßte zu mir, ich blickte auf und sah, daß die Entfernung doch noch ziemlich groß war. Deshalb legte ich mir das Leder erst noch mal ein paar Meter vor. Dann schoß ich. Am Zittern in meinen Zehen spürte ich, welche Bombe ich da losgelassen hatte. Carrizo, der argentinische Torhüter, war machtlos.

1 : 1!

Wie zuvor die Argentinier, so lagen sich nun die deutschen Spieler in den Armen. Unsere Landsleute im Stadion jubelten. Nun waren wir wieder hunderprozentig da. Jeder wußte plötzlich, was er zu tun hatte.

Zwei Minuten vor dem Pausenpfiff schlug es dann noch einmal ein. Fritz hatte mir einen ziemlich steilen Paß vorgelegt. Um Verwirrung zu stiften, schlug ich eine weite Flanke über das ganze Feld hinweg zu Hans Schäfer. Der Kölner hob den Ball vor das Tor. Carrizo verpaßte ihn, und auch die hochspringenden Verteidiger erreichten ihn nicht. Vermutlich wäre er knapp am Tor vorbeigekullert. Da rutschte Uwe hinein und schob mit gestrecktem Fuß den Ball über die Linie.

2 : 1!

Unsere Freude war unbeschreiblich. Nun hatten wir die Fäden in der Hand. Die Argentinier waren außer sich. Sie schrien sich an und beschimpften sich gegenseitig. Wir hatten sie völlig aus dem Konzept gebracht. Der Pausenpfiff setzte fürs erste ihren krampfhaften Bemühungen ein Ende.

»Braucht ihr was? Hat einer eine Verletzung? Jungens, was ist?« Herberger, seine Assistenten und Masseur Deuser waren rührend um uns besorgt.

Wir erfrischten uns und redeten einander Mut zu. Jetzt war es so gut gelaufen. Da würden wir die nächsten 45 Minuten auch noch überstehen. Wäre doch gelacht!

Die Argentinier hatten sich in der Kabine vermutlich keine Komplimente gemacht. Sie setzten, als das Spiel wieder lief, alles auf eine Karte. Und als sie immer noch nicht zum Zuge kamen, fingen sie an, ruppig zu werden. Es gab böse Fouls. Juskowiak geriet sich mit seinem Außenstürmer in die Haare. Uwe Seeler wurde laufend hart angegangen. Eckel wurde von Rossi gelegt, Hans Schäfer wälzte sich nach einem Zusammenprall am Boden. Am übelsten wurde Fritz Walter von Rossi mitgespielt. Mit schmerzverzerrtem Gesicht hinkte unser Ehrenspielführer auf dem Platz herum.

»Bleib nur drin!« rief ich Fritz zu. »Zwanzig Minuten noch! Wir schaffen es schon!«

Es war wirklich bewundernswert, wie Fritz Walter sich abquälte, trotz seiner Verletzung noch zu laufen und zuzuspielen versuchte. Wo immer sich eine Gelegenheit dazu bot, rannten und schafften wir für ihn mit.

Die Argentinier belagerten nun pausenlos Herkenraths Festung. Aber Erhardt, Szymaniak, Stollenwerk, Juskowiak und Eckel hielten zusammen wie Pech und Schwefel und ließen kein Tor mehr zu.

Natürlich konnten wir mit unserem Vier-Mann-Sturm nur noch aus der Defensive heraus spielen, trotzdem gelang uns noch ein Treffer.

In der 81. Minute erhielt Fritz einen Querpaß in Höhe der Mittellinie. Er trieb humpelnd den Ball nach vorn.

Ich stand frei. Am liebsten hätte ich Fritz auf den Knien angefleht: Gib doch her zu mir! Laß dir den Ball um Himmelswillen nicht wegnehmen. Als unser Halbrechter auf mich aufmerksam wurde, gab er sofort an mich ab.

Vor mir lag noch ein Weg von etwa 35 Metern. Aus dieser Entfernung aufs Tor schießen? Das schien mir doch zu gewagt, zumal ich mir das Leder gut noch ein paar Meter vorlegen konnte.

Noch dreißig Meter! Jetzt versuchte ich mein Glück. Ich schoß mit dem rechten Fuß. Flach sauste der Ball in die kurze Ecke.

3 : 1!

Ich konnte es selbst nicht richtig glauben, daß ich aus einer solchen Entfernung ein Tor geschossen hatte.

Die Spieler rannten auf mich zu, hoben mich hoch und drückten mich halb tot. Ich sah, daß Herberger, Schön und Gawliczek von ihren Plätzen hochgesprungen waren und mit den Schlachtenbummlern aus Deutschland um die Wette jubelten.

Ein paar schöne Szenen, ein paar wirkungsvolle Kombinationen noch, aber keinen Treffer mehr. Es blieb beim 3 : 1. Deutschland hatte den haushohen Favoriten Argentinien geschlagen. Und ich hatte mit zwei Toren einen nicht unwesentlichen Beitrag liefern dürfen.

In den drei Tagen, die zwischen dem Argentinienspiel und dem Kampf gegen die Tschechen lagen, arbeitete Masseur Deuser fieberhaft, um die zahlreichen Verletzungen auszukurieren. Er erreichte viel, aber bei Horst Eckel und Aki Schmidt klappte es doch noch nicht so wie gewünscht. Deshalb hatte sich die Mannschaft, die in Hälsingborg unter den Augen von 25 000 Zuschauern auf den Platz lief, in einigen Positionen geändert. Schnellinger hatte Eckels Läuferposten übernommen. Schäfer war für Aki Schmidt auf halblinks beordert. Linksaußen stürmte Berni Klodt.

Vor Beginn des Kampfes verließ der schwedische König, der auf der Tribüne unter den Zuschauern saß, seinen Platz und kam zu uns auf den Rasen herab. Er drückte jedem deutschen und dann jedem tschechischen Spieler die Hand.

Wir begannen rasant und bewiesen den Tschechen, daß wir vor Torschüssen nicht zurückschreckten. Fritz Walter fetzte mit einer Art Scherenschlag den Ball aus der Luft hoch unter die Latte. Torhüter Dolejsi konnte gerade noch zur Ecke abwehren. Zwei Minuten später feuerte Uwe einen Torschuß ab. Hans Schäfer schoß aus der Drehung – knapp daneben.

Auch wenn keiner von unseren Angriffen etwas einbrachte, wir waren prächtig in Fahrt und machten uns einstweilen keine Sorgen.

Da unterlief uns ein dummer Schnitzer. Szymaniak hatte einen Flugball gestoppt. Unbegreiflich – warum gab er ihn nicht nach vorn, sondern zu Erhardt zurück, der im eigenen Strafraum stand? Erhardt seinerseits gab weiter zurück an Fritz Herkenrath. Weder Ertel noch Szymmi hatten darauf geachtet, daß der tschechische Mittelstürmer Molnar dazwischenspritzte. Herkenrath blieb keine andere Wahl, als sich Ball und Gegner entgegenzuwerfen. Das verhinderte zwar im Augenblick das Schlimmste, kostete aber einen Elfmeter. Vom gegnerischen Halbrechten Dvorak wurde er verwandelt.

0 : 1! Nun lagen wir doch wieder im Rückstand.

Ließ sich das denn nicht vermeiden? Nun mußten wir zwei Tore machen, wenn wir gewinnen wollten. Gegen eine so kämpferische, so schnelle und konsequent deckende Mannschaft wie die Tschechen keine Kleinigkeit!

Und dann widerfuhr uns, was wir mit aller Macht vermeiden wollten:

Noch vor der Pause erhielten wir Treffer Nummer zwei aufgebrummt. Linksaußen Zikan nahm einen von Herkenrath abgeschlagenen Ball auf und schoß ein.

Allgemeine Kopfhängerei in der Kabine.

Dieses Mal hatte es allen die Petersilie verhagelt. Das Turnier, das mit dem Sieg über Argentinien so vielversprechend angefangen hatte, lag uns plötzlich wie ein unverdaulicher Brocken im Magen.

Hans Schäfer besann sich auf seine Spielführerpflicht. »Verlieren?« sagte er. »Kinder, das kommt gar nicht in Frage. In 45 Minuten kann sich noch manches ändern.«

Auch Herberger sprach uns Mut zu. Fritz Walter blieb auffallend schweigsam.

Als wir zur zweiten Spielhälfte auf den Rasen liefen, hatten die meisten schon wieder Courage. Gleich nachdem Ellis angepfiffen hatte, legten wir los. Der Ball lief durch unsere Reihen, als wären keine Tschechen auf dem Platz. Auch unsere Hintermannschaft spürte im Moment nicht so viel von ihnen und griff immer wieder in den Angriff ein. Chancen boten sich uns am laufenden Band, aber wenn es ums Toreschießen ging, wimmelte es plötzlich doch von Tschechen, die unsere Schüsse grätschend, köpfend, hineinspringend abwehrten. So verliefen die Wogen unserer Sturmflut letzten Endes doch im Sand.

Nach einer Viertelstunde hatten die Tschechen das Schlimmste überstanden. Sie fanden zu ihrem ursprünglichen Spiel zurück und machten nun uns das Leben wieder sauer.

In dieser Zeit erkämpften wir uns einen Eckball, den ich trat. Uwe Seeler, der höher sprang als die Abwehrspieler, erwischte ihn mit dem Kopf. Dolejsi stürzte vor, um die Gefahr zu bannen, mußte aber schon in der nächsten Sekunde nach rückwärts greifen. In diesem Moment eilte Hans Schäfer hinzu und rempelte Ball und Torwart korrekt über die Linie. Als Dolejsi auf dem Boden landete, hatte er das Leder in der Bewegung schon wieder nach vorn gedrückt. Das erweckte den Anschein, der Ball sei nicht über der Linie gewesen. Die tschechischen Spieler reklamierten dann auch bei Schiedsrichter Ellis, der sofort Tor gepfiffen hatte. Der Engländer ließ sich nicht beirren. Er hatte auf gleicher Höhe mit dem Ball gestanden und den Werdegang genau verfolgt.

Es hieß nur noch 1 : 2.

Die Tschechen waren verbittert. Wir hingegen wollten es nun mit Macht zwingen und waren auch durchweg überlegen. Vielleicht, weil hinter allem, was wir anstellten, der Mut der Verzweiflung stand.

In der 70. Minute erhielten wir einen Freistoß zugesprochen, den Fritz Walter nach vorn zu dem weit aufgerückten Szymaniak gab. Während Szymmi den Ball führte, entdeckte ich vor mir eine große Lücke, durch die ich prächtig hätte einschießen können. Hoffentlich gibt er zu mir rüber und ballert nicht selbst rein! wünschte ich sehnsüchtig.

»Schorsch!« rief ich, »Schorsch, zu mir!«

Szymaniak sah mich anlaufen, kapierte, tat, als wollte er selbst schießen, gab dann aber ganz weich zu mir. Ich lief voll hinein und jagte den Ball zehn Zentimeter über der Grasnarbe flach mit dem linken Fuß in die rechte untere Torecke. Dolejsi versuchte, sich auf das Leder zu werfen, kam aber zu spät.

2 : 2! Zwei Tore waren aufgeholt. Das Unentschieden hatten wir geschafft.

Die Kameraden, die sich zur Gratulationscour bei mir meldeten, schickte ich schnell wieder weg.

»Los, alle auf die Plätze! Jetzt schaffen wir den Sieg auch noch!«

Das war meine felsenfeste Überzeugung.

Ich selbst wollte alles dazu beisteuern, aus dem guten Vorsatz wirklich Kapital zu schlagen. Wir kämpften wie Löwen und setzten uns rückhaltlos ein.

Kurz vor Schluß sah ich im Geist bereits unseren dritten Treffer fallen. Fritz Walter führte den Ball im Slalom an zwei, drei Gegnern vorbei. Ich stand halblinks fünf Meter vor dem Tor. Vor mir hatte ich nur noch den Torwart. Wenn Fritz dir den Ball gibt, haust du ihn mit Schmand rein! überlegte ich blitzschnell.

Es war ein Fehler. Ich bekam das Leder, hätte es in diesem Fall aber lieber sanft und überlegt am Torwart vorbei einschieben sollen. In meiner fiebrigen Hast donnerte ich daneben. Ich hätte Gras fressen mögen vor Wut.

Es blieb beim 2 : 2.

Zu unseren beiden Punkten für das gewonnene Argentinienspiel hatten wir uns einen weiteren hinzugeholt. Punktstand also 3 : 1. Wir lagen damit nicht schlecht im Rennen.

In unserer Gruppe hatten die Argentinier inzwischen die Nord-Iren besiegt. Eine Niederlage (gegen uns) und ein Sieg ergaben für sie 2 : 2 Punkte. Da die Tschechen bei ihrem ersten Spiel von den Nord-Iren geschlagen worden waren, hatten sie nur einen Plus-, aber drei Minus-Punkte. Für die Nord-Iren hingegen stand es nach einem Sieg und einer Niederlage 2 : 2.

Herberger war nach dem Tschechenspiel sehr zufrieden. Daß wir uns aus einem beinahe hoffnungslosen 0 : 2-Rückstand wieder nach oben gekämpft hatten, imponierte ihm noch mehr als unser Sieg über die Argentinier.

Unsere letzte Begegnung im Achtelfinale – gegen die Nord-Iren – fand am 15. Juni wieder in Malmö statt. Gleichzeitig trafen in Hälsingborg die Argentinier auf die Tschechen.

Vor den Nord-Iren hatten wir wie vor allen britischen Mannschaften einen Mordsrespekt. Die Angelsachsen haben ein System, das dem unseren stark ähnlich ist. Deshalb war es schon immer schwer für uns, gegen ein britisches Team die richtige Einstellung zu finden.

In Malmö erwies das sich erneut. Keine der beiden Mannschaften kam trotz schöner Chancen auf einen grünen Zweig. Uwe biß sich an Torhüter Gregg beinahe die Zähne aus, der Ire killte kaltblütig Seelers schönste Bomben und Kopfbälle.

Etwa zwanzig Minuten lang rangen wir verbissen miteinander, wobei Gregg, der sympathische gegnerische Schlußmann, weitaus häufiger beschäftigt wurde als Fritz Herkenrath.

Und wiederum blühte uns, was uns bisher in keinem Spiel erspart geblieben war: Der Gegner ging in Führung. McParland hatte den günstigen Augenblick, in dem unser Torwart eine Flanke von Bingham abfangen wollte, ausgenutzt und den Ball ins Netz befördert.

0 : 1!

Langsam hatten wir nun schon Erfahrung darin, im Rückstand zu liegen. Und wir wußten natürlich auch, daß jetzt wieder ein doppelter Kraftaufwand nötig war.

»Wir müssen gewinnen!« rief Fritz. »Wir müssen!«

Wie oft hatte er mir in den vergangenen zwanzig Minuten schon Vorlagen serviert! Jetzt setzte er zur Abwechslung wieder einmal Uwe großartig ein. Ich lief gleich mit und rannte sogar ein Stück voraus. Harry Gregg, der Uwe – zum wievielten Mal wohl? – auf sich zubrausen sah, eilte aus seinem Tor. Statt selbst zu schießen gab Seeler steil an mich ab. Noch ein paar Schritte, und ich schaufelte das Leder schräg über den irischen Schlußmann hinweg ins lange Eck.

1 : 1!

Wer behauptet da noch, ich könnte nur ins Tor hineinballern? Mit besonderem Genuß ließ ich mich in diesem Fall von den Kameraden feiern. Am liebsten hätte ich mir selbst gratuliert.

Nach der Pause die gleichen Bilder:

Fritz Walter, der Berni Klodt, Hans Schäfer, Uwe Seeler oder mich einsetzte; Gregg, der seine Mannschaft x-mal vor Treffern bewahrte; unsere Abwehr, die energisch dazwischen funkte, wenn Not am Mann war.

Selbst daß die Nord-Iren in Führung gingen, wiederholte sich. Und der Torjäger hieß wie zuvor McParland. Er hatte in der 60. Minute eine von Bingham getretene Ecke verwandelt.

1 : 2!

Nach einem Sieg für uns sah das kaum noch aus. Aber auch ein Unentschieden hätte genügt, uns ins Viertelfinale der 6. Weltmeisterschaft zu bringen. Im Fall einer

Niederlage wäre eventuell ein Ausscheidungsspiel erforderlich geworden. Noch wußten wir nicht, wie der gleichzeitig stattfindende Kampf Argentinien–Tschechoslowakei ausging. Ein Remis mußten wir also erreichen, koste es, was es wolle.

In der 66. Minute hätten wir es beinahe geschafft. Zusammen mit Harry Gregg war Hans Schäfer nach einer von mir getretenen Ecke gesprungen. Den Ball, den der irische Schlußmann verfehlte, schoß Fritz blitzschnell ins Tor.

2 : 2?

Wir freuten uns zu früh. Schiedsrichter Campos aus Portugal hatte vorher ein Foul Schäfers gepfiffen.

Ab und zu warf ich einen Blick nach draußen, wo Herberger mit Schön und Gawliczek saß. Schön klopfte nervös die Hände ineinander, als wollte er sagen: Ihr müßt es schaffen!

Der Ausgleich fiel in der 78. Minute. Nach einem Ballwechsel zwischen Berni Klodt und Hans Schäfer schraubte sich etwa in Höhe der Sechzehnerlinie eine Traube von Angreifern und Verteidigern in die Höhe. In dem allgemeinen Gedränge stieg ich mit hoch und versuchte zu köpfen. Das verstieß völlig gegen meine sonstige Gewohnheit, in einiger Entfernung einen eventuellen Abpraller abzuwarten. Dafür hatte Uwe Seeler die Chance klar erkannt. Mit verbissener Entschlossenheit lief er zum Schuß an. Ich mußte meinen Kopf noch wegducken, sonst wäre er womöglich mit ins Tor geflogen. Über mir spürte ich den Luftzug des unheimlich scharf getretenen Balls. Ehe ich mich wieder voll aufrichten konnte, hörte ich das Rascheln im Netz. Die Bombe hatte ihr Ziel erreicht.

2 : 2!

Der Ausgleichstreffer war gefallen. Wenn jetzt nichts mehr dazwischen kam, waren wir im Viertelfinale.

Es durfte nichts mehr dazwischen kommen! Deshalb verlegten wir uns für den Rest der Spielzeit auf konzentrierte Abwehr. Mit Erfolg! Es blieb beim Unentschieden. Die Nord-Iren gratulierten mit vorzüglicher sportlicher Haltung.

Nachdem die Tschechen, wie man inzwischen erfuhr, die Argentinier schlagen hatten können, wurde ein Ausscheidungsspiel Nord-Irland–CSR um den zweiten Platz der Gruppe nötig. Das kostete wertvolle Kraft.

Als wir im Omnibus ins Hotel zurückfuhren, saß ich wie immer ganz vorn und unterhielt mich mit Helmut Schön. Und wir waren beide der Meinung, daß Uwe Seeler und Fritz Walter gegen die Iren ganz groß aufgespielt hatten. Aber auch für mich fiel ein schönes Lob ab. Schön meinte:

»So gut, wie du in deinen letzten Spielen warst, Helmut, bist du in deiner ganzen Laufbahn noch nicht gewesen.«

»Na ja«, sagte ich, mich würdevoll aufrichtend, »schließlich bin ich ja auch kein blutiger Anfänger mehr.«

Der vierte Platz

Die gesamte deutsche Mannschaft saß auf den Zuschau-erbänken, als die Nord-Iren in einer erbitterten Schlacht nach Verlängerung die Tschechen schlugen. Harry Gregg und seine Kameraden kamen also hinter uns auf den zweiten Platz der Gruppe I. In Gruppe II lag Frankreich durch das günstigere Torverhältnis knapp vor Jugosla-wien. In Gruppe III führte Schweden. Wiederum gab es ein Ausscheidungsspiel um den zweiten Platz. Überra-schend schlug hierbei Wales die Ungarn. Erster in Grup-pe IV wurde mit klarem Vorsprung Brasilien, um den zweiten Platz rivalisierten punktgleich die Sowjetunion und England. Die Russen hatten den längeren Atem und sicherten sich den Einzug ins Viertelfinale.

Dem Austragungsmodus entsprechend traf Deutsch-land als Erster der Gruppe I nunmehr auf Jugoslawien, den Zweiten der Gruppe II.

Jugoslawien! Bereits in der Schweiz hatte der Weg ins Halbfinale über diese Nation geführt. Bereits in der Schweiz hatten uns die Männer vom Balkan auf diesem Weg das Leben sauer gemacht. Das einzig Gute: Wir wuß-ten genau, was uns erwartete.

Herberger hatte die bisherigen Spiele der Jugos in Schweden genau studiert und erkannt, daß sie im we-sentlichen nach dem gleichen Prinzip kämpften wie vor vier Jahren. Danach richtete er sich in seinen Regieanwei-sungen, die er uns vor der Abfahrt ins Malmöer Stadion noch einmal gab:

»Laßt sie im Mittelfeld operieren! Aber vor dem Tor ist Feierabend. Jeder deckt seinen Mann! Und wenn sich eine günstige Gelegenheit bietet, stoßt schnell und steil nach vorn!«

»Vielleicht siehst du ja deinen Freund Beara wieder«, meinte Fritz.

»Na schön, dann kriegt er einen reingebumst.«

»Und wenn ein anderer im Kasten steht?«

»Ist mir auch egal.«

Tatsächlich hütete nicht Beara, sondern Krivokuca das Tor, wie sich in dem uns nun schon vertrauten Stadion von Malmö herausstellte. Die 20 000 Zuschauer, unter denen sich an diesem 19. Juni bei weitem nicht mehr so viele deutsche Schlachtenbummler befanden wie bisher, sahen nicht unsere glanzvollste Vorstellung. Selten aber haben wir zweckmäßiger, weniger fürs Auge gespielt als gegen Jugoslawien. Obwohl die Balkan-Elf nicht mehr die Schlagkraft von 1954 besaß, obwohl Herkenrath längst nicht so toll beschäftigt wurde wie anno dazumal Toni Turek, ließen wir uns zu keiner leichtsinnigen Aktion verleiten. Natürlich, ganz ohne verwegene Attacken konnten wir nicht siegen.

Ich hatte mir offenbar in Schweden bereits den Ruf eines gefährlichen Torjägers erobert. So oft ich den Ball vor die Füße bekam, stürzten sich zwei, drei Gegner auf mich. Und der gute Krivokuca wurde ganz nervös, wenn ich bloß in seine Nähe kam.

Und doch löste ich mein Versprechen mit dem Treffer ziemlich früh ein: in der 12. Minute!

Der Ball gehörte mir. Halbrechts lief ich auf den Strafraum zu. Aha, der Herr Verteidiger! Ein Haken, und schon war ich an ihm vorbei. Aha, der Stopper! Ich gab dem Ball schnell einen kleinen Kick. Auch dieser lästige Bewacher war ausgetrickst. Weiter! Inzwischen hatte ich fast die Außenlinie erreicht. Da sah ich, wie Krivokuca aus dem Tor nach vorn lief, wohl um meine vermeintliche Flanke abzufangen. Den Gefallen tue ich dir nicht, mein Lieber! dachte ich in Sekundenschnelle und schoß aus überaus schwierigem Winkel in die lange Torecke.

1 : 0! Zum ersten Mal während der Weltmeisterschaft in Schweden hatten wir die Führung erkämpft. Und das in einem Spiel, bei dem es ums Ganze ging! Der jugoslawische Torhüter lag immer noch fassungslos am Boden. Wie hatte ihm das passieren können! Er war doch so vorsichtig gewesen!

Ich wurde von den Kameraden beinahe massakriert.

»Mensch, Boß!« sagte Fritz ein ums andere Mal. »Du bist mit Gold nicht zu bezahlen!«

Noch knapp achtzig Minuten zu spielen! In ihnen fiel kein einziges Tor mehr. Die deutsche Abwehr riegelte eisern ab. Vergeblich versuchten die Jugoslawen, ihr meist sehr schönes Mittelfeldspiel in einen Treffer umzumünzen. Gleichzeitig behielten sie die deutschen Stürmer noch mehr als vorher im Auge. Wir ertrugen es mit Fassung. Uns genügte das 1 : 0.

Die neunzig Minuten dauerten endlos lange, aber auch sie gingen vorüber. Mit dem Schlußpfiff von Schiedsrichter Wyssling aus der Schweiz waren wir unter den letzten – besser gesagt: unter den ersten vier. Ebenfalls ins Semifinale zogen Schweden, Frankreich und Brasilien ein.

Daß wir nun Oberwasser hatten, läßt sich denken. Zu den vier Besten dieser Weltmeisterschaft gehörten wir auf jeden Fall. Damit allein hatten wir schon bewiesen, daß unser Sieg von 1954 kein glücklicher Zufall war. Und was einmal gelang, warum sollte es nicht ein zweites Mal klappen? Ins Endspiel vorzudringen, schien niemandem von uns ein Ding der Unmöglichkeit.

In Bjärred hieß es nun Koffer packen. Ursprünglich hatte man geglaubt, daß Deutschland in Stockholm gegen Schweden, Frankreich in Göteborg gegen Brasilien spielt. Aber es kam genau umgekehrt. Unser nächstes Quartier lag deshalb in der Nähe von Göteborg, in Gottskär. Mit dem Omnibus machten wir uns auf den Weg.

Später stellte sich dann heraus, daß wir etwas unendlich Wichtiges in Bjärred zurückgelassen hatten: unser Glück! Bisher waren wir Schritt für Schritt dem Ziel näher gekommen. Damit war es nun vorbei.

Zu dem viel diskutierten, viel verwünschten Spiel gegen Schweden habe ich meine eigene Meinung. Niemand wird mir böse sein, wenn ich sie hier äußere.

Da ist zunächst einmal die Sache mit dem brodelnden Hexenkessel, dem leidenschaftlichen »Heja! Heja!«, das den deutschen Spielern die Nerven zerfetzte. Mir persönlich machte der Zirkus nichts aus. Mich ließ alles, was um mich herum geschah, eiskalt. Ich dachte nur an das Spiel, da konnte schreien oder pfeifen, wer wollte. Das mochte ich den anderen voraushaben, es lag wohl an meinen guten Nerven.

Die Schweden spielten hervorragend. Vor allem Hamrin, ihr glänzender Rechtsaußen, stellte Erich Juskowiak an diesem Tag vor ein unlösbares Problem. Und weil Jus das selbst spürte, wurde er wütend und ließ er sich zu seiner berühmt gewordenen Affekthandlung hinreißen. Die Quittung: Platzverweis! Fehlen ist menschlich! Der Ansicht bin ich auch. In einem derart wichtigen Spiel hätte so etwas nicht passieren dürfen. Aber auch wenn

Jus auf dem Platz geblieben wäre, Hamrin hätte immer einen Weg an ihm vorbei gefunden.

Wie schnell wir die Zuschauer zum Schweigen bringen konnten, erwies sich, als Hans Schäfer in der 24. Minute das 1 : 0 schoß. Von »Heja! Heja!« war da nicht mehr viel zu hören. Es wurde erst wieder laut, als die Schweden in der 33. Minute durch ihren blonden Linksaußen Skoglund gleichzogen.

In der Pause stand es immer noch 1 : 1.

Ich machte mir trotzdem keine Illusionen. Schweigend hörte ich zu, wie sich die anderen darüber aufregten, daß Liedholm vor Skoglunds Torschuß Hand gemacht hätte. Ich hatte es auch gesehen, aber was nützte der ganze Ärger? Die Entscheidung von Schiedsrichter Zsolt aus Ungarn war gegen uns gewesen. Daran gab es doch nichts mehr zu rütteln.

»Wir können es noch schaffen!« meinte Herberger. »Strengt euch an!«

Wie oft war sein Wort für mich ein Evangelium – an diesem Tag teilte ich die Zuversicht des Chefs nicht. Der schwedische Sturm mit Hamrin, Gren, Simonsson, Liedholm und Skoglund war eminent gefährlich. Und Bergmark, Axbom, Börjesson, Gustavsson und Parling bauten vor ihrem Torhüter Svensson eine erstklassige Abwehr auf. Ich konnte ein Liedchen davon singen – meine Bewacher wichen mir nicht von den Fersen. Mag sein, daß mir das die Lust nahm, und ich deshalb so wenig Hoffnung auf einen günstigen Spielausgang hatte.

Ganz und gar aus mit einer Siegeschance war es, als Fritz Walter verletzt wurde. Nach einem Zusammenprall mit Parling war er unglücklich auf Knöchel und Knie gefallen und mußte am Spielfeldrand verarztet werden.

Mit neun Mann diese Schweden besiegen? Freund Fritz meinte später, es wäre durchaus möglich gewesen. In diesem Fall teile ich seine Ansicht nicht. Ich bin von Natur aus kein Pessimist, aber ich wunderte mich nicht im geringsten, als die Schweden auf 1 : 2 (durch Gren) und auf 1 : 3 (durch Hamrin) davonzogen. Ich wunderte mich höchstens darüber, daß es erst jetzt geschah.

Damit soll nicht gesagt sein, daß die deutsche Mannschaft schlecht spielte, im Gegenteil. Sie wehrte sich mit aller Kraft gegen das über sie hereinbrechende Verhängnis und hatte, kämpferisch gesehen, große Momente. Vom Glück hingegen war sie ganz und gar verlassen.

»Ich hab mich leicht und frei gefühlt wie selten«, behauptete Fritz Walter später auf unserem Zimmer in Gottskär. »Und du kannst sagen, was du willst, wir waren mit neun Mann einem Sieg näher als die Schweden.«

Ich zuckte die Schultern. Fritz mochte es so empfunden haben. Ich nicht.

Wie sich später herausstellte, war es das letzte Länderspiel unseres Ehrenspielführers überhaupt gewesen. Fritz Walter war nämlich so stark angeschlagen, daß er für die ausstehende Begegnung gegen Frankreich um den dritten Platz nicht in Frage kam. Und nach der Weltmeisterschaft in Schweden wollte er endgültig das Nationaltrikot nicht mehr anziehen. Dieses Mal blieb es dabei.

»Gegen Frankreich noch mal alle Mann an Bord!« forderte Herberger. »Vergessen wir nicht, es geht immerhin noch um die Bronze-Medaille!«

»Haben Sie schon einen Plan, wie die Mannschaft spielt?« fragte ich den Chef, als er Fritz einmal an seinem Krankenlager besuchte.

»Ich möchte jedem, der die Fahrt nach Schweden mitgemacht und hart an sich gearbeitet hat, eine Chance geben.«

Tatsächlich wurden für die Elf, die am 28. Juni 1958 in Göteborg gegen Frankreich ihre Abschiedsvorstellung gab, erstmals in Schweden Kwiatkowski, Wewers, Sturm und Kelbassa nominiert. Ihnen allen war es ergangen wie mir zu Anfang in der Schweiz. Sie brannten darauf, zum Einsatz zu kommen. Endlich bot sich ihnen die Gelegenheit. Sie bedachten nicht, welch eine undankbare Aufgabe es war, am Schluß eines Turniers so abgebrühten Routiniers wie den Franzosen gegenüberzustehen. An ihrer Stelle hätte ich mir darüber auch nicht den Kopf zerbrochen.

Vor relativ neutralem Publikum rollte das Drama auf derselben Bühne ab, im Göteborger Stadion.

Im Anfang sahen wir nicht einmal schlecht aus. Unsere Neulinge warfen sich mit all ihrem brennenden Ehrgeiz mächtig ins Zeug. Um ein Haar hätte Hans Schäfer in der vierten Minute bereits ein Tor geschossen. Das heißt, er schoß es wirklich, aber Schiedsrichter Brozzi, der Argentinier, hatte ein Foul von Kelbassa gesehen. Dabei war der Dortmunder lediglich unfreiwillig auf dem Hintern neben dem Ball hergerutscht.

Die Franzosen verhielten sich einstweilen geradezu verdächtig passiv. Wollten sie uns leerlaufen lassen? Uns erst studieren? Nur hin und wieder zuckte ihr Spielwitz auf, ahnte man, zu welch phantastischen Kombinationen sie fähig sein würden.

Unser langer, immer zuverlässiger Heinz Wewers aus Essen tat sich gegen Kopa besonders schwer. Kopa, den ich für einen der besten Stürmer der Welt halte, umdribbelte mit seinen kurzen Dackelschritten immer wieder elegant unseren langbeinigen Stopper. Heinz machte den Fehler, seinen Gegner erst anzugreifen, wenn er bereits in Ballbesitz war. Doch wenn ein Mann wie Kopa schon mal soweit ist, sieht jeder Verteidiger der Welt schlecht gegen ihn aus.

Kopa war es dann auch, der nach einer Viertelstunde das erste Tor für Frankreich einleitete. Fontaine, der unbestrittene Torschützenkönig der Weltmeisterschaft, brauchte nur noch den Fuß hinzuhalten.

Schon hieß es 0 : 1!

Es war ein großartig herausgespielter Treffer. Nicht weniger großartig aber kam beinahe postwendend die Antwort unseres Sturms. Hans Schäfer setzte mit weitem Paß Cieslarczyk ein. Cissy umspielte geschickt zwei, drei Gegner und jagte eine Bombe in das französische Gehäuse.

1 : 1!

Noch zeichnete sich unser Schicksal nicht ab. Als jedoch Schiedsrichter Brozzi nach etwa einer halben Stunde ein korrektes Sliding-Tackling von Erhardt mit einem Elfmeter bestrafte, ahnte ich bereits, daß uns das Glück auch bei diesem Kampf nicht hold sein würde. Ein Kopa verschießt so leicht keinen Elfer!

Spielstand 1 : 2.

Die Männer mit dem gallischen Hahn auf dem Trikot hatten sich die Führung und das Publikum erobert. Begeistert klatschten die Schweden dem nun immer perfekter werdenden französischen Sturmwirbel Beifall. Kwiat, unser Torhüter, wurde auf eine harte Probe gestellt. Er bestand sie glänzend. Doch gegen einen wohlberechneten Schuß von Just Fontaine, den dieser aus einem Getümmel heraus in die lange Torecke zielte, war er machtlos.

1 : 3!

Mit einem solchen Defizit in die Kabine zu gehen, war kein Vergnügen. Dabei aber schon zu ahnen, daß es noch viel schlimmer kommen würde, schlug sich gewaltig auf die Stimmung.

Kurz nach der Pause hieß es durch Douis dann auch schon 1 : 4!

Das sah verteufelt nach einer Katastrophe aus. Ließ sich dagegen denn gar nichts unternehmen? Verflucht und zugenäht, wir durften uns doch nicht einfach überfahren lassen!

In einer Anwandlung von Wut preschte ich nach vorn. Viel öfter als sonst war mir heute schon der Ball abgenommen worden. Dieses Mal kam ich durch, aber ich schoß einen französischen Verteidiger an. Das ergab wenigstens eine Ecke.

Jetzt war ich einmal in Fahrt. Die Zuschauer, die vielleicht insgeheim nicht gerade schmeichelhafte Vergleiche zwischen Torschützenkönig Nummer 1, Just Fontaine, und Torschützenkönig Nummer 2, Helmut Rahn, gezogen hatten, bekamen wenigstens eine meiner vielzitierten Bomben zu sehen. Knapp vor der Toraußenlinie setzte ich zum Schuß an. In beinahe hoffnungslos spitzem Winkel flog der Ball in die lange Torecke.

2 : 4! Gut klang es immer noch nicht, aber schon wesentlich besser.

Kopa, der französische Mittelstürmer, hatte es in der zweiten Spielhälfte mehr mit Szymaniak als mit Wewers zu tun. Offensichtlich behagte ihm das nicht. Nach einem von vielen erbitterten Zweikämpfen mit Szymmi rächte er sich und rannte seinen Widersacher einfach über den Haufen. Wir standen verblüfft und empört am Tatort herum. So etwas hätte der Franzose, meiner Meinung nach, bestimmt nicht nötig gehabt. Schiedsrichter Brozzi hatte nichts gesehen. Die Missetat blieb unbestraft, ein weiterer Mißton in diesem an Mißtönen reichen Spiel.

Man weiß heute ja längst, wie der Kampf um den dritten Platz ausgegangen ist. Fontaine schoß in der 77. Minute das 2 : 5. In der 83. Minute brachte Hans Schäfer uns noch einmal auf 3 : 5 heran. Aber Fontaine hielt die Gelegenheit zum Toresammeln für besonders günstig und gab sich erst mit einem 3 : 6 in der letzten Minute zufrieden.

Niemand wird mir verdenken, daß ich nicht gern an die beiden letzten Spiele der Weltmeisterschaft in Schweden zurückdenke. Sie trübten den Spiegel unserer wahren Leistung. Hier ging es ja nicht darum, einzelne Länderkämpfe zu werten, sondern ein ganzes Turnier. Und in diesem hatten wir uns ohne Zweifel gut und redlich geschlagen. Der vierte Platz war ein schöner Erfolg.

Das höchste Lob aber gebührt Brasilien, das mit Schweden im Finale stand und mit einem 5 : 2-Sieg Weltmeister 1958 wurde! Die Südamerikaner zeigten in Stockholm Fußball in Vollendung. Mit unserer landläufigen, europäischen Art zu spielen, hatte er jedoch wenig zu tun.

Ein neuer Höhepunkt meiner Fußball-Karriere lag hinter mir. Essen hatte seinen Nationalspielern Herkenrath, Wewers und mir einen herzlichen Empfang bereitet. Noch ein paar Wochen Ferien, und der Alltag brach wieder aus.

Bei Rot-Weiß Essen hatte sich manches geändert. Pfeiffer, Vigna und Velhorn kamen in der Saison 1958/59 neu hinzu. Ekner und Wöske gingen. Röhrig, unser Holländer, und Penny Islacker spielten einstweilen in der Reserve. Von Penny hieß es lange Zeit, er würde dem Verein den Rücken kehren. Schließlich blieb er doch. Allerdings war er so aus dem Tritt, daß Rot-Weiß in den ersten Punktspielen nicht mit ihm rechnen konnte.

Im Westen schüttelte alles die Köpfe über den Deutschen Meister von 1955. Er verlor sozusagen am laufenden Band und rutschte beängstigend weit ans Tabellenende. Kaum war Penny Islacker wieder in Form, schied ich wegen Verletzung aus. Islacker und Herkenrath war es in erster Linie zu danken, daß der Verein noch auf den sechsten Platz kam.

Mir machten die Verteidiger der Oberliga West das Leben sauer. Jeder setzte seinen Ehrgeiz darein, mich zu bremsen, meine Kreise zu stören. Jeder Klub schickte seine härtesten Fighter gegen mich in den Ring. Vom Publikum wurde das nicht immer gewürdigt.

Ende September 1958 sollte sich die Nationalmannschaft in Hamburg treffen, um von hier aus zum Länderspiel gegen Dänemark nach Kopenhagen weiterzureisen. Dummerweise verpaßte ich morgens meinen Zug, entschuldigte mich telefonisch bei Herberger und kam erst nachmittags in der Hansestadt an.

»Habt ihr auch alle eure Pässe dabei?« fragte der Chef.

Mich durchfuhr es eiskalt. In der Eile hatte ich meinen zu Hause liegen lassen.

»Wie, Sie haben Ihren Paß nicht?«

Herberger war stocksauer.

»Glauben Sie, ich bekomme Schwierigkeiten?« fragte ich.

»Das wird sich erst morgen auf der Fähre herausstellen.«

Herberger ging am nächsten Tag mit mir zur Paßkontrolle und klärte den Sachverhalt. Ich erhielt einen Passierschein ausgestellt und durfte mit.

In Kopenhagen trugen wir das erste Flutlicht-Länderspiel der deutschen Fußballgeschichte aus. Es stellte uns vor völlig neue Probleme, zumal die Beleuchtung nicht die beste war.

Die Dänen waren kein sehr angenehmer Gegner. Wir mußten uns gehörig anstrengen, um nicht ins Hintertreffen zu geraten.

In der 31. oder 32. Minute fiel das einzige Tor der deutschen Mannschaft. Uwe Seeler, der nach rechtsaußen gewechselt war, kurvte plötzlich zur Mitte, umspielte zwei Gegner und hob dann eine Flanke vor das dänische Gehäuse. Ich hechtete hinein und fabrizierte eines meiner wenigen Kopfballtore.

1 : 0!

Im Stadion herrschte eisiges Schweigen.

Das Publikum war uns überhaupt nicht besonders freundlich gesinnt. Schon mehrfach hatte ich mich über die dunklen, runden Dinger gewundert, die überall auf dem Rasen herumlagen. Waren das Steine? Als ich mir die Dinger einmal aus der Nähe ansah, merkte ich, daß es dicke Zwetschgen waren. Fanatiker unter den Zuschauern benutzten sie als Wurfgeschosse gegen uns.

Das einzige Tor der Dänen fiel in der zweiten Halbzeit. Der Gegner kämpfte mit einer wahren Verbissenheit. Wir hingegen hatten nicht unseren allerbesten Tag. So blieb es beim 1 : 1.

Mit einem Unentschieden endete auch unser nächster Länderkampf am 26. Oktober gegen Frankreich in Paris. Knapp vier Monate, nachdem uns in Schweden die Franzosen 3 : 6 geschlagen hatten, standen wir ihnen erneut gegenüber.

»Jetzt habt ihr Gelegenheit zu beweisen, daß ihr nicht immer so mit euch umspringen laßt wie damals in Göteborg«, meinte Herberger.

Mich nahm er noch extra beiseite: »Helmut, Sie wissen ja, worum es geht. Mit einem guten Spiel können wir eine Menge wiedergutmachen. Der Fontaine und Sie waren ja die beiden führenden Torschützen in Schweden. Nun zeigen Sie mal, wer der Beständigere, der Bessere ist.«

Die Franzosen machten es mir nicht leicht. Wenn ich nur in die Nähe des Balls kam, stürzten sich sofort zwei, drei, ja vier Abwehrspieler auf mich, um mich am Schießen zu hindern. Und doch schlug ich ihnen bereits in der 13. Minute ein Schnippchen.

Uwe Seeler, der wieder einen seiner ganz großen Tage hatte, fädelte mit mir den Angriff ein. Ich machte mich im geeigneten Moment auf die Reise, ließ niemanden an mich heran und donnerte aus zwanzig Metern eine Granate in den französischen Kasten. Colonna, der Schlußmann, bekam den Ball überhaupt nicht zu fassen. Bitte sehr, Herr Herberger! Ich hab das Schießen doch noch nicht verlernt …

Was machte hingegen Freund Fontaine? Er war nur noch sein eigener Schatten. Er, den Kopa in Schweden so glänzend einzusetzen verstand, schien sich nicht einmal mehr richtig an den Ball hinzutrauen. Wiederholt mußte er sich von den Pariser Zuschauern auspfeifen lassen. Das erste Tor für Frankreich schoß Rechtaußen Deladerrière.

»Heute läuft's!« bestätigten wir uns gegenseitig in der Kabine.

»Nur so weiter!« meinte auch Herberger. »Es ist ein gutes Spiel.«

Ich dachte an Fritz Walter, der als Zuschauer nach Paris gekommen war. Wieviel freier mußte er sich jetzt fühlen als 1954, wo man ihn vielfach für die Flaute innerhalb der deutschen Mannschaft verantwortlich gemacht hatte.

Heute standen mit Geiger und Haller Leute auf den Halbstürmerposten, auf die Verlaß war. Cieslarczyk auf dem linken, ich auf dem rechten Flügel und Uwe in der Mitte ergaben einen Sturm, der in jeder Minute gefährlich war – wenigstens an diesem ganz und gar nicht rabenschwarzen Tag in Paris.

Durch einen Elfmeter – Stollenwerk hatte mit der Hand abgewehrt – gingen die Franzosen nach 70 Minuten 2 : 1 in Führung. Für uns ein Grund mehr, uns noch intensiver einzusetzen, noch glanzvoller zu kombinieren und zu drängen.

Tor Nummer zwei hatte sich einer redlich verdient: Uwe! Geiger hatte den Ball geführt, ihn sich ein paarmal vorgelegt und ihn dann dem Hamburger überlassen.

2 : 2!

Ein Unentschieden zwar, aber doch ein Sieg. In erster Linie ein Sieg über uns selbst und unsere eingefleischte Ansicht, daß die Franzosen unser Angstgegner sind.

»Na, sehen Sie, Helmut«, lobte der Chef, »nun haben Sie bewiesen, daß doch Sie der bessere Fußballer sind. Fontaine hat im wesentlichen von Kopa gelebt. Jetzt, wo Kopa wieder in Spanien ist, kommt er kaum noch zur Geltung. Sie verdanken zwar auch viel dem Fritz, wissen sich aber auch neben anderen durchzusetzen.«

Ein Kompliment von Herberger kommt seltener im Kalender vor als der 29. Februar. Ich fühlte mich ganz schön gebauchpinselt.

Vielleicht verzichtete ich aus diesem Grund auch darauf, nach dem Bankett noch Paris bei Nacht zu genießen. Jetzt war ich doch schon einer von den Älteren, hatte also auch vernünftig und den Jüngeren ein gutes Beispiel zu sein. Eine vorübergehende Anwandlung? Schon möglich. Immerhin wurde sie aus guten Vorsätzen geboren.

Als mein Zimmergefährte Zastrau, der als Ersatzspieler in Paris dabei war, erst in den frühen Morgenstunden heimkehrte, hatte ich beinahe ausgeschlafen.

»Nun, biste dein Geld gut losgeworden?« fragte ich.

Schon längst war ich dahintergekommen, daß an Spieltagen überall in der Welt letzten Endes alles bloß auf Nepp hinausläuft ...

Viel Tamtam gab es vor dem nächsten Länderspiel gegen Österreich in Berlin. »Bewacher für Helmut Rahn gesucht!« schrieben die Wiener Blätter. In Lehrgängen wurden, wie man hörte, alle möglichen Leute ausgeprobt, um mich zu bremsen.

Aufgestellt wurde schließlich Hasenkopf. Er sei als Verteidiger so wachsam, hieß es, daß ich garantiert gegen ihn den Ball nicht zu sehen bekäme.

Um es gleich richtig zu stellen: Ich bekam den Ball nicht nur zu sehen, sondern oft genug einschußbereit auf den Fuß. Ich kann mich nicht erinnern, in einem Länderspiel sooft aufs Tor geschossen zu haben wie an diesem 19. November 1958 im Berliner Olympia-Stadion. Eine bekannte Fußballzeitung rechnete aus, daß es vierzehn Mal der Fall war. Zwei Treffer saßen (einer in der 16. und einer in der 89. Minute)! Ein paar Schüsse gingen an die Latte, ein paar knapp neben den Pfosten. 85 000 Berliner Zuschauer quittierten mit dankbarem Beifall.

Österreichs Tore schossen Horak und Knoll.

2 : 2! Das dritte Unentschieden nach der Weltmeisterschaft in Schweden!

Wir hatten bitter darum ringen müssen. Seit der 61. Minute hatten die Wiener 2 : 1 in Führung gelegen, und diesen Vorsprung mit aller Kraft zäh verteidigt. Bis kurz vor dem Schlußpfiff war es ihnen auch gelungen.

In der 89. Minute packte mich der Mut der Verzweiflung. Wenn du hier an der Außenlinie stehenbleibst, wartest du doch auf den Schnee! überlegte ich und wechselte in die Mitte. Die Österreicher, die ihr Schäfchen bereits im trockenen glaubten, griffen noch einmal an und wurden abgewehrt. Haller auf rechtsaußen nahm den Ball und flankte ungefähr zwanzig Meter vor dem Tor in die Mitte. Uwe Seeler, bekannt für seine Kopfbälle, stieg in die Luft und zog die meisten Abwehrspieler auf sich. Mein Verteidiger und ich standen ein bißchen weiter vorn und harrten der Dinge, die sich da ereignen würden. Hoffentlich verfehlen sie alle den Ball, dann kann ich ihn aus dem Strafraum schlagen, überlegte vermutlich mein Verteidiger. Hoffentlich segelt er über die Gruppe, damit ich zum Ausgleich einknallen kann, wünschte hingegen ich.

Der Ball flog über die Spielertraube und über meinen Verteidiger hinweg auf mich zu. Zum Stoppen oder Auftippen blieb mir keine Zeit mehr. Jede Sekunde konnte Schiedsrichter Fencl aus der Tschechoslowakei abpfeifen. Volley fetzte ich den Ball ins gegnerische Tor. Gerade noch rechtzeitig! Wir hatten buchstäblich in letzter Minute ausgeglichen.

»Was glauben Sie, wie die Österreicher Sie jetzt verwünschen?« fragte Herberger in der Kabine.

»Sollen sie ruhig.«

»Das war mehr als Dusel, Helmut!« sagte abends beim Bankett der Österreicher Hanappi.

»Wieso Dusel?« fragte ich.

»Du willst doch nicht behaupten, daß ihr das Unentschieden verdient habt?«

»Warum denn nicht? Wir hätten ja das zweite Tor auch früher machen können, aber wir wollten euch die Siegesfreude erst mal ein bißchen genießen lassen. Außerdem haben wir solange gewartet, damit ihr kein drittes Tor mehr schießen konntet«, flachste ich zurück.

Als ich am nächsten Morgen in die Hotelhalle hinunterkam, traf ich dort schon Horst Szymaniak und ein paar andere Frühaufsteher an.

»Ihr braucht euch gar keine Zeitungen zu kaufen«, sagte Szymmi. »Es steht sowieso nur von einem einzigen Mann etwas drin. Wir anderen haben alle gar nichts geleistet. Gegen Österreich hat nur der Boß gespielt.«

»Kann ich was dafür, wenn sie das schreiben?« fragte ich ein bißchen verlegen. Aber stolz war ich doch, das läßt sich nicht leugnen.

Weitaus unauffälliger wirkte ich beim Länderspiel der deutschen Mannschaft gegen Bulgarien, im Augsburger Rosenau-Stadion. Wegen einer noch nicht völlig überwundenen Knieverletzung war ich längst nicht so schnell wie sonst. Ich wurde überdies wieder einmal sehr scharf bewacht. Außerdem war ich überraschend auf dem Linksaußenposten gelandet, weil Herberger Waldner lieber rechtsaußen haben wollte.

Am 3 : 0-Sieg war ich mit keinem Treffer beteiligt. Der Held des Tages war Uwe Seeler. Er schoß zwei Tore, Waldner eins.

Das Spiel gewann aber wie immer kein einzelner, sondern die gesamte, sich aufopfernd einsetzende Mannschaft.

Am 28. Dezember 1958 sollte die deutsche Nationalmannschaft in Kairo gegen Ägypten spielen.

»Die Reise würde ich gern mitmachen«, sagte ich zu
Herberger.

»Ich hätte Sie auch gern dabei. Aber was sagt Ihre Frau
dazu, wenn Sie Silvester nicht zu Hause sind?«

»Ich werd' mal mit ihr reden.«

Meine Frau brachte sehr viel Verständnis auf. »Flieg
ruhig mit!« meinte sie. »Wir können noch oft zusammen
Silvester feiern. Wer weiß, wann du wieder Gelegenheit
zu einer solchen Reise hast.«

Herbergers Aufgebot, das zum großen Teil aus unver-
heirateten Spielern bestand, traf sich am 26. Dezember
in Frankfurt. Von dort flogen wir mit einer zweimotori-
gen Maschine nach Genf, von Genf weiter nach Zürich.
In Zürich stiegen wir in eine Viermotorige um. Wir waren etwa drei Stunden in der Luft, da bumste es verdächtig. Ich saß gleich über der rechten Tragfläche. Bei einem
Blick nach draußen sah ich zu meinem Entsetzen, daß
der eine Propeller stillstand.

Die Stewardeß beruhigte uns: »Kein Grund zur Aufregung. Die Maschine fliegt auch mit drei Motoren sicher. Wir kommen höchstens mit geringer Verspätung in
Athen an.«

So geschah es auch. Man rechnete damit, daß das Flugzeug in zwei Stunden repariert und wieder startklar sein
würde. Doch als die Zeit um war, hieß es, die defekte Maschine käme einstweilen für den Weiterflug nicht mehr in

Frage, wir würden so bald wie möglich von einer planmäßigen Super-Constellation mitgenommen werden.

Endlich war es soweit, doch auch der neue Vogel hatte Mucken. Mit der Lichtmaschine war etwas nicht in Ordnung. Noch mal warten! Statt um zwei Uhr nachts, wie vorgesehen, überflogen wir erst bei Sonnenaufgang die afrikanische Küste. Die Wüste, das Nil-Delta, alles war in brennendrotes Licht getaucht! Ein unvergeßlicher Anblick!

Übermüdet kletterten wir auf dem Flugplatz von Kairo aus unserer Maschine. Übermüdet sahen auch die ägyptischen Offiziellen aus, die schon seit vielen Stunden auf uns warteten. Dennoch fiel der Empfang überaus herzlich aus.

Weniger erfreulich war die Ankunft im Hotel Continental, wohin wir mit einem Omnibus gebracht wurden. Hier hatte man es versäumt, rechtzeitig die Zimmer für uns zu richten. Ärgerlich stapfte Herberger in der Halle auf und ab.

»Geht schon mal frühstücken!« rief er mit einem besorgten Blick in unsere übernächtigen Gesichter. »Bis dahin wird es wohl soweit sein, daß ihr in die Betten könnt.«

Ich bezog schließlich mit Vereinskamerad Zastrau Zimmer 129. Es hatte Bad und Balkon. Doch vorerst waren wir viel zu müde, um uns über etwas zu freuen. Kaum lagen wir lang, waren wir auch schon eingeschlafen.

Am Spätnachmittag standen wir auf, um uns ein bißchen in unserer Umgebung umzusehen. Wir erhielten ein paar Piaster Taschengeld.

Einige von uns machten den Fehler, gleich am ersten Abend den überall vor dem Hotel umherlungernden

fliegenden Händlern kleine Lederkamele, Stiletts, Reit-
peitschen oder andere Reiseandenken abzukaufen. Sie
zahlten widerspruchslos ihre fünfzehn Piaster, um nachher festzustellen, daß sie dasselbe Souvenir auch für sechs
bekommen hätten.

Am Samstag, dem ersten Tag unseres Aufenthalts in Kairo, nahmen wir uns für den Abend nichts mehr vor. Niemand hatte Lust, noch irgendwo hinzugehen.

»Am besten legt ihr euch früh in die Federn und schlaft
bis morgen mittag durch!« schlug Herberger vor. »Frühstück lassen wir ausfallen. Aus dem bitteren Kaffee, den
es hier gibt, macht ihr euch ja doch nichts.«

Keiner widersprach. Allen machte die klimatische Um-
stellung tüchtig zu schaffen. Bei weihnachtlichem Wetter
waren wir von Frankfurt aus losgeflogen. In Athen hatten
wir bereits den Temperaturunterschied gespürt. In Kairo
liefen wir nun in dünnen Sommeranzügen umher.

Auch mit dem Essen gab es Schwierigkeiten. Herberger
machte sich Sorgen, ob uns die durchweg in Öl zuberei-
teten Speisen bekämen. In der Hotelküche konnte er sich
erst nach einigem Hin und Her verständlich machen.

Immerhin gab es am nächsten Mittag Huhn. Die meisten aßen ein kleines Stück, die übrigen zogen es vor,
nüchtern zu bleiben. Zu ihnen gehörte auch ich. Vor
einem Spiel bringe ich fast nie einen Bissen runter.

Bevor uns der Omnibus ins Stadion abholte, setzten
wir uns zu einer kurzen Spielerbesprechung zusammen.
Herberger warnte uns davor, in den Ägyptern etwa fußballerisch unterentwickelte Gegner zu sehen. Davon seien
sie inzwischen weit entfernt. Er sagte auch, daß man sich
geeinigt habe, das heutige Spiel als offizielles Länderspiel

gelten zu lassen. Das löste bei Klöckner, Faeder, Pyka und Zastrau helle Begeisterung aus. Sie trugen dadurch zum erstenmal das Trikot der deutschen Nationalmannschaft.

Auf dem Weg zum Stadion sahen wir bereits, welche Menschenmassen unterwegs waren, um das Spiel zu sehen. Unser Busfahrer lenkte sein Gefährt auf Umwegen zum Ziel. Die Straße war überaus schmal. Der Haupteingang wurde von Militärpolizisten freigehalten, aber die Ägypter drängten immer wieder nach vorn. Sie ließen sich wohl lieber totfahren, als auf den Kontakt mit den Spielern zu verzichten. Der Bus setzte ein paarmal zurück und versuchte immer wieder, in den Eingang hineinzufahren. Vergeblich. Wir wurden schon langsam nervös.

»Kommt, wir steigen hier aus«, sagte Herberger. »Der soll sehen, wie er mit seinem Karren reinkommt.«

Reichlich spät gelangten wir in die Kabine, einen großen, langgestreckten Raum, in dem sich beide Mannschaften umzogen. Wir in einer Ecke, die Ägypter in der anderen.

Für jeden Spieler gab es ein Spind, in dem er seine Sachen einschließen konnte. Es herrschte ein ziemlicher Betrieb im Umkleideraum, und Herberger fand kaum noch Gelegenheit, uns etwas zu sagen.

Übrigens wurden wir bei jeder Bewegung genauestens beobachtet. Von den Tribünen aus lief eine Mauer direkt an den Kabinenfenstern vorbei. Sie waren ständig von Neugierigen belagert, die sich an den Scheiben die Nasen platt drückten.

Um auf den Platz zu kommen, mußten wir erst hinter die Tribüne. Soldaten bildeten eine Kette, um uns einen Weg durch die Menge zu bahnen.

Mit herzlichem Beifall wurden wir von den rund 35 000 Zuschauern begrüßt. Wenig später pfiff Schiedsrichter Labello aus Italien das Spiel an.

Die Ägypter legten los, als wäre der Teufel hinter ihnen her. Wir nahmen es nicht tragisch. Jeder von uns konnte sich ausrechnen, daß sie dieses Tempo unmöglich lange durchhielten. Nach etwa zehn Minuten ließen sie dann auch schon fühlbar nach, und wir bekamen das Spiel in die Hand. Doch nach 27 Minuten passierte das Malheur.

Alla, der gegnerische Stopper, gab einen Steilpaß zu Mittelstürmer Aleh Selim. Dieser zog an Pyka vorbei auf unser Tor zu. Schnellinger erkannte die Gefahr und wußte sich keinen anderen Rat mehr, als die Notbremse zu ziehen. Schiedsrichter Labello zeigte auf den Elfmeterpunkt.

Die Zuschauer erhoben sich von den Plätzen, als Alla sich den Ball zurechtlegte.

Kein Grund zur Aufregung! Der Ägypter machte seine Sache gut, und die Gastgeber führten zum unbeschreiblichen Jubel ihres Publikums 0 : 1!

Wir ließen uns nicht entmutigen. Schon sechs Minuten später servierte ich Max Morlock die Vorlage zu unserem Ausgleichstreffer. Auch unserer Leistung klatschten die Zuschauer Beifall. Sie waren überraschend sachkundig und objektiv.

Mit 1 : 1 gingen wir in die Kabine.

Herberger war auffällig nachsichtig mit uns. Er wußte, daß wir hier unter völlig ungewohnten Bedingungen spielten. Der Boden war knochenhart, der Ball kleiner als bei uns, um nur einige Beispiele zu nennen.

»Versucht euer Bestes«, sagte der Chef. »Seht zu, daß ihr ein einigermaßen erträgliches Ergebnis herausholt.«

Für den rechten Läufer Karl Mai schickte er nach der Pause den Schalker Kördel auf den Platz.

Die Ägypter demonstrierten anschaulich, wieviel sie in den letzten Jahren im Fußballspielen dazugelernt hatten. Sie besaßen viele hervorragende Einzelkönner, schnelle, geschickte Leute, die allerdings fürs Kombinieren nicht viel übrig hatten. Sie kamen aber auch so zu ihrem zweiten Tor, und das bereits in der 50. Minute. Auch sie hatten einen Mann ausgewechselt, ihren Linksaußen. Der Neue führte sich gleich prächtig ein. Er flankte so großartig vor unser Tor, daß Tilkowski nur wegfausten konnte. Der ägyptische Mittelstürmer brauste aus dem Hintergrund herbei und donnerte den Ball in die Maschen.

Ehe wir es richtig kapiert hatten, lagen wir also 1 : 2 im Rückstand.

Wir zappelten uns redlich ab. Herberger nahm Biesinger heraus und ersetzte ihn durch den Neunkirchner Ringel. Nun hatten wir gleich sechs Länderspielneulinge auf dem verbrannten Rasen, aber die Kraft reichte nicht mehr aus, den Rückstand aufzuholen.

Das erste Spiel unter Palmen ging 1 : 2 verloren.

Die Zuschauer feierten uns trotzdem enthusiastisch. Später, als wir von der Kabine zum Omnibus gingen, sprangen uns einzelne Fußballanhänger richtig an, warfen sich uns an den Hals, küßten uns und versicherten, mit Händen und Füßen redend, wie sehr sie sich auf das zweite Spiel freuten.

Zum Bankett trafen wir uns abends auf einer Nil-Insel, in den Räumen des Fontana-Klubs. Viele von uns nahmen hier die erste Mahlzeit des Tages zu sich. Wir saßen zusammen mit Vertretern der beiden Fußballverbände und Abgesandten der deutschen Botschaft an einer festlich gedeckten Tafel. In mehreren Reden wurde die deutsch-ägyptische Freundschaft hervorgehoben. Es war eine angenehme, gute Atmosphäre.

In den Räumen über uns gab's ein Varieté. Vier oder fünf Mitwirkende, nette junge Mädchen, riskierten einen Blick in unseren Festsaal. Deutsche Fußballer? Da wollten sie doch zu verstehen geben, was sie sich darunter vorstellten. »Fritz Walter!« riefen sie in den Saal hinein. »Fritz Walter!«

Wir schauten uns an und lachten. Ich persönlich freute mich jetzt schon darauf, Freund Fritz von dem kleinen Zwischenfall zu erzählen. Die Mädchen waren, wie gesagt, wirklich jung und hübsch.

»Nun, wollen wir nicht bald ins Hotel zurück?« forschte Herberger. Er war darauf bedacht, die Tagung möglichst abzukürzen. Er konnte sich denken, wie müde wir waren. Es erhob sich dann auch kein Widerspruch. Eine gute Stunde später lagen wir alle in den Betten.

Montags früh fuhren wir zu den Pyramiden von Gizeh. Unser Omnibus war ein Militärfahrzeug und hatte ein Hupe, die uns überall die Vorfahrt sicherte. Der Fahrer machte ausgiebig davon Gebrauch. Kurz vor den Pyramiden stiegen wir aus. Das letzte Stück wurde auf Kamelen zurückgelegt.

Ich thronte natürlich als einer der ersten auf einem schwankenden Wüstenschiff, nicht ohne vorher den Kopfschmuck eines Scheichs aufgesetzt zu haben. Unterwegs handelte ich kräftig die Transportkosten runter, rein aus Freude am Feilschen. Ich machte das offensichtlich nicht schlecht, denn ich kam wieder einmal billiger weg als die anderen.

Aufmerksam hörten wir zu, was uns der Fremdenführer über die Geschichte der Sphinx und der Pyramiden zu erzählen hatte. Steine von 22 oder 25 Tonnen Gewicht hierher zu schaffen und sie so kunstvoll aufeinanderzuschichten, war auch eine tolle sportliche Leistung, fanden wir. Vermutlich hatten es die 100 000 Sklaven, die in jahrzehntelanger Fron das Werk vollbrachten, nicht von dieser Seite gesehen.

Im Mena-Haus, dicht bei den Pyramiden, aßen wir zu Mittag. Später statteten wir noch der Moschee von Mohammed Ali einen Besuch ab. Obwohl uns alles brennend interessierte, wurden wir langsam des Schauens müde und sehnten uns in unser kühles Hotel zurück. Dort war es zum Aushalten. Wir ließen die Jalousien herunter und ließen die Badewanne mit kaltem Wasser vollaufen. Als wir uns richtig erfrischt hatten, legten wir uns in die Betten.

Abends feierte ich Wiedersehen mit dem Händler Mustafa, der inzwischen mein spezieller Freund geworden war. Er betrieb ein richtiges Ladengeschäft gleich neben dem Hotel. Jeder einzelne Spieler unserer Expedition war ihm längst ein Begriff. Mustafa kannte auch Herberger und die Funktionäre. Alle kauften sie bei ihm ein.

Wenn mir in seinem Laden etwas besonders gefiel, zeigte ich mit dem Finger darauf.

»Mustafa, was kostet das?«

»Für Käpt'n Rahn?« fragte er radebrechend.

»Nee, nicht für mich!«

»Für Präsidente?«

»Präsidente« waren für ihn Vizepräsident Huber, Spielausschußvorsitzender Körfer, Bundestrainer Herberger.

»Ja, für Präsidente«, sagte ich.

»Oh, dann sehr teuer. Für Käpt'n Rahn – sehr billig! Du wollen kaufen?«

Wenn ich ihn hätte gewähren lassen, hätte er mir seinen ganzen Laden geschenkt. Auch den Spielern verkaufte er alles weit unter Preis. Für ihn war es eine Ehre, sie alle zu kennen, von ihnen Unterschriften zu bekommen, mit ihnen reden zu dürfen. Zu Mustafa brachte ich auch eine ägyptische Zeitung, in der ich ein großes Bild von mir entdeckt hatte. Leider konnte ich den dazugehörenden Text nicht lesen. Mustafa machte mir klar, daß man mich als Spielführer der deutschen Elf vorstellte, dabei die Zahl meiner Länderspiele anführte und so weiter.

Langsam gewöhnten wir uns an das südliche Klima. Herberger bestimmte deshalb, wir sollten vor dem zweiten Spiel noch einmal zum Training auf den Platz fahren. Unter den Augen der ägyptischen Spieler und Betreuer absolvierten wir unser Pensum. Wir schwitzten zwar gewaltig, aber es machte uns schon längst nicht mehr so kaputt wie beim ersten Spiel.

Langeweile gab es in Kairo nicht. Wir bummelten durch den Basar mit seinen Leder-, Gold-, Stoff- oder Elfenbeinsträßchen und konnten uns nicht sattsehen, wenn unter den geschickten Fingern der Handwerker die hübschesten Kunstwerke entstanden. Leider fehlte uns das nötige Kleingeld, um viel von den Herrlichkeiten einzukaufen.

Am Silvesterabend saßen wir noch bis zehn Uhr mit Herberger im Hotel zusammen. An uns vorbei rauschten Damen in großen Abendroben am Arm von weißen Smoking-Herren hinauf in die Tanzbar.

»Ich kann ja verstehen, daß ihr auch gern feiern möchtet«, sagte der Chef, »aber Dienst ist Dienst! Morgen haben wir ein schweres Spiel. Ich halte es für besser, wir ruhen uns aus.«

Er genehmigte jedem noch ein Glas Bier. Gegen elf Uhr befand sich alles auf den Zimmern. An Schlafen war natürlich nicht zu denken.

Kurz vor Mitternacht erschien Max Morlock bei uns. Gemeinsam warteten wir auf das, was sich Schlag zwölf Uhr ereignen würde. Kurz vor Mitternacht ging das Treiben auf der Straße los. Aber nicht mit Feuerwerkskörpern und Knallfröschen wie bei uns – die Ägypter tanzten in ihren weißen Baumwollgewändern ausgelassen und singend in die warme Nacht hinein. Das war alles, was wir von unserem Balkon aus sehen konnten.

Am Mittag des Neujahrstages – das Spiel fand um drei Uhr statt – nahm ich Abschied von Mustafa. Ich hatte noch eine Überraschung für ihn.

»Komm mal mit!« lud ich ihn ein.

Er begleitete mich auf das Hotelzimmer. Dort hielt ich ihm ein Paar schöne, neue Noppenschuhe unter die Nase. Ich wußte, daß er selbst leidenschaftlich gern Fußball spielte.

»Für Mustafa?« fragte er ungläubig.

»Für Mustafa!«

»Was kosten?«

»Nix. Die schenk ich dir.«

Er war vor Freude ganz aus dem Häuschen. Schließlich packte er mich am Ärmel. »Käpt'n Rahn muß mit!«

In seinem Laden machte er eine weit ausholende Bewegung. Ich hätte nur einen Wunsch zu äußern brauchen.

In echt orientalischer Großzügigkeit hätte er mir alles geschenkt. Aber ich wollte nichts mehr. Meine Koffer waren ohnehin voll. – Ich war übrigens noch nicht ganz zu Hause in Essen, da erhielt ich von Mustafa ein großes Paket mit einer schönen handgemalten Vase. Eine kleine Bergmannslampe mit Widmung trat dafür die Reise nach Afrika an. –

Beim zweiten, nicht offiziell gewerteten Spiel gegen die Ägypter schnitten wir wesentlich besser ab als beim ersten. Unser Sieg fiel im Grunde genommen mit 2 : 1 viel zu niedrig aus. Die Tore für uns schossen Ringel und Morlock.

Beim kalten Buffet, zu dem die Deutsche Botschaft uns einlud, bei einem letzten gemütlichen Zusammensein mit den ägyptischen Spielern endete unser Aufenthalt in Kairo.

Ein Abgesandter des einheimischen Fußballbundes, der im Land am Nil eng mit der Armee verbunden ist, ersparte uns im allerhöchsten Auftrag eine strenge Zollkontrolle. Wir sollten unsere mühsam erstandenen, erfeilschten Andenken unbehelligt mit nach Deutschland nehmen. Aus dem sonnigen Süden flogen wir mit einigem Bedauern in den Winter zurück.

Abschied und neuer Anfang

Der Jahresbeginn stand für Rot-Weiß Essen im Zeichen erbitterter Punktkämpfe. Die Scharte durch die im An-fang versiebten Spiele mußte ausgewetzt werden. Theo-retisch war ein Vordringen auf den zweiten Tabellenplatz noch möglich. Doch dazu hätten viele Siege und eine an-ständige Portion Glück gehört.

Ich fühlte mich im Verein schon längst nicht mehr so wohl wie zu August Gottschalks und Berni Termaths Zeiten. Die schöne alte Kameradschaft – ich fand, es gab sie nicht mehr. Dafür gab es häufig Meinungsverschie-denheiten. Ich vertrug mich auch nicht mehr mit allen. An dieser Stelle soll jedoch nicht untersucht werden, ob die Schuld bei mir oder bei anderen lag.

Beruflich klappte ebenfalls manches nicht so, wie ich mir das erträumt hatte. Schon seit einiger Zeit schlug ich mich deshalb mit dem Gedanken herum, meinen Ver-trag bei Rot-Weiß 1959/60 nicht mehr zu erneuern.

Als ich mit Herrn Melches über die Angelegenheit re-dete, lachte er mich aus. Er glaubte, ich mache Spaß. Mir lag absolut nichts daran, ihn zu kränken. Im Gegenteil! Ich verdanke Direktor Melches eine Menge, andererseits hatte auch ich eine Menge für den Verein getan. Der Name Rahn hatte vor allem bei Auswärtsspielen immer wieder seine Zugkraft bewiesen. Ein Kassenmagnet ist für einen Klub gewiß nicht zu unterschätzen.

Im Augenblick lag der Sachverhalt jedenfalls so: Ich war enttäuscht vom Verein. Der Verein war es vielleicht von mir. Viel Zeit hatte ich, rein fußballerisch gesehen, nicht mehr zu verschenken. Ich sehnte mich wieder nach

Kameradschaft, nach echter Leistungssteigerung und nach neutralem Boden zum Leben. Deshalb die Fühlungnahme mit dem großen und erfolgreichen 1. FC Köln.

Noch war die Spielzeit nicht abgelaufen. Mit Rot-Weiß reiste ich anfangs März nach Athen, wo wir gegen eine griechische Militärauswahl antraten. Der Flug und die damit verbundenen Anstrengungen kosteten uns – strenggenommen – die letzte Hoffnung auf den zweiten Tabellenplatz. Im entscheidenden Spiel gegen den Meidericher SV unterlagen wir kurz nach der Rückkehr 1 : 2.

Eine meiner letzten Auslandsvorstellungen mit Rot-Weiß gab ich beim Osterturnier in Brügge, wo wir gegen Spartak Prag 1 : 2 verloren, im Kampf um den dritten Platz aber den FC Brügge 5 : 3 schlugen. Einige Wochen später gastierten wir noch einmal in Rotterdam.

Ein Länderspiel fand erst wieder am 6. Mai 1959 statt. Die deutsche Mannschaft traf in Glasgow auf die Schotten. Ich litt gerade an einer Oberschenkelzerrung und hätte womöglich lieber zu Hause bleiben sollen. Aber der Flug nach Glasgow reizte mich sehr, und ich glaubte, bis zum Spiel wäre alles wieder in Ordnung.

Leider war es trotz Massage und Bandagen nicht der Fall. Die 100 000 schottischen Zuschauer im Hampden-Park-Stadion erlebten keine glanzvolle Vorstellung, ja nicht einmal ein Tor von mir. Sie erlebten überhaupt nicht das beste Spiel der deutschen Mannschaft. Ein paar schöne Einzelleistungen von Uwe Seeler, von Herbert Erhardt, von Juskowiak – ja! Im ganzen jedoch wenig Schwung, wenig System. Dabei hätte Herberger so gern einmal gegen ein britisches Team gut abgeschnitten. Statt dessen mußten wir uns 2 : 3 schlagen lassen.

Auf dem Rückflug setzte sich der Chef zu mir. Er war mit meiner Leistung nicht zufrieden.

»Ich war noch nicht richtig fit«, verteidigte ich mich.

»Stimmt! Aber Sie müssen auch zugeben, Helmut, daß Sie im Augenblick nicht bestens trainiert sind und wieder einige Pfunde zuviel mit sich umherschleppen.«

Ich schwieg gekränkt.

»Sehen Sie zu, daß das bis zum nächsten Spiel gegen Polen in Ordnung kommt!« forderte Herberger. »Mit Ihrer Oberschenkelgeschichte fahren Sie jeden Tag zu Deuser nach Düsseldorf und lassen sich behandeln. Mit dem Wagen sind Sie doch von Essen aus schnell dort.«

Ich befolgte seinen Rat. Doch bei einem Flutlichtspiel in Essen stellte ich fest, daß das Bein absolut noch nicht in Ordnung war. Nach einem Spurt durchfuhr mich ein stechender Schmerz. Mit zusammengebissenen Zähnen humpelte ich bis zum Schußpfiff herum.

Am nächsten Morgen konnte ich kaum auftreten und fuhr ins Krankenhaus, um mich untersuchen zu lassen.

»Muskelriß!« stellte der Arzt fest. Das Bein war durch einen Bluterguß inzwischen noch grün und blau geworden. Aus mit dem Training! Aus mit der Teilnahme am Polenspiel.

Ich rief Herberger an. Er war wenig erbaut. Seiner Ansicht nach hatte ich mich nicht intensiv genug behandeln lassen. Bei der nötigen Vorsicht hätte das mit meinem Bein nicht passieren dürfen, fand er.

Auch der Presse gegenüber machte er aus seinem Herzen keine Mördergrube. Ich leide an Konditionsmangel, verkündete er. Gegen Polen in Hamburg stürmte dann rechtsaußen Berni Klodt.

Kurz vor der Sommerpause begleitete ich Rot-Weiß noch zu einigen Freundschaftsspielen im Schwarzwald. Man hatte sich inzwischen damit abgefunden, daß ich den Verein verließ, um mich beim 1. FC Köln unter Vertrag nehmen zu lassen.

Auch war ich nicht der einzige, der ging. Zastrau, Sauer, Ronthuis, Dait und Küchmeister wechselten ebenfalls den Verein. Trainer Multhaupt von Schwarz-Weiß, der Schwab ablöste, stand praktisch vor der Aufgabe, mit einer im wesentlichen neuen Mannschaft verlorenes Terrain zurückzugewinnen. Wie man hört, packte er dieses schwierige Problem mit viel Geschick an.

Ich benutzte die Sommerpause zu einer Erholungsreise mit meiner Frau und ließ endlich die Verletzung richtig ausheilen.

Mit frischen Kräften und guten Vorsätzen stürzte ich mich dann ins Training mit meinem neuen Verein, dem 1. FC Köln. Hier traf ich lauter alte Bekannte an: Hans Schäfer, Georg Stollenwerk, Hansi Sturm, Karl-Heinz Schnellinger und Jupp Röhrig waren mir als Nationalmannschafts-Kollegen ja längst vertraut. Und die anderen Kölner kannte ich von den Punktspielen her. Man nahm mich mit offenen Armen auf. Wohltuend empfand ich die zwischen ihnen herrschende Kameradschaft. Lauter Könner, bei denen keiner auf den anderen neidisch ist. Ein erfolgreicher Klub mit einem guten Klima.

Auch das Kölner Publikum gefiel mir auf Anhieb. Man erwartete offensichtlich keine Wunderdinge von mir und dankte herzlich für jede schöne Leistung. Ich gab mir dafür alle Mühe, niemanden zu enttäuschen.

Dank der großzügigen Mithilfe des Vereins fand ich schnell eine Wohnung und brauchte mich nicht erst lange von meiner Familie zu trennen. Der Kontakt mit Essen bleibt durch meine Eltern und Schwiegereltern sowie durch ungezählte Freunde natürlich gewahrt. Beruflich arbeite ich als Vertreter für Geschenkartikel.

Die ersten Spiele der Saison 59/60 verliefen beim 1. FC Köln gut. Bei einem suchte mich Helmut Schön auf. »Arbeite nur schön an dir. Dann bist du in Bern gegen die Schweiz wieder dabei! Das soll ich dir vom Chef ausrichten«, sagte er.

Wieder in Bern

Herberger hielt Wort. Als er seine Spieler zum Vorbereitungslehrgang für den Länderkampf gegen die Schweiz in Karlsruhe zusammenrief, war ich wieder dabei. Ich erhielt meinen alten Posten in der A-Mannschaft zurück und nahm mir eisern vor, meinen guten Namen als Rechtsaußen der deutschen Länderelf wieder herzustellen.

Mein Zimmergefährte in Karlsruhe war der junge Mönchen-Gladbacher Albert Brülls.

»Wo willst du schlafen, Helmut?« fragte er mich.

»Ich lieg gern am Fenster.«

»Und ich lieber an der Wand. Ich mach' sowieso kein Auge zu.«

»Nun sag bloß, du wärst nervös!« rief ich entsetzt. »Jetzt hab ich jahrelang neben dem super empfindlichen Fritz Walter geschlafen. Muß ich jetzt wieder an ein Nervenbündel geraten?«

»Das geht schon vorüber«, versprach Brülls.

Aber er wälzte sich die ganze Nacht hin und her. Die Aufregung vor seinem ersten Länderspiel machte ihm schwer zu schaffen.

Von Karlsruhe aus reiste die B-Mannschaft nach Konstanz, die A-Mannschaft nach Bern. Herberger sah sich erst das Spiel in Konstanz an, dann fuhr er uns nach. Wir bezogen inzwischen im Hotel »Bellevue« Quartier.

Helmut Schön rief mich zu sich und händigte mir das Taschengeld – 30 Mark pro Spieler – aus. Zu den Aufgaben des Mannschaftskapitäns gehört es, das Geld zu verteilen. Aber nicht ich, sondern Herbert Erhardt wurde nach dem Willen des Chefs Spielführer der deutschen Elf. Ertel war es gegen Polen gewesen, und Herberger wollte es offensichtlich dabei belassen. Ich fühlte mich wie vor den Kopf gestoßen. Als einziger Teilnehmer der Weltmeisterschaft von 1954 hätte ich gerade in Bern liebend gern die deutsche Mannschaft angeführt. Nun, Herberger hatte anders verfügt. Er hatte bestimmt seine Gründe. Ich nahm mir vor, ihn gelegentlich danach zu fragen, war dann aber doch zu stolz dazu.

Im Hotel traf ich nach langer Zeit meinen alten Freund Fritz Walter wieder. Wir begrüßten uns stürmisch.

»Menschenskind, Boß! Daß du und ich in Bern noch mal zusammen sein können!«

»Lieber wär mir, du spieltest mit!«

»Sieh nur zu, daß du ein Tor machst«, meinte Fritz. »Ich klatsche von der Tribüne auch extra Beifall.«

»Ich hab ja hier schon mal ein paar schöne Schüßchen gezeigt. Warum sollte das heute nicht klappen?«

Erinnerungen an die Weltmeisterschaft 1954! An allen Ecken und Kanten wurden sie wach. Auch die Kabine, in der wir uns für das Spiel umzogen, war noch dieselbe. Ich steuerte sofort auf meinen alten Platz zu, um ihn mit Beschlag zu belegen.

»Haben Sie sich nicht damals auch hier ausgezogen, Helmut?« fragte der Chef.

Ich nickte stumm. Bloß keine Rührung aufkommen lassen! Vor uns lag ein neues Spiel und erforderte neuen Einsatz. Von den »Alten« war außer Erhardt – damals Ersatzmann – sowieso niemand dabei. Konnten die Jungen wohl begreifen, was Bern für uns bedeutet hatte? Das

Länderspiel vom 4. Oktober 1959 gegen die Schweiz gab ihnen bestimmt keinen klaren Begriff davon. Es gehörte zu den Begegnungen, an die man nicht mit gehobenen Gefühlen zurückdenkt. Die eidgenössische Elf steckte in einer Formkrise und setzte uns längst nicht den Widerstand entgegen, für den gerade diese Mannschaft sonst berühmt ist. Deshalb konnte sich niemand von uns so recht von Herzen über den 4 : 0-Sieg freuen.

Nach dem Spiel in der Kabine übermannten sie mich doch – die Erinnerungen. Damals hatten wir nur 3 : 2 gewonnen: Aber der Sieg über die Ungarn hatte uns den Weltmeistertitel eingebracht. Hier an dieser Stelle hatten wir uns alle naß verschwitzt und überglücklich noch einmal in den Armen gelegen: Bundestrainer Herberger, Toni Turek, Fritz und Ottmar Walter, Horst Eckel, Werner Liebrich, Werner Kohlmeyer, Karl Mai, Hans Schäfer, Jupp Posipal, Max Morlock und ich. Die Kabine war in blendend weißes Scheinwerferlicht getaucht gewesen, weil Kameraleute von Film und Fernsehen und Pressefotografen uns pausenlos aufs Korn nahmen. Schubweise nur hatte man die Journalisten zu uns hereingelassen. Wir waren abgekämpft und müde, aber die glücklichsten Menschen auf der Welt gewesen ...

Die Stimme von Albert Brülls ruft mich in die Gegenwart zurück. »Du, Helmut, kommende Nacht kann ich ganz bestimmt schlafen. Stell dir vor, ich wär' heute schlecht gewesen ...«

»... du warst aber gut.«

»Vielleicht bin ich nächstes Mal wieder dabei.«

Ein junger Spieler mit jungen Hoffnungen.

Das Leben, geht weiter, aber es wiederholt sich nie.

Hermann Beckfeld
... der Boss spielt im Himmel weiter

»Auf unseren Helmut!«, sagt Norbert Feske und hebt sein Glas. »Wie ich ihn kenne, spielt der Boss im Himmel weiter.«

Die »Friesenstube« in Essen-Frohnhausen. An der Theke hat der Weltmeister jeden Morgen gesessen. Hat seine Bierchen, zuletzt seine Fanta getrunken. Und hat um Punkt 12.55 Uhr seinen Krückstock genommen und ist nach Hause gegangen. »Alles durfte geschehen«, schmunzelt Barbara Kosmalski, »aber seine Gerti wollte er mit dem Mittagessen nicht warten lassen.«

Die Kellnerin schaut auf den Bildschirm. Die Live-Übertragung aus der St. Elisabeth-Kirche direkt gegenüber der Kneipe. Pastor Bernhard Alshut, kompakt und klein wie die einstige BVB-Größe Hoppy Kurrat, würdigt den Menschen Rahn, der mit 73 Jahren verstarb und sich nicht nur in jener denkwürdigen Sekunde verdient machte, als er Deutschland zum Weltmeister-Titel schoss. »Er war kein Kind von Traurigkeit, aber wusste immer, wann es drauf ankam« – beispielsweise als die Gemeinde Geld für das Pfarrheim benötigte und Helmut Rahn Benefizspiele organisierte.

Ottfried Fuchs bestellt noch eine Runde Alt. Mit seinem Freund ist er aus Remagen angereist. »Das bin ich dem Idol meiner Kindheit schuldig. Ich werde nie seine Tore im Finale vergessen.« In der Kirche, mit 500 Besuchern fast überfüllt, war der 66-Jährige nur kurz. »Den Rummel mag ich nicht – und ich glaube, Helmut hätte sich auch nicht wohlgefühlt.«

»Es ist trotzdem ein schöner Zug vom DFB, das Begräbnis auszurichten«, meint Barbara Kosmalski, die vor der Kneipentür stand, als die Prominenz aus Sonderbussen und Limousinen stieg:

DFB-Präsident Gerhard Mayer-Vorfelder, Vorgänger Egidius Braun, Ministerpräsident Peer Steinbrück, die letzten lebenden WM-Legenden Horst Eckel, Ottmar Walter und Hans Schäfer. Ehrenspielführer Uwe Seeler, BVB-Manager Michael Meier ...

Einmal kurz-lang, also Schnaps und Pils, für Eginhard Hansen. Er hat den Rechtsaußen mit der rechten und linken Klebe schon vor mehr als 50 Jahren für die SF Katernberg stürmen sehen. »Damals hat keiner ahnen können, dass er irgendwann Fußball-Geschichte schreibt.« Woran er sich erinnert? »An seine Tore am Fließband. Und dass alle Frauen für Helmut schwärmten.«

Barbara Kosmalski macht den Ton lauter. DFB-Chef »MV« hebt die Bedeutung des Wunders von Bern hervor. Spricht sichtlich bewegt vom WM-Sieg, den Historiker als wahre Gründung der Bundesrepublik Deutschland bezeichnen würden. »Helmut Rahn hat sich mit seinen Toren unsterblich gemacht.«

Die Kamera schwenkt vom Bild des jungen Fußballers in den Innenraum der Kirche, auf einen Rollstuhlfahrer im Mittelgang. »Oh, meine Güte«, schreit Barbara Kosmalski auf. »Das ist doch Harry Mikuszies, der vor 20 Jahren die ›Friesenstube‹ führte und nur ganz selten das Altenheim verlässt.«

Der ehemalige Wirt, er könnte am besten erzählen. Von damals, als der Junge aus dem Revier als Weltmeister nach Hause kam. Als er mit Rot-Weiß Essen den Titel holte. Als der Held von Bern in der »Friesenstube« und anderen

Essener Kneipen versackte. Als seine Anhänger nur eins wünschten: Helmut, erzähl mich dat Tor ...

Der Boss, er ließ sich nicht lange bitten, baute auf dem Tresen mit frisch gezapften Pils die ungarische Abwehr auf. Stellte Grosics als Steinhäger-Pinnecken zwischen zwei Aschenbechern ins Tor und stürmte mit Händen und Worten zum unvergesslichen 3:2 – »Da kam ich von hier, kriegte die Pille vor die Füße und peng, war er drin, unter dem Grosics durch.«

Aus. Endgültig vorbei. Das Seelenamt ist zu Ende, auf der Frohnhauser Straße folgen die Sonderbusse dem Leichenwagen in Richtung Margareten-Friedhof, wo sich Hunderte von Trauernden vor dem Eingangstor drängen.

Norbert Feske und die anderen Stammgäste bestellen noch ein Pils, und irgendeiner murmelt. »Er war zwar Weltmeister, aber doch einer von uns.«

 **Henselowsky Boschmann**

Verlag
Henselowsky Boschmann
Bücher vonne Ruhr
Postfach 10 02 31
46202 Bottrop
post@vonneRuhr.de
www.vonneRuhr.de

Unsere Bücher erhalten Sie in jeder Buchhandlung – nicht nur im Ruhrgebiet. Sollte einmal eines nicht vorrätig sein, kann Ihr Buchhändler es kurzfristig beschaffen. Auf Wunsch senden wir Ihnen gerne unseren Gesamtprospekt und informieren regelmäßig über unser Angebot an Ruhrgebietsliteratur. Hier eine Auswahl:

Thomas Althoff
Komm, wir schießen Kusselkopp
Roman über die 50er Jahre
im Ruhrgebiet

Hermann Beckfeld (Hg.)
... der Boss spielt im Himmel weiter
Fußball-Geschichten aus dem
Ruhrgebiet

Friedhelm Wessel
Lüdenscheid-Nord gegen Herne-West
oder: Wenn Königsblau auf
Schwarz-Gelb trifft. Das Revierderby

Helmut Spiegel
Ich schäbiges Frikadellchen
Roman über die Kriegs-
und Nachkriegszeit

Sigi Domke & Michael Hüter
Helden sind immer die anderen
Urkomische Kämpfe
mit dem Alltag anner Ruhr

Werner Boschmann
Lexikon der Ruhrgebietssptache
Von Aalskuhle bis Zymzicke

Heinz H. Menge
Mein lieber Kokoschinski!
Der Ruhrdialekt

Friedhelm Wessel
Denn sie tragen
das Leder vor dem Arsch
Geschichten über den
Bergbau im Ruhrgebiet

Johannes Gigas
Der erste Atlas von
Nordrhein-Westfalen
aus dem Jahre 1620.
Herausgegeben
von Werner Bergmann

Rainer Bonhorst
Dr. Antonia
Cervinski-Querenburg
erzählt dat Ruhrgebiet
seine Geschichte

Adolf Winkelmann
& Jost Krüger
Winkelmanns Reise ins U
Phantastischer Roman
aus dem Ruhrgebiet